浙江省普通高校"十三五"新形态教材

高等学校经济管理类专业系列教材

中小微企业财务管理实务

主　编　韩艳萍

副主编　刘芳瑜　诸　灵　刘益琳

参　编　吴晓涵　刘叶容　廖俊芳

西安电子科技大学出版社

内 容 简 介

本书从中小微企业财务管理的视角出发，以解决企业财务管理活动中的实际问题，提高中小微企业财务管理活动的有效性为目标，帮助学生树立正确的财务管理观念，提高财务管理岗位职业能力、实践技能和职业素养。全书分为财务管理基础知识和财务管理工作实务两个模块。财务管理基础知识模块包括财务管理认知、货币时间价值与风险报酬两个项目；财务管理工作实务模块包括筹资管理、投资管理、营运资金管理、收益分配管理四个项目。

本书面向中小微企业财务管理，针对性与实操性强，可作为大数据与会计、大数据与财务管理、统计与会计核算、中小企业创业与经营、工商管理等专业的教材或参考书，也可供相关企业财务人员学习、参考。

图书在版编目(CIP)数据

中小微企业财务管理实务 / 韩艳萍主编. --西安：西安电子科技大学出版社，2024.4
ISBN 978 - 7 - 5606 - 7192 - 5

Ⅰ. ①中…　Ⅱ. ①韩…　Ⅲ. ①中小企业—企业管理—财务管理　Ⅳ. ①F276.3

中国国家版本馆 CIP 数据核字(2024)第 036650 号

策　　划　李鹏飞
责任编辑　李鹏飞
出版发行　西安电子科技大学出版社(西安市太白南路 2 号)
电　　话　(029)88202421　88201467　　　邮　　编　710071
网　　址　www. xduph. com　　　　　　　电子邮箱　xdupfxb001@163.com
经　　销　新华书店
印刷单位　陕西天意印务有限责任公司
版　　次　2024 年 4 月第 1 版　2024 年 4 月第 1 次印刷
开　　本　787 毫米×1092 毫米　1/16　印张　12.5
字　　数　294 千字
定　　价　36.00 元
ISBN 978 - 7 - 5606 - 7192 - 5 / F

XDUP 7494001 - 1

＊＊＊如有印装问题可调换＊＊＊

前　　言

财务管理是企业管理的核心。现代企业的竞争在很大程度上是管理水平的较量。企业要想在激烈的竞争中站稳脚跟、谋求发展，必须加强财务管理，建立健全一套顺应时代发展的现代企业财务管理体系。中小微企业由于自身规模小，人、财、物等资源相对有限，财务管理显得更为重要。高质量的财务管理离不开高素质的财务管理人才，而财务管理课程是财会类、管理类专业的必修课程。

本教材正是为了满足区域经济发展、中小微企业自身发展以及高职专业人才发展的三重需要而编写的。教材以就业为导向，基于行业专家对财会类、管理类专业所涵盖的岗位群进行的任务与职业能力分析编写。书中结合中小微企业财务管理活动的特点，围绕中小微企业财务管理实际工作过程设计项目和学习任务，并根据高职财会类专业学生的认知特点来安排具体教学内容，使学生在理论学习过程中了解企业财务管理工作的内容和流程。同时，结合高职学生的特点，注重内容的实用性和综合性，通过做学结合、边学边做的教学方式，培养学生分析和解决问题的能力，以适应岗位实际需要。本教材密切联系企业财务管理人才市场变化的新趋势，融入企业案例，突出职业特点和岗位技能特色。

综合来讲，本教材具备如下特点：

1. 角度新颖、针对性强。本教材以中小微企业的财务管理需求为核心，将中小微企业财务管理中存在的实际问题融入财务管理原理和方法的讲解中，并在教材中穿插中小微企业相关问题的思考与讨论，突出中小微企业财务管理这一主体。

2. 教学案例实用。本教材以学用结合为主旨，主要从中小微企业的角度介绍财务管理的原理和方法。在介绍中小微企业财务管理的内容及方法时，引入了大量企业实操案例，更加注重财务管理的实用性，着重培养学生分析问题、解决问题的能力。

3. 融入思政教育。为了全面贯彻党的教育方针，落实立德树人根本任务，本教材融入了思政内容，在每个项目最后加入了思政启示，将职业道德、人文素养和专业知识相结合，促进学生知识和素养双提升。

4. 丰富的教学资源。本教材以互联网技术为依托，采用"文本＋数字化资源"的呈现方式。每个项目都有案例导入、任务描述、思考与讨论、拓展阅读、项目训练，以激发学生的思考分析能力及实践动手能力，同时配备了项目小结、知识结构图、教学课件、教学视频等教学资源，便于学生更好地掌握重点难点知识。

本教材被评为浙江省普通高校"十三五"新形态教材。教材中各个章节的重要知识点均有数字化资料嵌入，方便使用者学习和掌握相关内容。本教材主要作为高职财会类专业、管理类专业的教材或教学参考书，也可作为中小微企业财务管理人员的学习用书。

本教材由浙江长征职业技术学院韩艳萍担任主编，浙江长征职业技术学院刘芳瑜、诸灵、刘益琳担任副主编，浙江工商大学杭州商学院吴晓涵、浙江长征职业技术学院刘叶容和浙江宏诚税务师事务所廖俊芳参编。具体编写分工如下：韩艳萍负责项目一、项目二、项目六的编写，以及全书的统稿和数字资源的制作；诸灵与吴晓涵共同负责项目三的编写；刘益琳、刘叶容共同负责项目四的编写；刘芳瑜、廖俊芳与韩艳萍共同负责项目五的编写。同时，本教材也邀请了一些企业专家参与案例的设计和编写。

浙江长征职业技术学院鞠岗教授对本书进行了审读，并提出了宝贵的修改意见，在此深表感谢！同时，本书在编写过程中广泛参考和借鉴了国内外许多学者的相关文献和部分财务管理案例，在此也对上述资料的作者表示感谢！

限于编者的学识水平，本书难免有疏漏和不妥之处，恳请广大读者提出宝贵的意见和建议，我们将及时进行补充和修正。

编　者

2023 年 12 月

目　　录

模块一　财务管理基础知识

项目一　财务管理认知

○ 素质目标

1. 树立正确的财务管理观念；
2. 具备高度的社会责任感；
3. 遵守职业道德规范；
4. 增强创新意识；
5. 培养科学进取精神。

○ 职业能力目标

1. 理解财务管理的内容；
2. 掌握财务管理的目标；
3. 掌握利益冲突与协调；
4. 能够正确了解和把握企业财务管理的环境；
5. 熟悉财务管理环节。

○ 典型工作任务

1. 分析企业的财务活动，处理好企业财务关系；
2. 为企业确定合理的财务管理目标；
3. 分析企业财务管理的环境。

案例导入

宏达铝业公司作为一家中小企业，主要生产各种规格的铝合金门窗和防盗门等产品。因公司产品有一定的季节性，需要准备规模不小的存货来应对旺季的大批量销售，为此，公司开足马力生产，使存货大幅度增加，但存货短期内又无法变现，导致公司资金捉襟见肘。公司负责人作出许多努力来争取银行信贷，但受限于企业资本额较少、资产负债率较高的现状，融资渠道非常有限，融资额度也非常低。在这样的条件下，获取来自民间的信贷成为公司短期内获得资金支持的唯一渠道。宏达铝业公司这种依赖民间资本的融资方式虽然在短期内能够暂时解决企业的融资问题，但是却大大增加了宏达铝业公司的融资成本。高额的融资成本严重地吞噬着企业的利润。另外，公司经营的形式主要是通过授权销售商，采用订单式的生产与经销模式。货款结算主要通过现金形式进行，在整个销售过程中，通常账期是60天，时间到了以后才进行现金结算。大量的应收账款无形中降低了公司资金周转的速度。这一切都使宏达铝业公司在经营过程中不堪重负。

* **请思考**：宏达铝业公司的日常经营中存在哪些问题？这些问题是否属于财务管理的

范畴？

　　财务管理将资产运动和价值管理作为管理对象。可以说，它是企业各种职能管理中处于核心地位的最重要模块，比其他模块更直接地与企业本质相关。但凡成功的企业往往都十分重视财务管理工作，充分发挥财务管理的作用。对中小企业而言，财务管理更为重要，因为企业成本和资金管理的有效性直接关系到企业的战略目标能否实现，关系到企业竞争力的提高。树立财务管理观念，掌握相关的理财方法，对任何企业或个人来说都是极其重要的。

任务一　财务管理内容

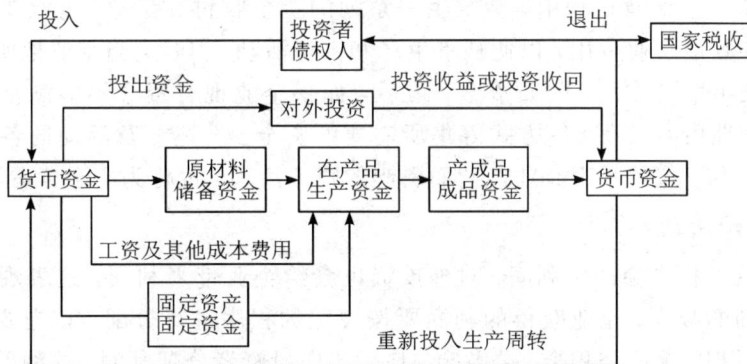

任务描述

　　理解财务管理的内容，对财务活动与财务关系有正确的认知，能结合企业的具体情况对财务活动和财务关系进行准确的辨别和分析。

　　现代企业的生产经营过程就是资金运动的过程，企业资金运动的过程总是与一定的财务活动相联系，企业资金运动的形式也是通过一定的财务活动来实现的(见图1-1)。在企业的资金运动中，因其对应的财务活动必然要与有关方面发生广泛的经济联系，从而产生与有关各方的经济利益关系，即财务关系。因此，财务管理是基于企业再生产过程中客观存在的财务活动和财务关系而产生的，是企业组织财务活动、处理与各方面财务关系所形成的一项综合性经济管理工作。

财务管理内容

图1-1　企业资金运作图

一、财务活动

　　企业的财务活动包括筹资活动、投资活动、资金营运活动和分配活动等一系列行为。

1. 筹资活动

所谓筹资是指企业为了满足投资和用资的需要，筹措和集中所需资金的过程。筹资活动是资金运动的起点，企业通过筹资渠道以不同的方式筹集资金。通常来说，企业可以从两方面筹资并形成两种性质的资金来源：一是权益资金，即企业通过向投资者吸收直接投资、发行股票、企业内部留存收益等方式取得自有资金；二是负债资金，即企业通过向银行借款、发行债券、应付款项等各种方式取得债务资金。企业通过吸收直接投资、发行股票、向银行借款、发行债券等筹集资金，表现为企业资金的流入。企业偿还借款、支付利息、投资以及付出各种筹资费用等，则表现为企业资金的流出。这种因为资金筹集而产生的资金收支，便是由企业筹资引起的财务活动。

在筹资过程中，企业应做好筹资规划，根据实际投资需求预测筹资总量，同时，还要通过筹资渠道、筹资方式或工具的选择，合理确定筹资结构，以降低筹资的成本和风险，实现预期经营目标。

2. 投资活动

所谓投资是指企业将筹集的资金投入使用的过程，包括内部使用资金和对外投放资金。企业筹集资金的目的是把资金用于经营活动以谋求最大的盈利。企业筹集来的资金，若投入到生产经营性资产上，便会形成企业的对内投资，如购置设备、兴建厂房、购进原材料、支付工资等；企业若把资金投放于金融性资产，便形成对外投资，如购买其他企业的股票、其他企业的债券、政府公债以及投资基金或与其他企业联营等。无论是购买内部所需要的各种资产，还是购买各种证券，企业都需要支付相应的资金。而当运用这些资产从事生产和销售活动，把产品、商品售出或收回对外投资时，便可取得收入，收回资金。这种因企业投资而产生的资金收支便是由投资引起的财务活动。

3. 资金营运活动

企业在日常生产经营过程中，会发生一系列的资金收付。首先，企业要采购材料或商品，支付工资和其他营业费用，以便从事生产和销售活动；其次，当企业把所经营的产品或商品售出后，便可取得收入，收回资金；最后，如果企业现有资金不能满足企业经营的需要，还要采取短期借款、赊购等方式筹集所需要的资金。上述经营活动的各个环节都会产生企业资金的收付。这就是因企业经营而引起的财务活动，也称为资金营运活动。

4. 利润分配活动

企业在经营过程中会产生利润，对外投资也会给企业带来利润，这表现为企业有了资产的增值或负债的减少。企业获得的利润要按规定的程序进行分配。首先要依法纳税；其次要用来弥补亏损，提取公积金、公益金；最后要向投资者分配利润。这种因利润分配而产生的资金收支便属于由利润分配引起的财务活动。

上述互相联系又有一定区别的四项活动相互依存，构成了完整的企业财务活动，是企业财务管理的基本内容。

二、财务关系

企业财务关系是指企业在组织财务活动过程中与有关各方所发生的经济利益关系。企业的筹资活动、投资活动、资金营运活动和利润分配活动，与企业各方面存在着广泛的纵向与横向联系，这种财务关系可概括为以下几个方面：

1. 企业与政府之间的财务关系

政府作为社会管理者，依法行使行政职能。依据这一身份，政府向企业征税并无偿参与企业利润的分配，企业必须按照税法规定向中央和地方政府缴纳各种税款。这种关系是一种强制和无偿的分配关系。

2. 企业与投资者之间的财务关系

企业与投资者之间的财务关系是指企业的投资者向企业投入资金，企业向投资者支付投资报酬所形成的经济关系。企业的投资者主要包括国家、法人、个人和其他组织。企业的投资者要按照投资合同、协议、章程的约定履行出资义务以便及时形成企业的资本，企业则利用资本营运以便实现预期利润。投资者的出资不同，对企业承担的责任不同，相应享有企业的权利和获得的利益也不相同。

3. 企业与债权人之间的财务关系

企业与债权人之间的财务关系是指企业向债权人借入资金，并按借款合同的规定按时支付利息和归还本金所形成的经济关系。企业的债权人主要有债权持有人、贷款机构、商业信用提供者，以及其他向企业出借资金的单位和个人。企业利用债权人的资金，要及时向债权人支付利息；债务到期时，要按时向债权人归还本金。企业同其债权人的财务关系在性质上属于债权债务关系。

4. 企业与受资者之间的财务关系

企业与受资者之间的财务关系是企业通过购买股票等形式向其他企业投资所形成的经济关系。企业向其他单位投资，应按约定履行义务，并依据其出资份额参与受资者的经营管理和利润分配。企业与受资者之间的财务关系是一种所有权性质的投资与受资关系。

5. 企业与债务人之间的财务关系

企业与债务人之间的财务关系是指企业将其资金以购买债券、提供借款或商业信用等形式出借给其他单位所形成的经济关系。企业将资金借出后，有权要求债务人按约定的条件支付利息和归还本金。企业同债务人的关系体现的是债权与债务关系。

6. 企业与供货商、企业与客户之间的财务关系

企业与供货商、企业与客户之间的财务关系是指企业购买供货商的商品或接受其劳务，以及企业向客户销售商品或提供劳务的过程中形成的经济关系。

7. 企业内部的财务关系

企业内部的财务关系主要包含两方面内容：一是企业内部各单位之间的财务关系；二是企业与职工之间的财务关系。从前者来看，这种企业内部形成的资金结算关系反映了企业内部单位之间的经济利益关系。就后者而言，它是指企业向职工支付劳动报酬过程中形成的经济关系。

上述财务关系广泛存在于企业财务活动中，体现了企业财务活动的实质，从而构成了企业财务管理的另一重要内容，即通过正确处理和协调企业与各有关方面的财务关系，努力实现企业财务管理的目标。

任务二　财务管理目标及其协调

任务描述

理解财务管理的目标，熟悉各种财务管理目标的优缺点，能够结合企业实际情况合理确定企业财务管理的目标。

财务管理的目标是指企业进行财务活动所要达到的根本目的，它决定着企业财务管理的基本方向和基本内容。在充分认识财务活动客观规律的基础上，根据实际情况和未来变动趋势确定财务管理目标，是财务管理主体必须首先解决的一个理论和实践问题。

一、财务管理目标

财务管理目标是在特定的理财环境中，通过组织财务活动，处理财务关系所要达到的目的。从根本上说，财务管理目标取决于企业生存目的或企业目标，取决于特定的社会经济模式。企业财务管理目标具有体制性特征，整个社会经济体制、经济模式和企业所采用的组织

财务管理目标

制度在很大程度上决定企业财务管理目标的取向。根据现代企业财务管理理论和实践的发展，最具代表性的财务管理目标主要有以下四种。

（一）利润最大化

利润额是企业在一定期间全部收入和全部费用的差额，是按照收入与费用配比原则加以计算的，在一定程度上体现了企业的经济效益。利润代表了企业新创造的财富，是投资者获得红利的来源，也是企业补充资本、扩大经营规模的源泉。因此，以利润最大化为财务管理目标有其合理性。企业追求利润最大化，就必须合理配置经济资源，严格经济核算，加强经营管理，改进生产技术，提高劳动生产率，降低产品成本，提高经济效益。但是，由于利润指标自身的局限性，以利润最大化为财务管理目标存在以下缺点：

（1）利润最大化没有考虑利润取得的时间，没有考虑资金的时间价值。例如，长征公司2020年和2021年都实现了100万元的利润，按照利润最大化目标的观点，该公司连续两年的盈利水平是一样的。但是事实并非如此，不能简单地直接比较，因为不同时间创造的利润，所产生的价值是不一样的，即货币时间价值是客观存在的。

（2）利润最大化中的利润额是一个绝对数，没有考虑所获利润和投入资本额的匹配关系。例如，两家条件基本相同的企业，同样获得利润100万元，一家企业投入200万元，另外一家企业投入500万元，哪家企业更符合财务管理的目标呢？答案肯定是前者。这个例子表明，在追求利润最大化的时候，企业不能只看重利润而忽视了产生利润所投入的资本。

（3）没有考虑获取利润所承担风险的大小。例如，两家条件基本相同的企业，同样获利

100万元，一家企业全部销售收入为现金收入，另外一家企业80％的销售收入为赊销，后者产生的应收账款中很有可能发生坏账。哪家企业的财务管理更符合企业的财务管理目标呢？答案是前者。如果不考虑风险，在利润最大化的目标影响下，销售人员会盲目地追求销售业绩，但是，利润再高，对企业来讲同样都存在风险。

（4）容易导致经营者的短期行为。由于利润指标通常按照年度来计算，因此，企业的决策往往只看重眼前的利益而忽视企业的长远发展。例如，为了利润表账面数额的可观性，即使发生了亏损，有些企业也会不顾一切地粉饰数据、虚构利润。

可见，利润最大化目标只是对经济效益浅层的认识，存在一定的片面性，所以现代财务管理理论认为，利润最大化并不是财务管理的最优目标。

（二）股东财富最大化

股东财富最大化是指通过财务上的合理运营，为股东创造最多的财富。在股份公司中，股东财富由其所拥有的股票数量和股票市场价格两方面来决定。如果股票数量一定，当股票价格达到最高时，股东财富也达到最大。与利润最大化目标相比，股东财富最大化目标体现出以下优点：

（1）股东财富最大化目标考虑了现金流量的时间价值和风险因素，因为现金流量获得时间的早晚和风险的高低，会对股票价格产生重要影响。

（2）股东财富最大化目标在一定程度上能够克服企业在追求利润方面的短期行为，因为股票的价格很大程度上取决于企业未来获取现金流量的能力。

（3）股东财富最大化目标反映了资本与报酬之间的关系。因为股票价格是对每股股份的一个标价，反映的是单位投入资本的市场价格。

股东财富最大化目标也存在一些缺点：

（1）股东财富最大化只适用于上市公司，对非上市公司则很难适用。

（2）由于股票价格的变动不是公司业绩的唯一反映，而是受诸多因素影响的综合结果，因而股票价格的高低实际上不能完全反映股东财富或价值的大小。

（3）股东财富最大化目标在实际工作中可能导致公司所有者与其他利益主体之间的矛盾与冲突。

（三）企业价值最大化

企业价值最大化是指企业财务管理行为以实现企业的价值最大为目标。企业价值可以理解为企业所有者权益的市场价值，或者是企业所能创造的预计未来现金流量的现值。未来现金流量包含了资金的时间价值和风险价值两个方面的因素。企业价值最大化要求企业通过采用最优的财务政策，充分考虑资金的时间价值和风险与报酬的关系，在保证企业长期稳定发展的基础上使企业总价值达到最大。

以企业价值最大化为财务管理目标，具有以下优点：

（1）考虑了取得报酬的时间，并用货币时间价值的原理进行了计量。

（2）考虑了风险与报酬的关系。

（3）将企业长期、稳定的发展和持续的获利能力放在首位，能克服企业在追求利润上的短期行为。因为目前的利润会影响企业的价值，预期未来的利润也会对企业价值的增加产生重大影响。

（4）利用价值代替价格，克服了过多外界市场因素的干扰，有效地规避了企业的短期行为。

以企业价值最大化作为财务管理目标，也存在以下问题：

（1）企业的价值过于理论化，不易操作。尽管对于上市公司，股票价格的变动在一定程度上揭示了企业价值的变化，但是，股票价格是多种因素共同作用的结果，特别是在资本市场效率低下的情况下，股票价格很难反映企业的价值。

（2）对于非上市公司，只有对企业进行专门的评估才能确定其价值，而在评估企业的资产时，受评估标准和评估方式的影响，很难做到客观和准确。

（四）相关者利益最大化

在市场经济中，企业的利益主体更加细化和多元化。股东为企业所有者，在企业中拥有最大的权利和报酬，承担着最大的风险和义务；债权人、员工、企业经营者、客户、供应商和政府也是企业利益相关者，拥有相应的权利，承担着风险。相关者利益最大化目标强调风险报酬均衡，以股东为首的各利益群体的利益需协调一致，具有以下优点：

（1）注重企业长期发展，这一目标要求企业在发展过程中考虑各利益相关者的利益需求，从企业角度进行发展研究，避免只站在股东角度考虑利益可能导致的一系列问题。

（2）体现了合作共赢的理念，有利于实现企业经济效益与社会效益的统一。

（3）是一个多元化、多层次的目标体系，较好地兼顾了各主体的利益。这一目标可使企业各方利益达到均衡与最大化。

（4）体现了前瞻性和现实性的统一。

★ 思考与讨论：对中小企业而言，上述哪种财务管理目标更为科学合理？

二、财务管理目标的协调

企业财务活动涉及不同的利益主体，其中最主要的是股东、经营者和债权人，这三者构成了企业最重要的财务关系，企业是所有者即股东的企业，也是经营者和债权人等利益相关者的企业；财务管理目标是股东的目标，也应当兼顾经营者和债权人的目标，但经营者、债权人与股东的目标并不完全一致，企业只有协调好这三个方面的矛盾，才能实现"股东财富最大化"的目标。

（一）股东和经营者的矛盾与协调

股东为企业提供资本金，目标是使其财富最大化。经营者则希望在提高企业价值或股东财富的同时，避免风险，降低劳动强度，增加报酬、闲暇时间和在职消费等。为此，经营者有可能为了自己的利益背离股东目标，如以工作之名装修豪华的办公室，配备高档汽车，挥霍股东财富；或者蓄意压低股票价格，以自己的名义借款买回，个人从中渔利，却导致股东财富受损。为了解决或弱化这一矛盾，股东通常采取解聘、接管和激励三种办法来协调自己和经营者的目标。解聘，是指股东对经营者予以监督，如果经营者的工作出现严重失误，或者有严重违反法律法规的情况，就解聘经营者。接管，是指经营者决策失误、经营不力，使企业股价下降，企业被其他公司强行收购。一旦企业被其他公司接管，经营者通常会被解雇。激励，是指股东把经营者的报酬同其绩效挂钩，以使经营者自觉地采取追求股东财富最大化的措施。激励有"股票期权""绩效股"两种方式，促使经营者采取各种措施提高股票市价，从而实现股东财富最大化的目标。

> ★ **思考与讨论：**
> 　　经过几年的悉心经营，瑞达公司作为一家中小企业逐步发展，规模日益扩大，公司的创始人张毅和王昕很难再亲力亲为管理公司，于是，他们聘请了一位职业经理人。作为公司的所有者，他们希望该经理人对企业尽心尽责，以公司利益为首位，事实会如他们所愿吗？

（二）股东和债权人的矛盾与协调

债权人把资金交给企业，其目标是到期收回本金，并获得约定的利息收入。企业借款的目的是用它扩大经营规模，投入到有风险的经营项目。可见股东与债权人两者的目标并不一致。资金一旦到了企业手里，债权人就失去了控制权，股东可以通过经营者为获取自身利益而伤害债权人利益。如不经过债权人同意，投资于比预期风险高的新项目，若侥幸成功，超额利润会被股东独吞；若不幸失败，债权人却要与所有者共同承担由此造成的损失，从而造成债权人风险与收益的不对称。另外，股东还可能在未征得现有债权人同意的情况下，要求经营者举借新债，从而使偿债风险相应增大，致使原有债权的价值降低。为了解决或协调上述矛盾，债权人通常可以采取以下两种方式：一是在借款合同中加入限制性条款，如规定借款资金的用途，规定不得发行新债或者限制发行新债的规模、条件等。二是收回借款或停止借款，即当发现企业有侵蚀其债权价值的意图时，提前收回借款，拒绝进一步合作或不给企业增加放款来保护自身权益。

（三）财务管理目标与社会责任的矛盾与协调

企业财务管理目标与社会目标在许多方面是一致的，企业在追求自己的目标时，必然为社会提供服务，自然会使社会受益。如企业为了生存，必须生产出符合社会需要的产品，满足消费者的需求；企业为了发展，要扩大规模，自然会增加职工人数，解决社会就业问题；企业为了获利，必须提高劳动生产率，改进产品质量，改善服务，从而提高社会生产效率和公众的生活质量。但企业财务管理目标与社会目标也有不一致的地方。如企业为了获利，可能生产伪劣产品，可能不顾工人的健康和利益，可能造成环境污染，可能损害其他企业的利益等。国家要保护所有公民的正当权益，股东只是社会中的一部分人，他们在谋求自己利益的时候，不能损害他人利益。为此，国家颁布一系列保护公众利益的法律法规，如反暴利法、环境保护法、消费者权益保护法和产品质量法等，通过这些法律法规来强制企业承担社会责任，调节股东和社会公众的利益。

任务三 财务管理环境

任务描述

能够准确分析企业财务管理的环境，有效利用财务管理环境推动企业财务活动健康有序开展。

任何事物总是与一定的环境相联系而产生、存在和发展的，财务管理也不例外。财务管理环境又称理财环境，是指对企业财务活动和财务管理产生影响的企业内外部各种条件的统称。不同时期、不同国家、不同领域的财务管理需要面对不同的理财环境。企业在许多方面如同生物体一样，如果不能适应周围的环境，也就不能生存。环境的变化可能会给企业理财带来困难，但企业的财务人员若能合理预测其发展状况，就会使理财效果更加理想。

财务管理环境涉及的范围很广，比如国家的政治、经济形势，国家经济法规的完善程度，企业所面临的市场状况，企业的生产条件等。这里主要讨论企业难以控制的几种重要的环境，即经济环境、法律环境、金融环境和社会文化环境。

财务管理环境

一、经济环境

经济环境主要指影响企业财务管理的各种经济因素，如经济政策、经济周期、经济发展水平、通货膨胀等。

(一)经济政策

经济政策是国家或政府为了达到充分就业、价格水平稳定、经济快速增长、国际收支平衡等宏观经济政策的目标，为增进经济福利而制定的解决经济问题的指导原则和措施。一个国家的经济政策，如经济的发展计划，国家的产业政策、财税政策、金融政策、外汇政策、外贸政策、货币政策，以及政府的行政法规等，对企业的理财活动都会产生重大影响。企业财务人员应该认真研究政府的经济政策，顺应经济政策的导向，按照政策导向行事，这样才能趋利除弊。当政府的经济政策随着经济状况的变化而变化时，企业财务决策也要为这种变化留有余地，甚至预见其变化趋势，以更好地实现企业的理财目标。

(二)经济周期

经济周期一般是指经济活动沿着经济发展的总体趋势所经历的有规律的扩张和收缩。经济周期大体上可分为复苏、繁荣、衰退、萧条四个阶段。鉴于经济周期影响的严重性，财务学者探讨了企业在经济周期中的经营理财策略，如表1-1所示。

表 1 - 1 经济周期中的经营理财策略

阶段	复苏	繁荣	衰退	萧条
经营理财策略	增加厂房设备 实行长期租赁 增加存货 开发新产品 增加劳动力	扩充厂房设备 继续增加存货 提高产品价格 开展营销规划 增加劳动力	停止扩张 出售多余设备 停产不利产品 停止长期采购 削减存货 停止扩招雇员	建立投资标准 保持市场份额 压缩管理费用 放弃次要部门 削减存货 裁减雇员

面对周期性的经济波动，企业财务人员必须预测经济变化情况，结合自身实际情况调整财务政策，以适应经济变化带来的影响。

(三) 经济发展水平

财务管理的发展水平与经济发展水平密切相关，经济发展水平越高，财务管理水平越好。财务管理水平的提高，将推动企业降低成本，提升效率，提高效益，从而促进经济发展水平的提高；经济发展水平的提高，将改变企业的财务战略、财务理念、财务管理模式和财务管理的方法与手段，从而促进企业财务管理水平的提高。财务管理应当以经济发展水平为基础，以宏观经济发展目标为导向，从财务工作角度保证企业经营目标和经营战略的实现。

(四) 通货膨胀

通货膨胀对企业财务活动的影响是多方面的。其主要表现在以下几个方面：

(1) 引起资金占用的大量增加，从而增加企业的资金需求。

(2) 引起企业利润虚增，造成企业资金由于利润分配而流失。

(3) 引起利润上升，加大企业的权益资金成本。

(4) 引起有价证券下降，增加企业的筹资难度。

(5) 引起资金供应紧张，增加企业的筹资困难。

为了减轻通货膨胀对企业造成的不利影响，财务人员应当采取措施予以防范。在通货膨胀初期，货币面临着贬值的风险，这时企业进行投资可以避免风险，实现资本保值；与客户应签订长期购货合同，以减少物价上涨造成的损失；取得长期负债，保持资本成本的稳定。在通货膨胀持续期，企业可以采用比较严格的信用条件，减少企业债权；调整财务政策，防止和减少企业资本流失等。

二、法律环境

财务管理的法律环境是指企业理财活动所应遵守的各种法律、法规和规章。国家管理经济活动和经济关系的手段包括行政手段、经济手段和法律手段三种。随着经济改革的不断深化，行政手段逐渐减少，经济手段特别是法律手段日益增多，建立一个完整的法律体系来维护市场秩序很有必要。企业的各项理财活动，无论是筹资、投资还是利润分配，都应当遵守有关的法律规范。

（一）企业组织法规

企业必须依法成立，才能合法经营，获得良好的法律环境。组建不同类型的企业，要依照不同的法律规范，包括《中华人民共和国公司法》（简称《公司法》）、《中华人民共和国合伙企业法》（简称《合伙企业法》）、《中华人民共和国个人独资企业法》（简称《独资企业法》）等。如《公司法》对公司的设立条件、设立程序、组织机构、组织变更和终止的条件、程序都作了明确的规定，包括股东人数、法定资本最低限额和资本筹集方式等。只有按其规定的条件和程序设立的企业，才能成为公司。《公司法》还对公司生产经营的主要方面做出了规定，包括股票的发行和交易、债券的发行和转让、公司的财务会计要求和利润分配等。公司一旦成立，其主要活动包括财务管理活动都要按照《公司法》的规定来进行。《公司法》是公司财务管理最主要的法律规范，其他企业也应按照相应的法律来开展其理财活动。

（二）税务法规

税务法规对企业的财务管理会产生重要影响。一方面，税收政策的制定，可以为企业提供相应的税收优惠政策；另一方面，企业也必须按照税务法规规定履行相应纳税义务。我国目前实行的一系列税收法律法规，主要包括《中华人民共和国企业所得税法》（简称《企业所得税法》）、《中华人民共和国资源税法》（简称《资源税法》）、《中华人民共和国城市维护建设税法》（简称《城市维护建设税法》）、《中华人民共和国增值税暂行条例》（简称《增值税暂行条例》）、《中华人民共和国消费税暂行条例》（简称《消费税暂行条例》）、《中华人民共和国进出口关税条例》（简称《进出口关税条例》）、《中华人民共和国税收征收管理法》（简称《税收征收管理法》）等。国家各税种的设置及税率的调整，对生产经营具有调节作用。企业财务决策应当主动适应税收政策导向，通过精心安排和筹划，在不违反税法的前提下，尽可能地降低企业的税收负担。

（三）财务法规

《中华人民共和国会计法》（简称《会计法》）、《企业财务通则》、《企业会计准则》、《企业财务会计报告条例》及《中华人民共和国证券法》（简称《证券法》）等法律法规的颁布，给企业的财务活动带来了重大影响。其中，《会计法》作为我国会计工作的根本大法，是我国进行会计工作的基本依据。《企业财务通则》是各类企业进行财务活动、实施财务管理的基本规范。我国第一个《企业财务通则》于1994年7月1日起施行。随着经济环境的不断发展，2005年我国重新修订了财务通则，新的《企业财务通则》于2007年1月1日起开始实施。新通则围绕企业财务管理环节，明确了资金筹集、资产营运、成本控制、收益分配、信息管理、财务监督等六大财务管理要素，并结合不同财务管理要素，对财务管理方法和政策要求做出了规范。企业财务管理人员应当认真研究相关财务管理法律法规的具体要求，在守法的前提下充分行使法律法规所赋予的理财自主权，改善企业的经营管理，实现企业的财务目标。

三、金融环境

金融市场是资金融通的场所，即资金供应者和资金需求者双方通过某种形式融通资金的场所。金融市场发挥着金融中介、调节资金余缺的功能。金融环境是企业最主要的环境因素，影响财务管理的主要金融环境因素是金融市场。

金融市场按照交易对象可以分成不同的类型，如图1-2所示。

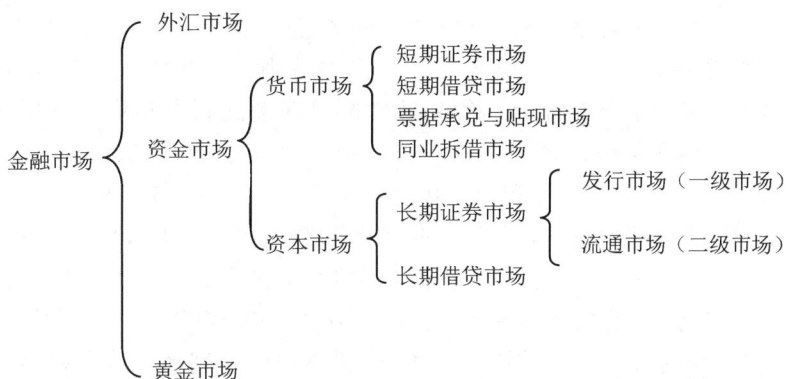

```
                 ┌ 外汇市场
                 │
                 │              ┌ 短期证券市场
                 │              │ 短期借贷市场
                 │        ┌ 货币市场 ┤
                 │        │     │ 票据承兑与贴现市场
                 │        │     └ 同业拆借市场
金融市场 ┤  资金市场 ┤
                 │        │              ┌ 发行市场（一级市场）
                 │        │     ┌ 长期证券市场 ┤
                 │        └ 资本市场 ┤     └ 流通市场（二级市场）
                 │              │
                 │              └ 长期借贷市场
                 │
                 └ 黄金市场
```

图1-2 金融市场的类型

（一）金融市场的组成

金融市场由金融市场主体、金融市场工具和金融市场的价格三要素组成。

1. 金融市场主体

金融市场主体是指资金供应者、资金需求者及金融中介机构，包括政府部门、金融机构、企事业单位、城乡居民和其他组织。金融中介是连接筹资人和投资人的桥梁，分为银行金融机构和非银行金融机构。银行金融机构主要包括中国人民银行、国有商业银行、国家政策性银行、股份制银行和外资银行等；非银行金融机构主要有保险公司、信托投资公司、信用合作社、邮政储蓄机构、证券公司及证券交易所等。不同的金融中介机构进行资金交易，所需法律手续不同，交易条件不同，交易成本不同，交易的数量和完成交易的时间也有差别。因此，企业必须选择适合自身情况的主要交易机构和场所，以相对节省交易费用，加快交易进程。

2. 金融市场工具

金融市场工具是指资金供应者将资金让渡给资金需求者的凭证和证明，包括各种债券、股票、票据、可转让存单、借款合同、抵押契约等。不同金融工具用于不同的资金供求场合，具有不同的法律效力和流通功能，企业为此承担的风险和付出的成本不同，因此企业必须选择适合自身情况的金融工具，以相对降低风险和成本。

3. 金融市场的价格

金融市场的价格是由资金供求关系决定的，以金融工具或金融产品交易为依据形成的具体价格，有利率、汇率、证券价格、黄金价格和期货价格等，其本质都是资产的价格。本节主要介绍利率。

利率也称利息率，是资金的增值额同投入资金价值的比率，是衡量资金增值程度的量化指标。从资金的借贷关系看，利率是一定时期运用资金这一资源的交易价格。资金作为一种特殊商品，以利率为价格标准，其融通实质上是资源通过利率这个价格标准实行再分配。因此利率在资金分配及企业财务决策中起着重要作用。可以按照不同的标准对利率进行分类，通常有以下几种分类方法：

（1）按利率之间的变动关系，分为基准利率和套算利率。基准利率是指在多种利率并存条件下起决定作用的利率。所谓起决定作用的利率是指该种利率变动，会导致其他利率发生相应的变动。因此，了解基准利率水平的变化趋势，就可了解全部利率的变化趋势。基准利率在西方通常是中央银行的再贴现率，在我国是中国人民银行对商业银行的贷款利率。套算利率是指在基准利率确定后，各金融机构根据基准利率和借贷款项的特点而换算出来的利率。例如，某商业银行规定，向信用分别为 AAA 级、AA 级、A 级的企业贷款，实际利率（套算利率）应分别在基准利率基础上浮动 0.5％、1％、1.5％。

（2）按债权人取得的报酬情况，分为实际利率和名义利率。实际利率是指在物价不变即货币购买力不变条件下的利率；或者是在物价有变化时，扣除物价变动效应后的利率。名义利率则包含物价变动因素。两者之间的关系是：名义利率＝实际利率＋预计物价变动率。

（3）按利率与市场资金供求关系，分为固定利率和浮动利率。固定利率是指在借贷期内固定不变的利率。若在借贷期内发生通货膨胀，实行固定利率会使债权人的利益受到损害。浮动利率是指在借贷期内可以随物价变动加以调整的利率。在通货膨胀条件下采用浮动利率，可减少债权人的损失。

（4）按利率变动与市场的关系，分为市场利率和法定利率。市场利率是指根据资金市场上的供求关系，随着市场变化而自由变动的利率。法定利率是指由政府金融管理部门或者中央银行确定的利率。

正如任何商品的价格均由供应和需求两方面来决定一样，资金这种特殊商品的价格——利率，也主要是由供给与需求来决定的。除这两个因素外，经济周期、通货膨胀、国家金融财政政策、国际经济政治关系、国家利率管制程度等，对利率的变动均有不同程度的影响。因此，资金的利率通常由三部分组成：① 纯利率；② 通货膨胀补偿率（或称通货膨胀贴水率）；③ 风险报酬率。其中，风险报酬率又分违约风险报酬率、流动性风险报酬率和期限风险报酬率三种。利率的一般计算公式可表示如下：

$$利率＝纯利率＋\frac{通货膨胀}{补偿率}＋\frac{违约风险}{报酬率}＋\frac{流动性风}{险报酬率}＋\frac{期限风险}{报酬率}$$

纯利率是指没有风险和通货膨胀情况下的均衡点利率；通货膨胀补偿率是指由于持续的通货膨胀会不断降低货币的实际购买力，为补偿其购买力损失而要求提高的利率；违约风险报酬率是指借款人无法按时支付利率或偿还本金给投资人带来风险，投资人为了弥补这些风险而要求提高的利率；流动性风险报酬是指由于债务人资产的流动性不好给债权人带来风险，为补偿这种风险而提高的利率；期限风险报酬率是指对于一项负债，到期日越长，债权人承受的不确定因素就越多，所承受的风险也越大，为弥补这种风险而要求提高的利率。

（二）金融市场与企业财务管理的关系

1. 金融市场是企业投资和筹资的场所

金融市场上有许多种融通资金的方式，且比较灵活。企业需要资金时，可以到金融市场选择适合自己的方式筹资。企业有了剩余资金，也可以灵活选择投资方式，为其资金寻找出路，以求增加企业收益。

2. 企业通过金融市场使长短期资金互相转化

企业持有的股票和债券是长期投资，在金融市场上可以随时抛售变现，成为短期资金；

远期票据则通过贴现变为现金;大额可转让定期存单,可以在金融市场卖出,成为短期资金。同样,短期资金也可以在金融市场上转变为股票、债券等长期资产。

3. 金融市场为企业理财提供有意义的信息

金融市场的利率变动和各种金融资产的价格变动,都反映了资金的供求状况,宏观经济状况,甚至发行股票及债券的公司的经营状况和盈利水平。这些信息都是企业经营和理财的重要依据。

金融市场的发育程度,各种融资方式的开放情况,各种有价证券等金融手段的利用情况,承兑、抵押、转让、贴现等各种票据业务的开展程度,对企业资金能否正常流通有极大的影响。企业财务人员应该熟悉各种类型金融市场的管理规则,有效地利用金融市场来组织资金供应;同时还要遵守国家金融主管机关对于金融市场的宏观调控和指导政策,发挥金融市场的积极作用,限制其消极作用。

> ★ **思考与讨论:**随着互联网金融的快速发展,中小企业融资有哪些新的渠道?

四、社会文化环境

社会文化环境是一个国家和地区在其长期的社会发展历史过程中形成的,主要由民族特征、文化传统、价值观、宗教信仰、教育水平、社会结构、风俗习惯等内容构成。企业的财务活动不可避免地受到社会文化的影响。但是,社会文化的各方面对财务管理的影响程度不尽相同,有的影响是直接的,有的影响是间接的,有的影响是短期的,有的影响是持久的。

例如,社会整体的教育水平就影响着财务管理工作的质量。事实表明,在教育水平发达的地区,企业财务管理工作方法更科学,质量更高,成效更好。在教育水平落后的地区,情况则相反。又如,科学的发展对财务管理理论的完善也起着至关重要的作用。经济学、数学、统计学、计算机科学等诸多学科的发展,都在一定程度上促进了财务管理理论的发展。另外,诸如整体的社会诚信程度等因素也在一定程度上影响着财务管理活动。当整个社会诚信程度较高时,企业间的信用往来会加强,会促进彼此之间的合作,并减少企业的坏账损失。

同时,在不同的文化环境中经营的公司需要对员工进行文化差异方面的培训,并且在可能的情况下雇用文化方面的专家。忽视社会文化对公司财务活动的影响,将给公司的财务管理带来意想不到的问题。

任务四 财务管理环节

任务描述

熟悉企业财务管理环节,能根据企业实际情况合理安排各环节工作内容,提升财务管理工作效率。

财务管理环节是指财务管理工作步骤与一般工作程序。财务管理环节根据财务管理工作程序及各部分间的内在关系划分，分为财务规划与预测、财务决策、财务预算、财务控制、财务分析与业绩评价五个环节。

财务管理环节

一、财务规划与预测

财务规划与预测首先要立足全局，根据企业整体战略目标和规划，结合对企业未来宏观、微观形势的预测，确立相匹配的企业财务战略目标和规划。在企业财务战略目标的指导下，企业财务人员要根据其财务活动的历史资料，结合现实要求和条件，对企业未来财务活动和财务成果作出科学的预计和测算。本环节的主要任务就是：① 测算各项生产经营方案的经济效益，为财务决策提供可靠的依据；② 预测财务收支的发展变化情况，以确定经营目标；③ 测定各项定额和标准，为编制计划、分解计划指标服务。财务预测的工作步骤包括：① 明确预测目标；② 收集相关资料；③ 建立预测模型；④ 确定财务预测结果。

二、财务决策

财务决策是指财务人员按照财务目标的总体要求，利用专门方法对各种备选方案进行比较和分析，从中选出最佳方案的过程。只有确定了切实可行的最佳方案，财务活动才能取得好的经济效益，实现企业价值最大化的财务管理目标。因此，在市场经济条件下，财务决策是财务管理的核心，财务预测是为财务决策服务的。财务决策是一种多标准的综合决策。决定方案取舍的，既有货币化、可计量的经济标准，又有非货币化、不可计量的非经济标准，因此决策方案往往是对多种因素综合权衡的结果。财务决策的具体程序为：① 确定决策目标；② 提出备选方案；③ 选择最优方案。

三、财务预算

财务预算是以财务预测提供的信息和财务决策确定的方案为基础，运用科学的技术手段和方法，对未来财务活动的内容及指标所进行的具体规划。预算体系的建立和财务预算的编制是实现企业财务目标乃至实现企业整体战略目标的出发点和基础。财务预算是企业财务战略规划的具体计划，是控制财务活动的依据。财务预算的编制步骤包括：① 分析财务环境，确定预算指标；② 协调财务能力，组织综合平衡；③ 选择预算方法，编制财务预算。

四、财务控制

财务控制是指在财务管理的过程中，以预算任务和各项定额为依据，对企业的资金投入、收益过程和结果进行衡量与校正，目的是确保企业目标以及为达到此目标所制订的财务计划得以实现。实行财务控制是落实预算任务、保证预算实现的有效措施。财务控制一般要经过以下步骤：① 制定控制标准，分解落实责任；② 实施追踪控制，及时调整误差；③ 分析执行情况，搞好考核奖惩。

五、财务分析与业绩评价

　　财务分析主要是企业根据财务报表等有关资料,运用特定的方法,对企业财务活动过程及其结果进行分析的一项工作。财务分析既是对已完成的财务活动的总结,也是财务预测的前提,在财务管理的循环中起承上启下的作用。业绩评价建立在财务分析的基础上,是企业建立激励机制和发挥激励作用的依据和前提。财务分析包括以下步骤:① 占有资料,掌握信息;② 指标对比,揭露矛盾;③ 分析原因,明确责任;④ 提出措施,改进工作。

　　在财务管理工作中,上述各环节相互联系、相互依存。

拓展阅读

雷曼公司破产与财务管理目标的选择

　　美国雷曼兄弟控股公司(以下简称雷曼公司)成立于1850年,总部设在美国纽约,在英国伦敦和日本东京设有地区性总部。雷曼公司通过它的分支机构向全球企业、政府部门、市政当局、投资机构和高资产净值个人客户提供各种金融服务。公司主要业务分三大块:资本市场业务、投资银行业务和投资管理业务。相应的,公司也就有三个重要部门。资本市场部门为机构投资者的资本流动提供服务,其提供的产品及服务种类众多,还投资于房地产、私募股权和其他长期投资类别。投资银行部门主要向企业、机构和政府客户就合并、收购和其他金融事务提供建议和咨询。投资管理部门主要向高资产净值个人和中间市场机构客户提供投资与财富咨询和资本市场执行服务还提供个性化投资管理服务。

　　雷曼公司经过一百五十多年的奋斗,取得了巨大成功,发展成全球领先的投资银行和资产管理机构。《商业周刊》评出的2000年最佳投资银行中,整体调研实力高居《机构投资者》排名榜首。《国际融资评论》授予了2002年度最佳投行。

　　但受信贷危机的影响,雷曼公司2008年6月16日发布的财报显示公司第二季度亏损28.70亿美元,是公司1994年上市以来首次出现亏损。公司股价自2008年以来也累计下跌了60%。2008年9月10日雷曼公司提前发布的第三季度财报显示,雷曼公司第三季度巨亏39亿美元,创下该公司成立158年以来历史最大季度亏损。在从外部投资者获取资金的努力失败后,雷曼公司决定出售旗下资产管理部门的多数股权,并分拆价值300亿美元的房地产资产,以期在这场金融危机中生存下来。但由于陷入严重的财务危机,2008年9月15日,雷曼公司宣布将申请破产保护。雷曼公司作为曾经在美国金融界中叱咤风云的巨人,其破产标志着全球经济衰退的开始。但仔细分析,这一结果不仅与过度的金融创新和乏力的金融监管等外部环境有关,也与雷曼公司本身的财务管理目标有着某种内在的联系。

　　1. 股东财富最大化:雷曼公司财务管理目标的现实选择

　　雷曼公司在成立初期,主要从事利润比较丰厚的棉花等商品的贸易,公司性质为家族企业,且规模相对较小,其财务管理目标自然是利润最大化。在雷曼公司从经营干洗、兼营小件寄存的小店逐渐转型为金融投资公司的同时,公司的性质也从一个地道的家族企业逐渐成长为在美国乃至世界都名声显赫的上市公司。由于公司性质的变化,其财务管理目标也随之由利润最大化转变为股东财富最大化。

其原因至少有：

（1）美国是一个市场经济比较成熟的国家，建立了完善的市场经济制度和资本市场体系，因此，以股东财富最大化为财务管理目标能够获得更好的企业外部环境支持；

（2）与利润最大化的财务管理目标相比，股东财富最大化考虑了不确定性、时间价值和股东资金的成本，无疑更为科学和合理；

（3）与企业价值最大化的财务管理目标相比，股东财富最大化可以直接通过资本市场股价来确定，比较容易量化，操作上显得更为便捷。因此，从某种意义上讲，股东财富最大化是雷曼公司财务管理目标的现实选择。

2. 股东财富最大化：成也萧何，败也萧何

股东财富最大化是通过财务上的合理经营，为股东带来最多的财富。当雷曼公司选择将股东财富最大化作为其财务管理目标之后，公司迅速从一个名不见经传的小店发展成闻名于世界的华尔街金融巨头。但同时，由于股东财富最大化的财务管理目标利益主体单一（仅强调了股东的利益）、适用范围狭窄（仅适用于上市公司）、目标导向错位（仅关注现实的股价）等原因，雷曼公司最终无法在2008的金融危机中幸免于难。股东财富最大化对于雷曼公司来说，颇有"成也萧何，败也萧何"的意味。主要表现为：

（1）过度追求利润而忽视经营风险控制是雷曼公司破产的直接原因。

（2）过度关注股价而偏离了经营重心是雷曼公司破产的推进剂。

（3）强调股东的利益而忽视其他相关者利益是雷曼公司破产的内在原因。

（4）股东财富最大化适用于上市公司是雷曼公司破产的又一原因。

由雷曼公司破产的案例，我们可以得到以下启示：

（1）企业财务管理目标是企业从事财务管理活动的根本指导，是企业财务管理活动所要达到的根本目的，是企业财务管理活动的出发点和归宿。财务管理目标决定了企业要建立什么样的财务管理组织、遵循什么样的财务管理原则、运用什么样的财务管理方法和建立什么样的财务指标体系。财务管理目标是财务决策的基本准则，每一项财务管理活动都是为了实现财务管理的目标。因此，无论从理论意义还是从实践需要的角度看，制定并选择合适的财务管理目标都是十分重要的。

（2）企业在制定财务管理目标时，需遵循如下原则：① 价值导向和风险控制原则。② 兼顾更多利益相关者的利益而不偏袒少数人利益的原则。③ 兼顾适宜性和普遍性原则。④ 绝对稳定和相对变化原则。财务管理目标既要保持绝对的稳定，以便制定企业的长期发展战略，同时又要考虑对目标的及时调整，以适应环境的变化。

（3）无论是雷曼公司奉行的股东财富最大化，还是其他的财务管理目标，如产值最大化、利润最大化、企业价值最大化，甚至包括非主流财务管理目标——相关者利益最大化等，在具有诸多优点的同时，也存在一些自身无法克服的缺点。企业在选择财务管理目标时，应根据企业自身的实际情况进行考虑，最大限度地确保财务管理目标和企业发展的总目标一致。

资料来源：佚名.雷曼兄弟破产对企业财务管理目标选择的启示(EB/OL).(2010-07-09).

思政启示

　　财务管理是一门教企业如何理财的课程，告诉企业如何正确地找钱、用钱、分钱。这一切理财活动的前提就是企业必须遵守国家的财经法律法规，秉持合法筹资、有效投资、合理分配的原则。企业如此，个人也不例外，我们在个人理财活动中同样也要遵纪守法，对于金钱，要取之有道，用正当手段赚钱，靠诚实劳动和合法经营获得财富，因为不义之财终被夺，靠非法经营、非法手段赚钱，定不会有好下场。对于金钱，还要用之有方，合理地使用金钱，如古人所说，穷则独善其身，达则兼济天下，有能力的话，把钱用到有利于国家社会，有利于他人的地方，用到有利于全面发展自己，实现人生价值的地方。只要我们树立正确的金钱观，我们的思想境界和人生价值都会更上一个层次。

项 目 小 结

　　本项目主要介绍了财务管理的内容、目标及环境等有关内容。

　　财务管理是企业组织财务活动、处理财务关系的一项综合性的管理工作。财务管理的内容包括财务活动和财务关系两个方面。企业的财务活动包括筹资活动、投资活动、资金营运活动和利润分配活动等一系列行为。

　　财务管理目标是在特定的理财环境中，通过组织财务活动，处理财务关系所要达到的目的。财务管理目标是一切财务活动的出发点和归宿。一般而言，最具有代表性的财务管理目标包括利润最大化目标、股东财富最大化目标、企业价值最大化目标、相关者利益最大化目标。企业财务管理要协调相关利益群体的关系，化解他们之间的利益冲突，主要包括：股东与经营者的矛盾与协调；股东与债权人的矛盾与协调；财务管理目标与社会责任的矛盾与协调。

　　财务管理环境又称理财环境，是对企业财务活动和财务管理产生影响作用的企业内外各种条件的统称，主要包括经济环境、法律环境、金融环境和社会文化环境。财务管理的经济环境是指对企业财务管理有重要影响的一系列经济因素。影响财务管理的经济环境因素主要有经济政策、经济周期、经济发展状况、通货膨胀等。财务管理的法律环境是指企业发生经济关系时所应遵守的各种法律、法规和规章。财务管理的金融环境是企业最主要的环境因素。影响财务管理的金融环境因素主要有金融机构、金融市场和利率等。财务管理的社会文化环境包括教育、科学、文学、艺术、新闻出版、广播电视、卫生体育、道德、习俗，以及同社会制度相适应的权利义务观念、道德观念、组织纪律观念、价值观念、劳动态度等。

　　财务管理的环节是指财务管理工作的步骤与一般程序。一般来说，企业财务管理包括五个环节：财务规划与预测、财务决策、财务预算、财务控制、财务分析与业绩评价。

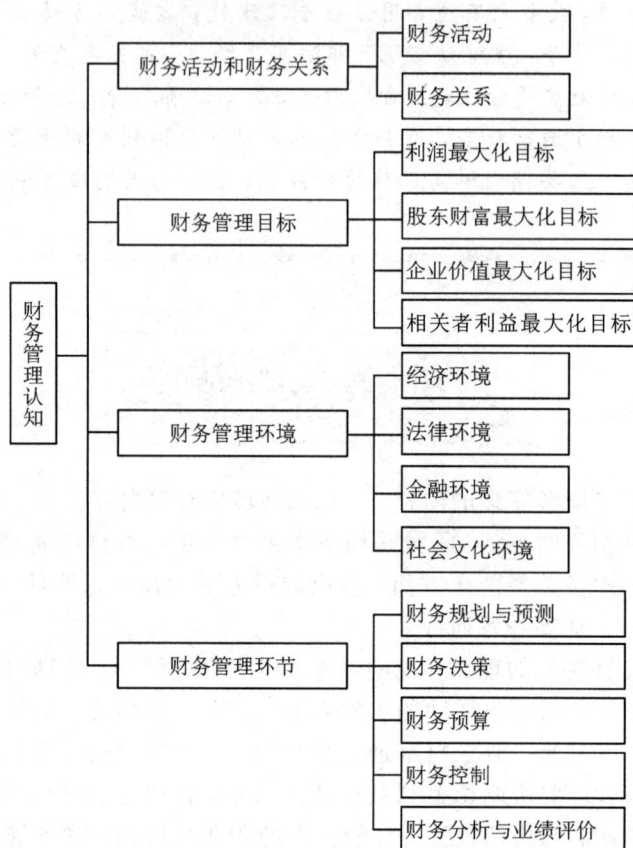

知 识 结 构 图

项 目 训 练

一、单项选择题

1. 企业财务关系是指企业在组织财务活动中，与有关各方所发生的( )。

A. 经济往来关系　　B. 经济协作关系　　C. 经济责任关系　　D. 经济利益关系

2. 企业的财务活动是指企业的( )。

A. 货币资金收支活动　　　　　　　　B. 分配活动

C. 资金运动　　　　　　　　　　　　D. 资本金投入和收益活动

3. 企业日常经营引起的财务活动，也称为( )活动。

A. 筹资　　　　　　B. 投资　　　　　　C. 收益分配　　　　　D. 资金营运

4. 下列不属于股东财富最大化目标的优点的是( )。

A. 考虑了资金时间价值因素　　　　　　B. 考虑了风险价值因素

C. 考虑了相关者利益　　　　　　　　　D. 能够避免企业的短期行为

5. 企业价值最大化目标强调的是企业的(　　　)。

A. 实际利润额　　　　　　　　　　　　B. 实际投资利润率最大

C. 预期获利能力最大　　　　　　　　　D. 利润最大化

6. 在下列财务管理目标中, 目前通常被认为比较合理的是(　　　)。

A. 企业价值最大化　　　　　　　　　　B. 实际投资利润率

C. 预期获利能力　　　　　　　　　　　D. 实际投入资金

7. 考虑了时间价值和风险价值因素的财务管理目标是(　　　)。

A. 利润最大化　　　　　　　　　　　　B. 资本利润率最大化

C. 股东财富最大化　　　　　　　　　　D. 每股利润最大化

8. 协调所有者和经营者之间利益冲突的市场机制是(　　　)。

A. 监督　　　　　B. 接管　　　　　C. 绩效股　　　　　D. 股票期权

9. 在借贷期内可以调整的利率是指(　　　)。

A. 套算利率　　　B. 市场利率　　　C. 浮动利率　　　D. 实际利率

10. 当宏观经济处于繁荣阶段时, 企业应该(　　　)。

A. 开发新产品　　B. 停止雇员　　　C. 缩减管理费用　　D. 开展营销规划

二、多项选择题

1. 下列各项中, 属于企业财务活动的有(　　　)。

A. 筹资活动　　　B. 投资活动　　　C. 资金营运活动　　D. 分配活动

2. 下列各项中, 属于企业财务关系的有(　　　)。

A. 企业与政府之间的财务关系

B. 企业与受资者之间的财务关系

C. 企业内部各单位之间的财务关系

D. 企业与职工之间的财务关系

3. 财务预测环节的工作主要包括(　　　)几个步骤。

A. 明确预测目标　　　　　　　　　　　B. 搜集相关资料

C. 建立预测模型　　　　　　　　　　　D. 实施财务预测

4. 债权人为了防止其利益不受侵害, 可以采取的保护措施有(　　　)。

A. 在借款合同中加入限制性条款

B. 发现公司有侵蚀其债权价值意图时, 采取通过市场接管或吞并的措施

C. 发现公司有侵蚀其债权价值意图时, 采取解聘经营者的措施

D. 发现公司有侵蚀其债权价值意图时. 采取收回借款或停止借款的措施

5. 企业价值最大化目标的优点是(　　　)。

A. 考虑了资金的时间价值和风险价值

B. 反映了对企业资产保值增值的要求

C. 克服了短期行为

D. 有利于社会资源合理的配置

6. 以利润最大化为财务管理目标的主要弊病有(　　　)。

A. 没有反映利润与投入资本额的关系

B. 没有考虑资金时间价值和风险问题

C. 利润的多少与经济效益的大小没有关系

D. 容易导致企业追求短期利益的行为

7. 所有者与经营者的协调利益矛盾的办法有（　　　）。

A. 解聘　　　　　　B. 接管　　　　　　C. 激励　　　　　　D. 处罚

8. 企业价值是指企业全部资产的市场价值，包含（　　　）。

A. 债券市场价值　　　　　　　　　B. 股票市场价值

C. 利润　　　　　　　　　　　　　D. 企业潜在的或预期的获利能力

9. 下列各项中，属于利率的组成因素的有（　　　）。

A. 通货膨胀补偿率　　　　　　　　B. 风险报酬率

C. 纯利率　　　　　　　　　　　　D. 社会积累率

10. 财务管理环境是指对企业财务活动和财务管理产生影响的企业内外部各种条件的统称，主要有（　　　）。

A. 自然环境　　　　B. 经济环境　　　　C. 金融环境　　　　D. 法律环境

三、判断题

1. 企业与政府之间的财务关系体现为投资与受资的关系。　　　　　　　（　　　）

2. 在市场经济条件下，财务管理的核心是财务决策。　　　　　　　　　（　　　）

3. 财务预算是以财务决策确立的方案和财务预测提供的信息为基础编制的。（　　　）

4. 股利分配决策实质上是筹资决策的延伸。　　　　　　　　　　　　　（　　　）

5. 将企业价值最大化作为理财目标，有利于社会资源的合理配置。　　　（　　　）

6. "解聘"是一种通过市场约束经营者的办法。　　　　　　　　　　　　（　　　）

7. 股东财富最大化目标只适用于上市公司。　　　　　　　　　　　　　（　　　）

8. 从资金的借贷关系看，利率是一定时期运用资金这一资源的交易价格。（　　　）

9. 纯利率是指没有风险和通货膨胀情况下的资金供求均衡点利率。　　　（　　　）

10. 企业财务人员只有把握经济政策和法律政策，才能更好地为企业的经营理财活动服务。　　　　　　　　　　　　　　　　　　　　　　　　　　　　　　　（　　　）

四、简答题

1. 什么是财务活动？

2. 什么是财务关系？

3. 什么是企业的财务管理目标？它与企业目标有何关系？

4. 什么是企业的财务管理环境？

5. 简述金融市场与企业财务活动的关系。

项目二　货币时间价值与风险报酬

○ **素质目标**

1. 树立正确的理财观念；
2. 培养正确的金钱观及得失观；
3. 培养风险防范意识。

○ **职业能力目标**

1. 能够正确理解货币时间价值的含义；
2. 能够正确理解风险及风险报酬的含义；
3. 能够准确计算货币的时间价值；
4. 能够正确运用风险衡量的方法；
5. 能够掌握风险报酬的计算。

○ **典型工作任务**

1. 复利终值和现值的计算与决策；
2. 年金终值和现值的计算与决策；
3. 风险衡量指标的计算与分析。

案例导入

神奇的复利

　　传说印度舍罕王富甲天下，有一天舍罕王的宰相西萨·班·达依尔发明了国际象棋。他把这个有趣的娱乐品进贡给国王。舍罕王对于这一奇妙的发明异常喜爱，决定让宰相自己要求得到什么赏赐。宰相说要国王给他一些米作为奖励。他拿出一个国际象棋的棋盘，说国王只要在第一个格子里放一粒米，第二个格子放 2 粒米，第三个格子放 4 粒米，第四个格子放 8 粒米……以此类推，直到把棋盘的 64 个格子放满。国王认为宰相的要求太简单了，便痛快地答应了宰相的要求。殊不知这些米，如果放满 64 个格子需要 18 446 744 073 709 551 615 粒。按当时的生产力，全世界需要生产两千年才能产出。得知结果，国王感到不可思议，但是君无戏言，国王认真想了一下便对宰相说：既然宰相要求的米粒如此精确，赏赐也应该严格执行，希望宰相自己一粒一粒地从国王的仓库里数出所要求的数目，第一个格子上放 1 粒米，第二个格子上放 2 粒，第三个格子上放 4 粒……直到第 64 格放满为止。一粒也不能多，一粒也不准少。一秒能数 2 粒，一分钟能数 120 粒，一小时也只能数出 7 200 粒，每天数上 10 小时，也只能拿到 72 000 粒米。数上一年，也只有 2 000 万～3 000 万粒，也只有 1～2 立方米的大米。要全部数清国王赏赐给他的大米，要 2 000 多亿年呢。宰相会心地笑了笑，回答道还是国王智力过人。

这个故事让我们见识了复利的威力，在接下来的学习中，让我们继续走进复利的神奇世界吧！

任务一　货币时间价值

任务描述

理解货币时间价值，掌握货币时间价值的计算，将时间价值观念正确运用于企业筹资、投资决策中。

一、货币时间价值的含义

从经济学的观点来看，即使不考虑通货膨胀的因素，相同数量的货币在不同时点上的价值也是不相等的。因为现在一定数量的货币可以立即用于投资，一段时期后可获得一定的投资收益，使收回资金的总额大于当初投资的总额；而如果将钱储藏起来，时间再长也不会多出一分钱。总之，资金只有投入再生产过程中才能增值，这是最简单的经济学常识。可见，资金只有转化为资本，投入到生产经营活动中去，与劳动相结合，才能创造价值。

货币时间价值

我们可以把资金时间价值理解为一定量的资金在不同时点上价值量的差额，但必须同时满足两个条件：要经历一段时间；要进行投资或再投资。

所谓资金的时间价值，是指资金经历一定时间的投资和再投资所增加的价值。通常用无风险、无通货膨胀条件下全社会的平均资金利润率来衡量。资金时间价值是贯穿企业财务活动的一条红线，企业的任何一项预测、决策都要考虑资金的时间价值。

资金时间价值可以有两种表现形式，其相对数即时间价值率，指扣除风险报酬率和通货膨胀贴水率后的社会平均资金利润率；其绝对数即时间价值额，是资金在生产经营中带来的真实增值额，即一定数额的资金与时间价值率的乘积。

二、货币时间价值的计算

不同时点上相同数量的货币价值是不相同的，必须将其换算到相同的时间基础上，才能进行比较，衡量其实际价值。

资金有两种价值，即现在的价值和将来的价值。现在的价值，简称现值（Present Value），是指未来收入或支出的一笔或一系列款项按给定的利息率计算所得到的现在的价值，又称本金或期初余额，通常记作 P；将来的价值，简称终值（Final Value），是指现在收入或支出的一笔钱按给定的利率计算所得到的在未来某个时点上的价值，又称本利和或期

末余额，通常记作 F。则，终值与现值可如图 2-1 所示。

图 2-1 终值与现值示意图

为便于后面内容学习的方便，我们统一假定有关字母的含义如下：

P——现在的价值，简称现值；

F——将来的价值，简称终值；

i——利率；

I——利息额；

n——计息期数；

A——年金。

（一）单利的计算

单利是计算利息的一种方法。按照这种方法，只有本金在贷款期限中获得利息，不管时间多长，所生利息均不加入本金重复计算利息。

1. 单利利息

单利利息的计算公式为：

$$I = P \cdot i \cdot n$$

在计算利息时，给出的利率是指年利率（除非特别指明）。对于不足一年的利息，以一年等于 360 天来折算。

2. 单利终值

单利终值的计算公式为：

$$F = P + I = P + P \cdot i \cdot n = P \cdot (1 + i \cdot n)$$

在现实生活中，有时需要根据终值来确定其现在的价值，即现值。

3. 单利现值

单利现值的计算公式为：

$$P = F - I = F - P \cdot i \cdot n = \frac{F}{1 + i \cdot n}$$

（二）复利的计算

1. 基本含义

（1）复利：这是计算利息的另一种方法。按照这种方法，每经过一个计息期，要将所生利息加入本金再计利息，逐期滚算，故称"利滚利"。这里所说的计息期，是指相邻两次计息的时间间隔，如年、月、日等。除非特别指明，计息期为一年。

（2）复利终值：指若干期以后包括本金和利息在内的未来价值，又称"本利和"。

（3）复利现值：是复利终值的对称含义，指未来一定时间的特定资金按复利计算的现在价值，或者说是取得将来一定本利和的现在所需要的本金。由终值求现值，叫作贴现，在贴现时所用的利息率叫贴现率。

2. 复利终值的计算

复利终值的计算公式为：

$$F = P \cdot (1+i)^n$$

其计算公式推导如下：

第 1 个计息期末的本利和为 $F_1 = P + P \cdot i = P(1+i)$；

第 2 个计息期末的本利和为 $F_2 = F_1 + F_1 \cdot i = F_1(1+i) = P(1+i)(1+i) = P(1+i)^2$；

同理，可得：

第 3 个计息期末的本利和为 $F_3 = F_2 + F_2 \cdot i = F_2(1+i) = P(1+i)^2 \cdot (1+i) = P(1+i)^3$；

……

第 n 个计息期末的本利和为 $F_n = F_{n-1} + F_{n-1} \cdot i = F_{n-1}(1+i) = P(1+i)^{n-1} \cdot (1+i) = P(1+i)^n$。

在上述公式中，$(1+i)^n$ 称为复利终值系数，$(1+i)^n$ 可写成 $(F/P, i, n)$，所以复利终值的计算公式可写成：

$$F = P(F/P, i, n)$$

复利终值系数可以查复利终值系数表，见本书附录 1。

【例 2-1】 李先生将 10 000 元存入银行，期限为 6 年，若银行存款利率为 6%，按复利计算，则 6 年后能取出多少钱？

$$\begin{aligned}
F &= P(F/P, i, n)\\
&= 10\,000 \times (F/P, 6\%, 6)\\
&= 10\,000 \times 1.418\,5\\
&= 14\,185 \text{（元）}
\end{aligned}$$

即李先生 6 年后能取出 14 185 元。

3. 复利现值的计算

复利现值的计算公式为：

$$P = \frac{F}{(1+i)^n} = F \cdot (1+i)^{-n}$$

在上述公式中，$(1+i)^{-n}$ 称为复利现值系数，$(1+i)^{-n}$ 可写成 $(P/F, i, n)$，所以复利现值的计算公式可写成：

$$P = F(P/F, i, n)$$

复利现值系数可以查复利现值系数表，见本书附录 2。

【例 2-2】 王先生想 5 年后为儿子提供一笔 20 万元的教育费用，若银行存款利率为 4%，则现在应存入多少钱？

$$P = 200\,000 \times (P/F, 4\%, 5) = 200\,000 \times 0.821\,9 = 164\,380 \text{（元）}$$

即王先生现在应存入 164 380 元。

复利终值与现值的计算

（三）年金的计算

1. 基本含义

年金是指在一定时期内，每隔相等的时间连续收入或支出等额的款项。

年金具有三个特点：系列收付、间隔时间相等、收或付的金额相等。

年金按照收付的次数和收付的时间不同，可分为几类：普通年金（又称后付年金）、预付年金（又称先付年金）、递延年金和永续年金。

2. 普通年金

普通年金是在一定时期内，从第一期开始每期末有等额的现金流变动。

1）普通年金终值的计算

普通年金终值就是在一定时期内，一定利率情况下，每年年末的等额收付款在期末的总价值，是每期期末等额收付款项的复利终值之和。

普通年金终值的计算可用图 2-2 来说明。其中，A 为年金数额。

图 2-2　普通年金终值的计算示意图

由图 2-2 可以得出普通年金终值计算公式：

$$F = A(1+i)^0 + A(1+i)^1 + A(1+i)^2 + \cdots + A(1+i)^{n-2} + A(1+i)^{n-1} \quad (1)$$

等式两边同乘 $(1+i)$，则有：

$$F(1+i) = A(1+i)^1 + A(1+i)^2 + \cdots + A(1+i)^{n-2} + A(1+i)^{n-1} + A(1+i)^n \quad (2)$$

式（2）-式（1），可得：

$$F(1+i) - F = A(1+i)^n - A$$

$$F = A\frac{(1+i)^n - 1}{i}$$

上式中的 $\frac{(1+i)^n - 1}{i}$ 叫作年金终值系数，可写成 $(F/A, i, n)$，所以年金终值的计算公式可写成：

$$F = A(F/A, i, n)$$

年金终值系数可以查年金终值系数表，见本书附录 3。

【例 2-3】　假如某企业在 5 年中每年年末存入银行 200 000 元，若银行存款利率为 5%，则该企业第 5 年年末能取出多少元？

普通年金终值与现值的计算

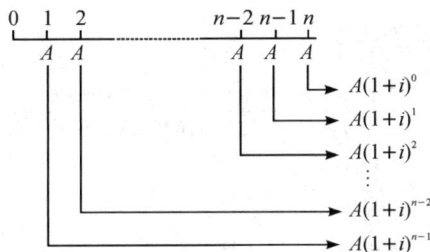

$F = 200\,000 \times (F/A, 5\%, 5) = 200\,000 \times 5.525\,6 = 1\,105\,120（元）$

即该企业第 5 年年末能取出 1 105 120 元。

★ 思考与讨论：

薪酬决策

李明是一名职业经理人，去长征公司应聘，公司提出两个薪酬方案：

方案一：每月末支付 12 000 元；

方案二：年末一次性支付年薪 150 000 元。

问：如果职业经理人的要求最低报酬率为 4%，请帮他选择最佳的付薪方式。

【例 2-4】 某企业拟在 6 年内每年年末存入银行一笔资金，以便在第 6 年年末归还一笔到期值为 250 000 元的银行长期借款，为此设置偿债基金，年利率为 6%，则该企业每年年末应存入银行多少钱？

这是一个为偿还将来到期债务而提前安排偿债资金的问题。将来需要偿还的债务实际是年金终值，每年提取的偿债基金实际是年金，所以偿债基金的计算实际就是年金终值的逆运算：

$$F = A(F/A, i, n)$$
$$A = \frac{F}{(F/A, i, n)} = \frac{250\,000}{(F/A, 6\%, 6)}$$
$$= \frac{250\,000}{6.975\,3}$$
$$= 35\,840.75（元）$$

即该企业每年年末应存入 35 840.75 元。

因此，$\dfrac{1}{(F/A, i, n)}$ 被称为年偿债基金系数，其与普通年金终值系数互为倒数。

2）普通年金现值的计算

普通年金现值是指每期期末等额收付款项的复利现值之和。

普通年金现值的计算可用图 2-3 来说明。

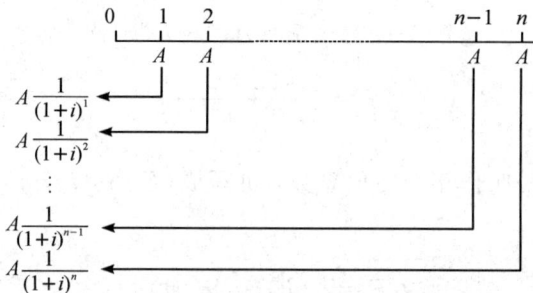

图 2-3 普通年金现值的计算示意图

设 P 为年金现值。

由图 2-3 可以得出普通年金现值的计算公式：

$$P = A(1+i)^{-1} + A(1+i)^{-2} + \cdots + A(1+i)^{-(n-1)} + A(1+i)^{-n}$$

整理上式，可得到：

$$P = A\frac{1-(1+i)^{-n}}{i}$$

上式中的 $\dfrac{1-(1+i)^{-n}}{i}$ 叫作年金现值系数，可写成 $(P/A, i, n)$，所以年金现值的计算公式可写成：

$$P = A(P/A, i, n)$$

年金现值系数可以查年金现值系数表，见本书附录 4。

【例 2-5】　假设某企业投资一个项目，期限 5 年，每年年末可得到 200 000 元收益，如果贴现率为 5%，则该企业现在应投资多少钱？

$$
\begin{aligned}
P &= A(P/A, i, n)\\
&= 200\ 000 \times (P/A, 5\%, 5)\\
&= 200\ 000 \times 4.329\ 5\\
&= 865\ 900(元)
\end{aligned}
$$

即该企业现在应投资 865 900 元。

【例 2-6】　某企业拟投资 1 000 000 元，建设一个预计寿命期为 6 年的更新改造项目，投资额全部通过银行借款取得，借款利率为 6%，则企业每年年末至少要从这个项目上获得多少报酬才算是合理的？

这是一个计算年资本回收额的问题。年资本回收额实际就是年金现值的逆运算：

$$
\begin{aligned}
P &= A(P/A, i, n)\\
A &= \frac{P}{(P/A, i, n)}\\
&= \frac{1\ 000\ 000}{(P/A, 6\%, 6)}\\
&= \frac{1\ 000\ 000}{4.917\ 3}\\
&= 203\ 363.63\ (元)
\end{aligned}
$$

即该企业每年年末至少要从这个项目上获得 203 363.63 元才是合理的。

因此，$\dfrac{1}{(P/A, i, n)}$ 被称为年资本回收额系数，其与普通年金现值系数互为倒数。

3. 预付年金

预付年金是在一定时期内，从第一期开始每期初有等额的现金流变动。与普通年金相比，在期数相同时，预付年金各期都提前一期，所以，预付年金价值高于普通年金价值。为了便于使用"年金终值系数表"与"年金现值系数表"，预付年金可在普通年金的基础上调整求得。

1）预付年金终值的计算

预付年金终值就是在一定时期内，一定利率情况下，每年年初的等额收付款在期末的总价值，是每期期初等额收付款项的复利终值之和。

预付年金终值的计算方法有以下两种：

方法一：n 期预付年金与 n 期普通年金的付款次数相同，但由于其付款期数相差 1 年，因此 n 期预付年金终值比 n 期普通年金的终值多计算一期利息，即在 n 期预付年金的基础上往前加 1 期，转换成普通年金终值，然后在 n 期普通年金终值的基础上乘上 $(1+i)$，就是 n 期预付年金的终值。如图 2-4 所示，可推导出其计算公式：

$$F = A \frac{(1+i)^n - 1}{i}(1+i)$$
$$= A(F/A, i, n)(1+i)$$
$$= A(F/A, i, n)(F/P, i, 1)$$

预付年金
终值的计算

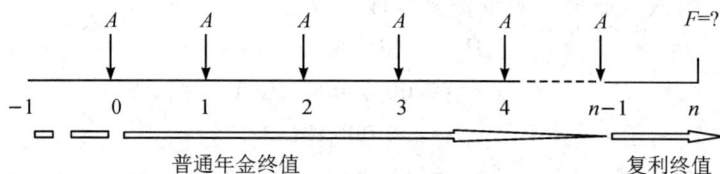

图 2-4 预付年金终值的计算示意图

方法二：n 期预付年金比 $n+1$ 期普通年金少付一次款，则可在 n 期预付年金的基础上往前加 1 期，并在最后增加一期期末年金，转化成普通年金终值计算，然后把增加的年金去掉。如图 2-5 所示，可推导出其计算公式：

$$F = A \frac{(1+i)^n - 1}{i}(1+i)$$
$$= A \frac{(1+i)^{(n+1)} - (1+i)}{i}$$
$$= A \left[\frac{(1+i)^{(n+1)} - 1}{i} - 1 \right]$$
$$= A[(F/A, i, n+1) - 1]$$

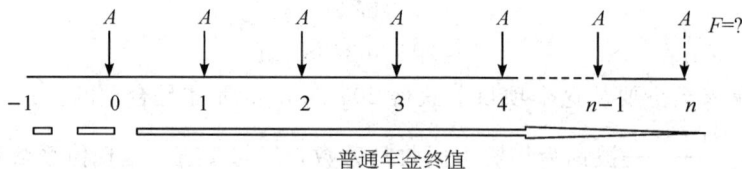

图 2-5 预付年金终值的计算示意图

【例 2-7】 王先生决定连续 6 年每年年初存入银行 30 000 元作为购车基金，若银行存款利率为 6%，则王先生在第 6 年年末能一次取出的本利和是多少元？

$$F = A(F/A, i, n)(F/P, i, 1)$$
$$= 30\,000 \times (F/A, 6\%, 6) \times (F/P, 6\%, 1)$$
$$= 30\,000 \times 6.975\,3 \times 1.06$$
$$= 221\,814.54 \text{（元）}$$

或

$$
\begin{aligned}
F &= A[(F/A, i, n+1)-1] \\
&= 30\,000 \times [(F/A, 6\%, 7)-1] \\
&= 30\,000 \times (8.393\,8-1) \\
&= 221\,814 \text{（元）}
\end{aligned}
$$

即王先生在第 6 年年末可取出 221 814 元（计算公式带来的误差可忽略不计）。

★ **思考与讨论：**

华兴公司是一家经营塑料制品的小微企业，随着销售市场的开拓，预测 5 年后现运营的两条生产线将无法满足市场需求，为此，公司打算新增生产线一条，预计总投资额为 400 万元，公司决定连续 5 年每年年初存入银行 80 万元，以解决资金问题。若银行存款利率为 4%，请问：华兴公司 5 年后能否解决生产线的资金问题？

2）预付年金现值的计算

预付年金现值是指在一定时期内，一定利率情况下，每年年初等额收付款折算到第一期初的现值之和。

预付年金现值的计算方法有以下两种：

方法一： 如前所述，n 期预付年金现值与 n 期普通年金现值相比付款期数相同，但前者是在期初付款，而后者是在期末付款，即 n 期预付年金现值比 n 期普通年金现值少折现一期。因此，在 n 期预付年金的基础上往前加 1 期，转化成普通年金现值计算，然后乘以 $(1+i)$，便可以算出 n 期预付年金的现值。如图 2-6 所示，可推导出其计算公式：

预付年金
现值的计算

$$
\begin{aligned}
P &= A\,\frac{1-(1+i)^{-n}}{i}(1+i) = A(P/A, i, n)(1+i) \\
&= A(P/A, i, n)(F/P, i, 1)
\end{aligned}
$$

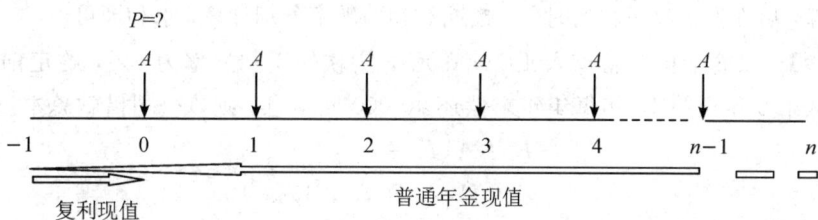

图 2-6　预付年金现值的计算示意图

方法二： n 期预付年金比 $(n-1)$ 期普通年金多付一次款，则可将第一期年金先去掉，转化成普通年金现值计算，然后把去掉的年金加回。如图 2-7 所示，可推导出其计算公式：

$$
\begin{aligned}
P &= A\,\frac{1-(1+i)^{-n}}{i}(1+i) = A\,\frac{(1+i)-(1+i)^{-(n-1)}}{i} \\
&= A\left[\frac{1-(1+i)^{-(n-1)}}{i}+1\right] \\
&= A[(P/A, i, n-1)+1]
\end{aligned}
$$

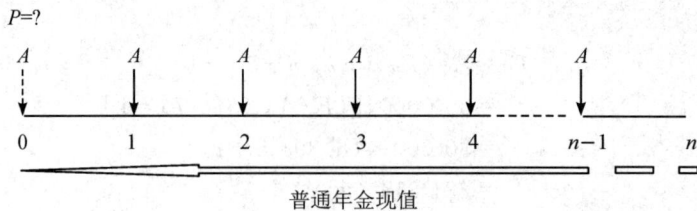

图 2-7　预付年金现值的计算示意图

【例 2-8】　某公司预租用厂房 5 年，在 5 年中每年年初需支付租金 80 000 元，若银行存款利率为 5%，假设现在一次付清 5 年房租，应付多少钱？

$$P = A(P/A, i, n)(1+i)$$
$$= 80\,000 \times (P/A, 5\%, 5)(1+5\%)$$
$$= 80\,000 \times 4.329\,5 \times 1.05$$
$$= 363\,678 \text{（元）}$$

或

$$P = A[(P/A, i, n-1)+1]$$
$$= 80\,000 \times [(P/A, 5\%, 4)+1]$$
$$= 80\,000 \times (3.546\,0+1)$$
$$= 363\,680 \text{（元）}$$

即该公司应付 363 680 元（计算公式带来的误差可忽略不计）。

4. 递延年金

递延年金是在一定时期内，从第一期之后开始有等额的现金流变动，即存在递延期。

1）递延年金终值的计算

递延年金终值的计算与普通年金终值的计算原理相同。前面未发生收付款的时期不计算，后面发生收付款的时期，按期数和贴现率分别计算，求和即可。

递延年金现值的计算

【例 2-9】　某企业向银行借入 400 000 元，贷款的年利息率为 6%，约定前 5 年不用还本付息，但从第 6 年至第 15 年每年年末偿还 40 000 元本息，则该公司借款总本息是多少？

$$F = A(F/A, i, n)$$
$$= A \times (F/A, 6\%, 10)$$
$$= 40\,000 \times 13.180\,8$$
$$= 527\,232 \text{（元）}$$

即该公司借款总本息为 527 232 元。

2）递延年金现值的计算

递延年金现值的计算方法有以下三种：

方法一：将递延年金按 n 期普通年金计算其到递延期末（m 年年末）的现值，然后按复利现值计算方法将其按 m 年折现到第一期期初。如图 2-8 所示，可推导出其计算公式：

$$P_m = A(P/A, i, n)$$

$$P = P_m(1+i)^{-m}$$

即

$$P = A(P/A, i, n)(1+i)^{-m}$$
$$= A(P/A, i, n)(P/F, i, m)$$

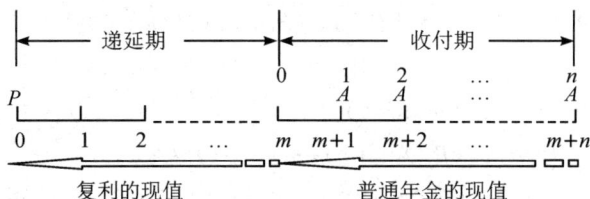

图 2-8　递延年金现值的计算示意图（方法一）

方法二：假设递延期也发生了收付行为，则递延年金转化为$(m+n)$期普通年金，先求出$(m+n)$期的年金现值，然后减去实际并未发生收付的 m 期年金现值即可。如图 2-9 所示，可推导出其计算公式：

$$P_{(m+n)} = A(P/A, i, m+n)$$
$$P_m = A(P/A, i, m)$$
$$P = P_{(m+n)} - P_m$$

即

$$P = A[(P/A, i, m+n) - (P/A, i, m)]$$

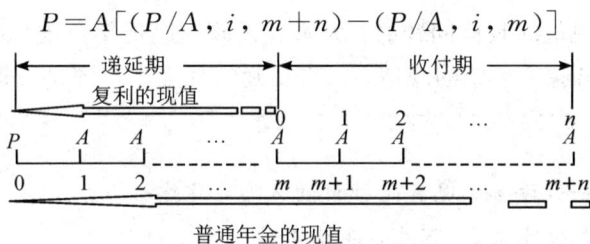

图 2-9　递延年金现值的计算示意图（方法二）

方法三：将递延年金按 n 期普通年金计算其到期末$[(m+n)$期年末$]$的终值，然后按复利现值计算方法将其按$(m+n)$年折现到第一期期初即可。如图 2-10 所示，可推导出其计算公式：

$$F_{m+n} = A(F/A, i, n)$$
$$P = F_{m+n}(P/F, i, m+n)$$

即

$$P = A(F/A, i, n)(P/F, i, m+n)$$

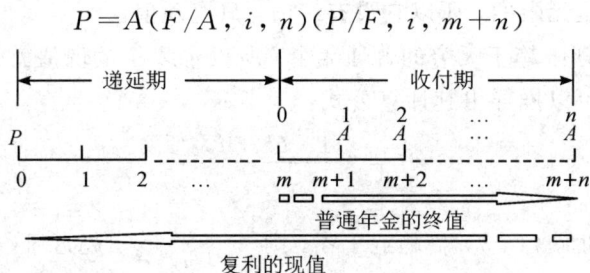

图 2-10　递延年金现值的计算示意图（方法三）

【例 2-10】 王先生年初向银行存入一笔款项，以备 6 年后子女上大学时用，从第 6 年年末每年取出 50 000 元，至第 10 年年末取完，银行存款的年利息率为 6％，则其年初存入的款项为多少？

$$P = A(P/A, i, n)(P/F, i, m)$$
$$= 50\ 000 \times (P/A, 6\%, 5)(P/F, 6\%, 5)$$
$$= 50\ 000 \times 4.212\ 4 \times 0.747\ 3$$
$$= 157\ 396.33\ (元)$$

或
$$P = A[(P/A, i, m+n) - (P/A, i, m)]$$
$$= 50\ 000 \times [(P/A, 6\%, 10) - (P/A, 6\%, 5)]$$
$$= 50\ 000 \times (7.360\ 1 - 4.212\ 4)$$
$$= 157\ 385\ (元)$$

或
$$P = A(F/A, i, n)(P/F, i, m+n)$$
$$= 50\ 000 \times (F/A, 6\%, 5)(P/F, 6\%, 10)$$
$$= 50\ 000 \times 5.637\ 1 \times 0.558\ 4$$
$$= 157\ 387.83\ (元)$$

王先生年初存入的款项金额可为上述三种结果中任意一种。

由于计算方法上导致的结果上差异客观存在，可以忽略。

在涉及递延年金现值的具体问题时，大家会发现，递延年金现值公式并不能直接用于解题，要想正确地算出递延年金的现值，画出正确的现金流量图是关键。

★ 思考与讨论：

某公司预购置一台设备，现有两种付款方案，具体如下：

方案一：每年年初付款 28 万元，连续支付 5 年；

方案二：从第三年开始每年年初付 25 万元，连续付 6 年。

若银行利率为 8％，请问公司选择哪个方案最为有利？

---

5. 永续年金

永续年金是无限期等额收付的年金。它是普通年金的特殊形式，是期限趋于无穷的普通年金。例如，某些国家的债券为无期限债券，其债券的利息可认为是永续年金；某些国家的优先股，有固定的股利又无明确的到期日（除非企业破产），优先股股利也可视为永续年金。永续年金持续期是无限的，所以它没有终值，只有现值。

由于永续年金是期限趋于无穷的普通年金，所以永续年金现值就是 n 趋于无穷大时的普通年金现值。由此可以推导出其计算公式：

$$P = A\frac{1-(1+i)^{-n}}{i}$$

当 n 趋于无穷大时，$(1+i)^{-n}$ 趋近于零，则 $\frac{1-(1+i)^{-n}}{i}$ 趋近于 $\frac{1}{i}$，所以上述公式可以简化为

$$P = \frac{A}{i}$$

【例 2 - 11】　某高校拟建立一项永久性的奖学金，每年计划颁发 100 000 元奖金。若利率为 10％，则现在应存入银行的钱数为多少？

$$P = \frac{100\ 000}{10\%} = 1\ 000\ 000\ （元）$$

即该高校现在应存入银行 1 000 000 元。

三、货币时间价值的其他应用

（一）计息期短于 1 年时的时间价值的计算

当计息期短于 1 年，而使用的利率又是年利率时，计息期数和计息率均应按下列公式进行换算：

$$r = \frac{i}{m}$$
$$t = m \times n$$

式中：r——期利率；

　　　i——年利率；

　　　m——每年的计息期数；

　　　n——年数；

　　　t——换算后的计息期数。

【例 2 - 12】　某公司计划 5 年后从银行取出 1 000 000 元用于技术改造，银行年利率为 6％。试计算：① 若每年计息一次，现在应存多少钱？② 若每半年计息一次，则现在应存多少钱？

计算过程如下：

① 如果每年计息一次，则 $n=5$，$i=6\%$，$F=1\ 000\ 000$，那么，

$$\begin{aligned}
P &= F(P/F, i, n) \\
&= F \times (P/F, 6\%, 5) \\
&= 1000\ 000 \times 0.747\ 3 \\
&= 747\ 300（元）
\end{aligned}$$

即每年计息一次，现在应存入 747 300 元。

② 每半年计息一次，则 $m=2$

$$r = \frac{i}{m} = \frac{6\%}{2} = 3\%$$

$$t = m \times n = 5 \times 2 = 10$$

$$\begin{aligned}
P &= F(P/F, i, n) = F \times (P/F, 3\%, 10) \\
&= 1\ 000\ 000 \times 0.744\ 1 \\
&= 744\ 100\ （元）
\end{aligned}$$

即每半年计息一次，现在应存入 744 100 元。

（二）贴现率与计息期的计算

计算现值和终值时，一般都假定利率是已知的。但在企业管理实践中也经常遇到已知计息期数、现值和终值而求利率（贴现率），或已知现值、终值和利率而求计息期数的情况，因此有必要掌握贴现率和计息期计算的程序和方法。

1. 贴现率的计算

一般来说，求贴现率可分为两步：第一步，求出换算系数；第二步，根据换算系数和有关系数表求贴现率。

常用的换算系数计算公式如下：

$$F = P(1+i)^n = P(F/P, i, n) \quad \rightarrow \quad (F/P, i, n) = \frac{F}{P}$$

$$P = \frac{F}{(1+i)^n} = F(P/F, i, n) \quad \rightarrow \quad (P/F, i, n) = \frac{P}{F}$$

$$F = A \sum_{t=1}^{n} (1+i)^{t-1} = A(F/A, i, n) \quad \rightarrow \quad (F/A, i, n) = \frac{F}{A}$$

$$P = A \frac{1-(1+i)^n}{i} = A(P/A, i, n) \quad \rightarrow \quad (P/A, i, n) = \frac{P}{A}$$

根据换算系数和有关系数表求贴现率和计息期的方法有两种：插值法和逐次测试法。

【例 2-13】 李先生现有资金 50 000 元，他决定将该笔资金存入银行。李先生期望 10 年后能取出 107 944.73 元，若按复利计算，银行存款的利率应为多少，李先生的期望能否成真？

$$(P/F, i, n) = \frac{P}{F} = \frac{50\ 000}{107\ 944.73} = 0.463\ 2$$

查复利现值系数表，与 $n=10$ 相对应的贴现率中，8% 的系数为 0.463 2，因此，银行利率应为 $i=8\%$。

【例 2-14】 某企业于第一年年初向银行借款 50 000 元，每年末还本付息额为 6 000 元，连续 10 年还清。试计算借款利率为多少？

$$(P/A, i, n) = \frac{P}{A} = \frac{50\ 000}{6\ 000} = 8.333\ 3$$

查年金现值系数表，利率为 3% 时，系数为 8.530 2；当利率为 4% 时，系数为 8.110 9。所以利率应在 3% 与 4% 之间，假设 x 为超过 3% 的利息率，则可用插值法计算 x 的值：

利率			年金现值系数		
3%			8.530 2		
?	$x\%$	1%	8.333 3	0.196 9	0.419 3
4%			8.110 9		

$$\frac{x\%}{1\%} = \frac{0.196\ 9}{0.419\ 3}$$

$$x = 0.469\ 6$$

则

$$i = 3\% + 0.469\ 6\% \approx 3.47\%$$

2. 计息期的计算

计息期的计算原理与贴现率的计算相同。其基本步骤是(以普通年金现值为例):

第一,计算出普通年金现值系数$\dfrac{P}{A}$,即$(P/A, i, n)$,设其为a;

第二,查普通年金现值系数表。沿着i所在的列,纵向查找,若系数值等于a,则该系数所对应的n值就是所求的计息期;

第三,查普通年金现值系数表。沿着i所在的列,纵向查找,若系数值没有等于a,则查找最为接近a的左右临界系数a_1、a_2,以及相对应的临界期间n_1、n_2,然后用内插法求计息期n:

$$n = n_1 + \frac{(a_1 - a)(n_2 - n_1)}{(a_1 - a_2)}$$

【例 2-15】 郑先生投资 240 000 元,借款利率为 6%,按复利计算,预计该项目每年净收回投资 40 000 元,问多少年能收回投资的本息?

已知 $P = 240\ 000$, $A = 40\ 000$, $i = 6\%$,则

$$\frac{P}{A} = a = \frac{240\ 000}{40\ 000} = 6$$

即$(P/A, 6\%, n) = a = 6$

查普通年金现值系数表:沿着$i = 6\%$所在的列,纵向查找,系数值没有等于 6 的,则查找最接近 6 的左右临界系数 $a_1 = 6.209\ 8$、$a_2 = 5.582\ 4$,以及相对应的临界期间 $n_1 = 8$、$n_2 = 7$,然后用内插法求计息期 n:

$$n = n_1 + \frac{(a_1 - a)(n_2 - n_1)}{(a_1 - a_2)}$$

$$= 8 + \frac{(6.209\ 8 - 6)(7 - 8)}{(6.209\ 8 - 5.582\ 4)}$$

$$= 7.67\ (年)$$

任务二 风险报酬

任务描述

理解风险的概念,了解风险的分类,掌握风险报酬的计算,帮助企业合理控制风险,并做出正确的财务管理决策。

一、风险的概念

首先，一般说来，风险是指在一定条件下和一定时期内可能发生的各种结果的变动程度。其次，风险是事件本身的不确定性，具有客观性。再次，风险和不确定性是有区别的，风险是指事前可以知道所有可能的后果，以及每种后果的概率；不确定性指事前无法知道所有可能的后果，更不清楚每种后果的概率。

风险及风险报酬

特定投资的风险大小是客观的，是否去冒风险及冒多大风险，是可以选择的，是主观决定的。风险可能给投资人带来超出预期的收益，也可能带来超出预期的损失。但从财务的角度，稳健地讲，风险主要指无法达到预期报酬的可能性。

按风险的程度，我们可把企业财务决策分为三种类型：确定性决策、风险性决策和不确定性决策。

决策者对未来的情况完全确定或已知的决策，称为确定性决策。决策者对未来的情况不能完全确定，但它们出现的可能性——概率的具体分布是已知的或可以估计的，这种情况下的决策称为风险性决策。决策者对未来的情况不仅不能完全确定，而且对其可能出现的概率也不清楚，这种情况下的决策称为不确定性决策。

> ★ 思考与讨论：中小企业在经营过程中存在哪些常见的风险？应该如何防范这些风险？

二、风险报酬的概念

财务活动经常是在有风险的情况下进行的。投资者由于冒风险进行投资而获得的超过资金时间价值的额外收益，称为投资的风险报酬，或风险收益。

风险报酬也有两种表示方法：风险报酬额和风险报酬率。所谓风险报酬额，是指投资者因冒风险进行投资而获得的超过资金时间价值的额外报酬；所谓风险报酬率，是指投资者因冒风险进行投资而获得的超过时间价值率的那部分额外报酬率，即风险报酬额与原投资额的比率。如果把通货膨胀因素抽掉，投资报酬率就是时间价值率和风险报酬率之和。

三、资产风险报酬的衡量

风险客观存在，广泛影响着企业的财务和经营活动，因此，正视风险并将风险量化，进行较为精准的衡量，是财务管理中的一项重要工作。风险与风险报酬的衡量具体步骤如下：

（一）概率分布的确定

在经济活动中，某一事件在相同的条件下可能发生也可能不发生，这类事件称为随机事件。概率就是用来表示随机事件发生可能性大小的数值。如某企业投资可能有70%的机会获利、30%的机会亏损。

如果把所有可能的事件或结果都列示出来，且每一事件都给予一个概率，把它们列示

在一起，便构成了概率分布。如果随机变量（如报酬率）只取有限个值，并且对应于这些值有确定的概率，则称随机变量是离散型分布。如果随机变量（如报酬率）有无限个值，并且对应于这些值有确定的概率，则称随机变量是连续型分布。

所有的概率都在 0 和 1 之间，所有结果的概率之和等于 1。

（二）期望报酬率的计算

期望报酬率是指各种可能的报酬率按其概率进行加权平均得到的报酬率，它反映事件集中趋势的程度。期望报酬率按下列公式进行计算：

$$\overline{K} = \sum_{i=1}^{n} K_i P_i$$

式中：K_i——第 i 种可能结果的报酬率；

P_i——第 i 种可能结果的概率；

n——可能结果的个数。

【例 2 - 16】　长征公司事业部有甲、乙两个项目，其报酬率及概率分布情况如表 2 - 1 所示，试计算两个项目的期望报酬率。

表 2 - 1　项目甲和项目乙的报酬率及概率分布

经济情况	该种经济情况发生的概率（P_i）	报酬率（P_i）	
		项目甲	项目乙
繁荣	0.20	40%	70%
一般	0.60	20%	20%
衰退	0.20	0%	−30%

根据期望报酬率公式 $\overline{K} = \sum_{i=1}^{n} K_i P_i$ 分别计算项目甲和项目乙的期望报酬率，具体如下：

项目甲：$\overline{K} = K_1 P_1 + K_2 P_2 + K_3 P_3$

$\qquad = 40\% \times 0.20 + 20\% \times 0.60 + 0\% \times 0.20$

$\qquad = 20\%$

项目乙：$\overline{K} = K_1 P_1 + K_2 P_2 + K_3 P_3$

$\qquad = 70\% \times 0.20 + 20\% \times 0.60 + (-30\%) \times 0.20$

$\qquad = 20\%$

两个项目的期望报酬率都是 20%，无法比较风险大小。

（三）标准离差的计算

标准离差是各种可能的报酬率偏离期望报酬率的综合差异，是反映离散程度的一种量度。

标准离差可按下列公式进行计算：

$$\delta = \sqrt{\sum_{i=1}^{n} (K_i - \overline{K})^2 \cdot P_i}$$

式中：δ——期望报酬率的标准离差；

　　　$\overline{K}$——期望报酬率；

　　　K_i——第 i 种可能结果的报酬率；

　　　P_i——第 i 种可能结果的概率；

　　　n——可能结果的个数。

从公式中，我们可得出标准离差的计算程序：

第一步，计算期望报酬率 $\overline{K}$；

第二步，计算每种可能结果与期望报酬率 $\overline{K}$ 的差异；

第三步，计算标准离差。

【例 2-17】 求例 2-16 中两个项目的标准离差。

项目甲：

$$\delta = \sqrt{\sum_{i=1}^{n} (K_i - \overline{K})^2 \cdot P_i}$$
$$= \sqrt{(40\% - 20\%)^2 \times 0.20 + (20\% - 20\%)^2 \times 0.60 + (0\% - 20\%)^2 \times 0.20}$$
$$= 12.65\%$$

项目乙：

$$\delta = \sqrt{\sum_{i=1}^{n} (K_i - \overline{K})^2 \cdot P_i}$$
$$= \sqrt{(70\% - 20\%)^2 \times 0.20 + (20\% - 20\%)^2 \times 0.60 + (-30\% - 20\%)^2 \times 0.20}$$
$$= 31.62\%$$

从两个项目的标准离差看，项目乙的风险大于项目甲的风险。

标准离差是一个绝对数。在期望报酬率相同的情况下，标准离差越大，风险越大；标准离差越小，风险越小。它用于期望报酬率相同的各项投资的风险程度的比较。

(四) 标准离差率的计算

对期望报酬率相同的各项投资的风险程度的比较一般可用标准离差，但要对比期望报酬率不同的各项投资的风险程度，就应该用标准离差同期望报酬率的比值，即标准离差率，通常用 V 表示。标准离差率是一个相对数。标准离差率越大，风险越大；标准离差率越小，风险越小。

标准离差率的计算公式为

$$V = \frac{\delta}{\overline{K}} \times 100\%$$

【例 2-18】 求例 2-16 中两个项目的标准离差率。

项目甲：

$$V = \frac{\delta}{\overline{K}} \times 100\% = \frac{12.65\%}{20\%} \times 100\% = 63.25\%$$

项目乙：

$$V = \frac{\delta}{\overline{K}} \times 100\% = \frac{31.62\%}{20\%} \times 100\% = 158.10\%$$

（五）风险报酬率的计算

虽然，我们可以用标准离差率来评价投资风险的大小，但风险报酬率更能综合、直观地反映风险状况下投资的收益水平，便于风险状况下投资方案的比较，因此，有必要介绍风险报酬率的计算。

风险报酬率的计算公式为

$$R_R = bV$$

式中：R_R——风险报酬率；

b——风险报酬系数。

那么，投资的总报酬率可表示为：

$$K = R_F + R_R = R_F + bV$$

式中：K——投资的报酬率；

R_F——无风险报酬率（通常以短期国债的利率近似代替）。

【例 2-19】 若例 2-16 中项目甲的风险报酬系数为 5%，项目乙的风险报酬系数为 8%，无风险报酬率为 10%，求两个项目的投资报酬率。

项目甲： $R_R = bV = 5\% \times 63.25\% = 3.16\%$

$K = R_F + R_R = 10\% + 3.16\% = 13.16\%$

项目乙： $R_R = bV = 8\% \times 158.1\% = 12.65\%$

$K = R_F + R_R = 10\% + 12.65\% = 22.65\%$

风险报酬系数的确定，有如下几种方法：① 根据以往的同类项目加以确定；② 由企业领导或企业组织有关专家确定；③ 由国家有关部门组织专家确定。

四、资本资产定价模型

（一）资本资产定价模型的概念

资本资产定价模型（Capital Asset Pricing Model，简称 CAPM）是由美国学者夏普（William Sharpe）、林特尔（John Lintner）、特里诺（Jack Treynor）和莫辛（Jan Mossin）等人于 1964 年在资产组合理论和资本市场理论的基础上发展起来的，主要研究证券市场中资产的预期收益率与风险资产之间的关系，以及均衡价格是如何形成的，是现代金融市场价格理论的支柱，广泛应用于投资决策和公司理财领域。资本资产定价模型假设所有投资者都按马科维茨（Harry Markowitz）的资产选择理论进行投资，对期望收益、方差和协方差等的估计完全相同，投资人可以自由借贷。基于这样的假设，资本资产定价模型研究的重点在于探求风险资产收益与风险的数量关系，即为了补偿某一特定程度的风险，投资者应该获得多少的报酬率。

（二）资本资产定价模型的计算公式

$$R = R_f + \beta(R_m - R_f)$$

式中：R——某资产的必要收益率；

　　　β——该资产的系统风险系数；

　　　R_f——无风险收益率，通常以短期国债的利率来近似代替；

　　　R_m——市场组合收益率，通常用股票价格指数收益率的平均值或所有股票的平均收益率来代替。

市场风险溢酬(R_m-R_f)：市场整体对风险越是厌恶和回避，要求的补偿就越高，因此，市场风险溢酬的数值就越大。

风险收益率计算公式为：

$$风险收益率 = \beta \times (R_m - R_f)$$

（三）资本资产定价模型的应用

1. 资本资产定价模型在单项资产上的应用

【例2-20】　长征公司持有股票A，市场组合收益率为10%，目前短期国债的利率是3%，系统风险系数是0.6，求股票A的必要收益率。

$$R = R_f + \beta \times (R_m - R_f) = 3\% + 0.6 \times (10\% - 3\%) = 7.2\%$$

2. 资本资产定价模型在组合资产上的应用

【例2-21】　长征公司持有甲、乙、丙三种股票组成的证券组合，三种股票的β系数分别是2.0、1.3和0.7，它们的投资额分别是60万元、30万元和10万元。市场上所有股票的平均收益率为10%，无风险收益率为5%。假定资本资产定价模型成立。要求：确定证券组合的必要收益率。

① 首先计算各股票在组合中的比例。

甲股票的比例：$\dfrac{60}{(60+30+10)} = 60\%$

乙股票的比例：$\dfrac{30}{(60+30+10)} = 30\%$

丙股票的比例：$\dfrac{10}{(60+30+10)} = 10\%$

② 计算证券组合的β系数。

$$证券组合的\beta系数 = 2.0 \times 60\% + 1.3 \times 30\% + 0.7 \times 10\% = 1.66$$

③ 计算证券组合的风险收益率。

$$证券组合的风险收益率 = 1.66 \times (10\% - 5\%) = 8.3\%$$

④ 计算证券组合的必要收益率。

$$证券组合的必要收益率 = 5\% + 8.3\% = 13.3\%$$

★ 思考与讨论：

　　上例中若公司为了降低风险，出售部分股票，使甲、乙、丙三种股票在证券组合中投资额分别为10万元、30万元和10万元，其余条件不变。试计算此时的风险收益率和必要收益率。

【例 2-22】 长征公司原持有甲、乙、丙三种股票构成证券组合，它们的 β 系数分别为 2.0、1.5、0.5，它们在证券组合中所占比重分别为 60%、30% 和 10%，市场上所有股票的平均收益率为 14%，无风险收益率为 10%。该公司为降低风险，售出部分甲股票，买入部分丙股票，甲、乙、丙三种股票在证券组合中所占比重变为 20%、30% 和 50%，其他因素不变。要求：

(1) 计算原证券组合的 β 系数；

(2) 判断原证券组合的收益率达到多少时，投资者才会愿意购买；

(3) 判断新证券组合的收益率达到多少时，投资者才会愿意购买。

(1) 计算原证券组合的 β 系数。

$$\beta_P = \sum_{i=1}^{n} x_i \beta_i = 60\% \times 2.0 + 30\% \times 1.5 + 10\% \times 0.5 = 1.7$$

(2) 计算原证券组合的风险收益率。

$$R_P = \beta_P \times (R_m - R_f) = 1.7 \times (14\% - 10\%) = 6.8\%$$

原证券组合的必要收益率 $= 10\% + 6.8\% = 16.8\%$

只有原证券组合的收益率达到或者超过 16.8%，投资者才会愿意投资。

(3) 计算新证券组合的 β 系数和风险收益率。

$$\beta_P = \sum_{i=1}^{n} x_i \beta_i = 20\% \times 2.0 + 30\% \times 1.5 + 50\% \times 0.5 = 1.1$$

新证券组合的风险收益率：

$$R_P = \beta_P \times (R_m - R_f) = 1.1 \times (14\% - 10\%) = 4.4\%$$

新证券组合的必要收益率 $= 10\% + 4.4\% = 14.4\%$ 只有新证券组合的收益率达到或者超过 14.4%，投资者才会愿意投资。

(四) 资本资产定价模型的评价

资本资产定价模型的最大优点在于简单、明确。它把任何一种风险证券的价格都划分为无风险收益率、风险的价格和风险的计算单位三个因素，并把这三个因素有机结合在一起。它的另一优点在于它的实用性。它使投资者可以根据绝对风险而不是总风险来对各种竞争报价的金融资产进行评价和选择。这种方法已经被金融市场上的投资者广为采纳，用来解决投资决策中的一般性问题。

当然，资本资产定价模型也不是尽善尽美的，它本身存在着一定的局限性。首先，资本资产定价模型的假设前提是难以实现的。比如，其假设之一是市场处于完全的竞争状态。但是，实际操作中完全竞争的市场是很难实现的，"做市"时有发生。假设之二是投资者的投资期限相同且不考虑投资计划期之后的情况。但是，市场上的投资者数目众多，他们的资产持有期间不可能完全相同，而且现在进行长期投资的投资者越来越多，所以假设二也就变得不那么现实了。其次，资本资产定价模型中的 β 值难以确定。某些证券由于缺乏历史数据，其 β 值不易估计。此外，由于经济的不断发展变化，各种证券的 β 值也会产生相应的变化，因此，依靠历史数据估算出的 β 值对未来的指导作用也要打折扣。总之，由于资本资产定价模型的上述局限性，金融市场学家仍在不断探求比资本资产定价模型更为准确的资本市场理论。目前已经出现另外一些颇具特色的资本市场理论，如套利定价模型，但尚无一种理论可与资本资产定价模型相匹敌。

拓展阅读

M 公司的银行贷款风险管理

M 公司是一家专注于生产小家电的制造业企业，公司业绩在过去几年里取得了稳定的增长，但随着市场竞争的加剧和原材料价格的上涨，公司面临现金流紧张的问题。为了满足资金需求，M 公司决定申请银行贷款。

在申请银行贷款前，M 公司进行了详细的风险识别和评估，并发现以下潜在风险：

（1）市场风险：市场竞争激烈，需求波动较大；

（2）供应链风险：原材料价格上涨，供应不稳定；

（3）经营风险：产品质量问题可能导致售后服务成本增加；

（4）资金风险：现金流紧张，无法按时偿还贷款。

M 公司与银行沟通并提交了贷款申请。在评估贷款申请时，银行要求 M 公司提供详细的财务报表和商业计划。

为了降低贷款风险，M 公司采取了以下措施：

（1）市场风险控制：与市场调研机构合作，了解市场需求变化趋势，并根据需求调整产品线；

（2）供应链风险控制：与多个供应商建立长期合作关系，并签订稳定的原材料供应协议；

（3）经营风险控制：加强产品质量管理，建立售后服务团队，提高客户满意度；

（4）资金风险控制：优化现金流管理，加强与客户的账期管理，确保及时收款。

贷款获批后，M 公司开始进行贷款使用和还款的监测。公司设立了专门的财务部门来跟踪现金流情况，并定期向银行提交财务报表。

在监测过程中，M 公司发现市场竞争加剧导致销售下滑，同时原材料价格上涨也给生产成本带来了压力。为了应对这些风险，M 公司采取了以下措施：

（1）市场风险应对：加大市场推广力度，寻找新的销售渠道；

（2）供应链风险应对：与供应商进行价格谈判，寻找更具竞争力的供应商；

（3）经营风险应对：加强产品质量控制，提高售后服务质量；

（4）资金风险应对：与客户协商延长账期或提前支付，增加现金流。

通过上述风险管理措施，M 公司在贷款期间有效地管理和控制了各种风险。具体结果如下：

（1）市场风险：通过市场调研和市场推广活动，公司成功扩大了市场份额并增加了销售额；

（2）供应链风险：与供应商的稳定合作关系和价格谈判使公司能够稳定地获取原材料，并控制生产成本；

（3）经营风险：加强产品质量管理和售后服务，提高了客户满意度并减少了售后成本；

（4）资金风险：通过优化现金流管理和与客户的账期管理，公司成功改善了现金流状况,并按时偿还了贷款。

公司通过风险管理措施的制定、实施和监测,成功应对了银行贷款过程中的各种风险,并取得了良好的经营结果。

这个案例带来的启示:在小微企业经营中,风险管理是非常重要的一环。只有通过科学合理的风险管理措施,才能有效降低企业面临的各种风险带来的影响,并实现可持续发展。

> **思政启示**
>
> 货币时间价值理论能帮助企业更理性地进行资金的管理和投资决策的选择,实现资金效益的最大化。同样,从个人理财和家庭理财的角度来说,我们也要树立货币时间价值的观念,选择正确的理财工具和理财方式,切不可急功近利,追逐短期利益,要增强投资理财的风险意识。此外,我们也要注重"自我投资",通过"坚持不懈的努力十持续投入的时间",我们一样可以实现自己人生的时间价值。

项 目 小 结

本项目主要介绍了货币时间价值和风险的有关内容。货币时间价值是指一定量货币资金在周转使用中由于时间因素而形成的价值量的差额。在通常情况下,货币的时间价值相当于没有风险和没有通货膨胀条件下的社会平均资金利润率,这是利润平均化规律作用的结果。货币时间价值的计算包括复利的终值和现值计算、年金的终值和现值计算。

复利终值是指一定量的本金按复利计算若干期后的本利和。复利现值是指以后年份收到或付出的资金按复利计算的现在价值,或者说是为了将来取得一定本利和现在所需要的资金。

年金是指一定期间内每期相等金额的收付款项。年金有普通年金、预付年金、递延年金和永续年金等多种形式。每期期末收款、付款的年金,为普通年金;每期期初收款、付款的年金,为预付年金;距今若干期以后发生的每期期末收款、付款的年金,为递延年金;无限期连续收款、付款的年金,为永续年金。

风险是指收益的不确定性。从财务管理的角度看,风险就是企业在各项财务活动中,由于各种难以预料或无法控制的因素作用,企业的实际收益与预期收益发生背离,从而蒙受经济损失的可能性。风险报酬则是投资者由于冒风险进行投资而获得的超过资金时间价值的额外收益。投资风险价值有两种表示方法:风险报酬额和风险报酬率。在实际工作中,通常以相对数——风险报酬率进行计量。如果不考虑通货膨胀的话,投资者进行风险投资所要求或期望的投资报酬率便是资金时间价值(无风险报酬)与风险报酬率之和。

概率、期望值和离散程度可用来衡量风险大小。反映随机变量离散程度的指标包括方差、标准离差、标准离差率等。一般来说,离散程度越大,风险越大;离散程度越小,风险越小。

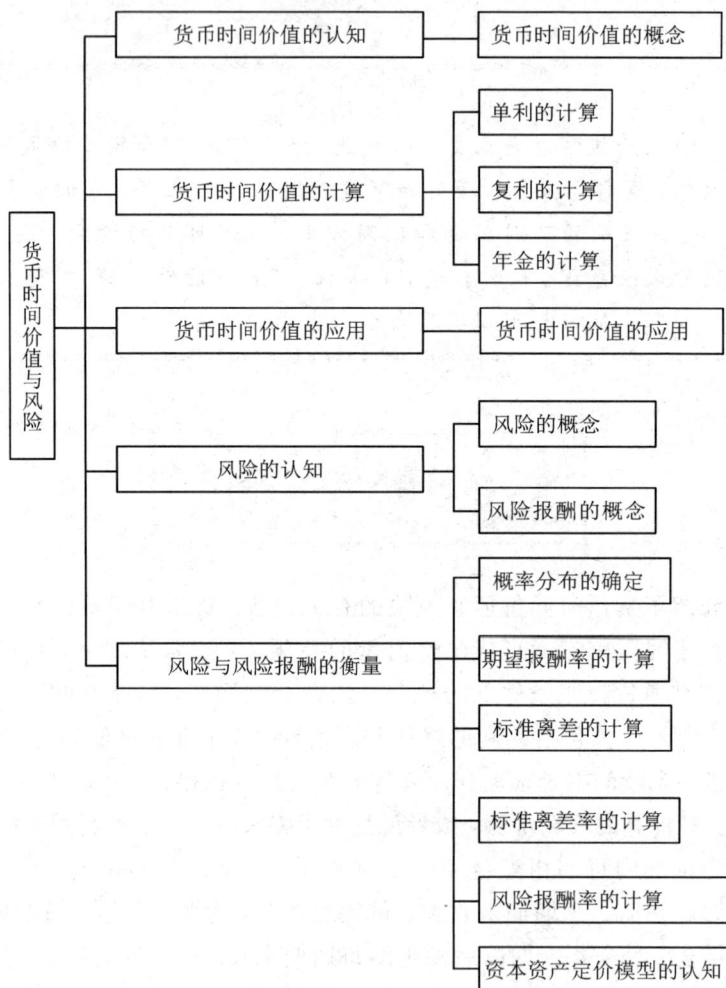

项 目 训 练

一、单项选择题

1. 普通年金终值系数的倒数称为(　　)。

A. 偿债基金
B. 偿债基金系数
C. 年回收额
D. 年投资回收系数

2. 距今若干期以后发生的系列等额收付款项称为(　　)。

A. 普通年金　　　　　　　　　　　　B. 预付年金

C. 永续年金　　　　　　　　　　　　D. 递延年金

3. 在普通年金现值系数的基础上，期数减 1、系数加 1 的计算结果，应当等于（　　）。

A. 即付年金现值系数　　　　　　　　B. 后付年金现值系数

C. 递延年金现值系数　　　　　　　　D. 永续年金现值系数

4. 在普通年金终值系数的基础上，期数加 1、系数减 1 所得的结果，在数值上等于（　　）。

A. 普通年金现值系数　　　　　　　　B. 即付年金终值系数

C. 普通年金终值系数　　　　　　　　D. 即付年金现值系数

5. 下列各项年金中，只有现值没有终值的是（　　）。

A. 普通年金　　　B. 即付年金　　　C. 先付年金　　　D. 永续年金

6. 投资者甘愿冒风险进行投资的诱因是（　　）。

A. 可获得投资收益　　　　　　　　　B. 可获得时间价值回报

C. 可获得风险报酬率　　　　　　　　D. 可一定程度抵御风险

7. 那些对所有公司产生影响的因素引起的风险称为（　　）。

A. 公司特有风险　　　　　　　　　　B. 经营风险

C. 财务风险　　　　　　　　　　　　D. 市场风险

8. 关于风险报酬，下列表述不正确的是（　　）。

A. 高收益往往伴有高风险

B. 风险越小，获得的收益就越大

C. 在不考虑通货膨胀的情况下，资金时间价值就等于无风险补偿率

D. 风险收益率是指投资者因冒风险进行投资而要求的、超过资金时间价值的那部分额外收益

9. 关于标准离差与标准离差率，下列表述正确的是（　　）。

A. 标准离差以绝对数衡量决策方案的风险，标准离差越大，风险越小

B. 标准离差率只适用于期望值相同的决策方案的风险程度的比较

C. 标准离差率是一个绝对数，它以绝对数形式反映决策方案的风险程度

D. 对于期望值不同的决策方案，可用标准离差率比较与评价其风险程度

10. 如果两个投资项目预期收益的标准差相同，而期望值不同，那么这两个项目（　　）。

A. 预期收益相同　　　　　　　　　　B. 标准离差率相同

C. 预期收益不同　　　　　　　　　　D. 未来风险报酬相同

二、多项选择题

1. 货币时间价值相当于（　　）下的社会平均资本利润率。

A. 没有风险　　　B. 有风险　　　C. 有通货膨胀　　　D. 没有通货膨胀

2. 下列选项中，既有现值又有终值的有（　　）。

A. 递延年金　　　B. 普通年金　　　C. 预付年金　　　D. 永续年金

3. 下列内容属于年金形式的有（　　）。

A. 保险费　　　B. 折旧　　　C. 应收票据贴现　　　D. 养老金

4. 年金按其每次收付发生的时点不同，可分为(　　)等形式。

A. 普通年金　　　　B. 即付年金　　　　C. 递延年金　　　　D. 永续年金

5. 递延年金的特点有(　　)。

A. 最初若干期没有收付款项　　　　　　B. 最后若干期没有收付款项

C. 其终值计算与普通年金相同　　　　　D. 其现值计算与普通年金相同

6. 关于预付年金，下列说法正确的有(　　)。

A. 预付年金又称先付年金

B. 预付年金是指从第一期起，在一定时期内每期期初等额收付的系列款项

C. 预付年金终值系数是在普通年金终值系数的基础上，期数加1，系数减1

D. 预付年金现值系数是在普通年金终值系数的基础上，期数减1，系数加1

7. 从个别理财主体的角度看，投资风险可分为(　　)。

A. 市场风险　　　　　　　　　　　　　B. 公司特有风险

C. 金融市场风险　　　　　　　　　　　D. 财务风险

8. 在财务管理中，经常用来衡量风险大小的指标有(　　)。

A. 标准离差　　　　B. 期望值　　　　C. 风险报酬率　　　　D. 标准离差率

9. 在不考虑通货膨胀因素的情况下，投资者进行风险投资所要求的期望投资报酬率包括(　　)。

A. 违约风险报酬率　　　　　　　　　　B. 无风险报酬率

C. 风险报酬率　　　　　　　　　　　　D. 实际利率

10. 反映随机变量离散程度的指标有(　　)。

A. 期望值　　　　B. 方差　　　　C. 标准离差　　　　D. 标准离差率

三、判断题

1. 实际利率与名义利率的关系是：$i = (1 + r/m)^m + 1$。　　　　　　(　　)

2. 每年年末支付500元，假设利率为5%，五年后本利和为2 901元。　　(　　)

3. 每年年初支付500元，假设利率为5%，每年复利两次，五年后本利和为2 901元。

(　　)

4. 对于多个投资方案而言，无论各方案的期望值是否相同，标准离差率最大的方案一定是风险最大的方案。　　　　　　　　　　　　　　　　　　　(　　)

5. 在通货膨胀率很低的情况下，公司债券的利率可视同为资金时间价值。　(　　)

6. 国库券是一种几乎没有风险的有价证券，其利率可以代表资金时间价值。(　　)

7. 人们在进行财务决策时，之所以选择低风险的方案，是因为低风险会带来高收益，而高风险的方案往往收益偏低。　　　　　　　　　　　　　　　(　　)

8. 在有关资金时间价值指标的计算过程中，普通年金现值与普通年金终值是互为逆运算的关系。　　　　　　　　　　　　　　　　　　　　　　　(　　)

9. 市场风险是指市场收益率整体变化所引起的市场上所有资产的收益率的变动性，它是影响所有资产的风险，因而不能被分散掉。　　　　　　　　　　(　　)

10. 在终值和计息期一定的情况下，折现率越低，复利现值越高。　　　(　　)

11. 一般说来，资金时间价值是指没有通货膨胀条件下的投资报酬率。（　　）

12. 利率不仅包含时间价值，也包含风险价值和通货膨胀补偿率。（　　）

13. 每半年付息一次的债券利息是一种年金的形式。（　　）

14. 即付年金的现值系数是在普通年金的现值系数的基础上系数加 1，期数加 1 得到的。（　　）

15. 递延年金有终值，终值的大小与递延期是有关的。在其他条件相同的情况下，递延期越长，递延年金的终值越大。（　　）

三、简答题

1. 什么是货币时间价值？

2. 由货币时间价值来看什么是正确的金钱观？当代青年如何树立正确的金钱观？

3. 什么是现值和终值，如何计算？

4. 什么是预付年金？什么是预付年金的终值和现值？

5. 什么是永续年金？如何计算其现值？

6. 什么是收益，如何计量？什么是风险，如何度量？风险和收益的关系如何？

四、计算题

1. 某企业准备在今后的 8 年内，每年年末发放奖金 70 000 元，若年利率为 12%，该企业现在需向银行一次存入多少钱？

2. 某企业准备在 6 年后建造某一福利设施，届时需要资金 348 750 元，若年利率为 6%，则该企业从现在开始每年年末应存入多少钱？

3. 某企业现在存入银行 347 760 元，准备在今后的 8 年内等额取出，用于发放职工奖金，若年利率为 12%，每年年末可取出多少钱？

4. 某企业拟购买一台柴油机，更新目前使用的汽油机，柴油机的价格比汽油机贵 20 万元，但使用时每年可节约燃料费 5 万元，若利率为 10%，则柴油机至少使用多少年才比继续使用汽油机划算？

5. 某单位招聘，条件是工作 5 年，年薪 10 万元，提供住房 1 套，价值 80 万元，如果不要住房，每年年初补贴 20 万元；房子可以出售，售价 80 万元，税金和手续费率 5%。已知银行存款利率为 6%。

（1）你是接受住房补贴还是要房子？

（2）如果你是一个业主，投资的收益率为 20%，在这种情况下，你是接受房产出售还是接受每年的住房补贴？

6. 某投资者拟购买一处房产，开发商提出了三个付款方案：

方案一：现在起 15 年内每年年末支付 10 万元；

方案二：现在起 15 年内每年年初支付 9.5 万元；

方案三：前 5 年不支付，第 6 年起到 15 年每年年末支付 18 万元。

假设年利率为 10%，请问选择何种方式对投资者有利？

7. 某企业有甲、乙两个投资项目，计划投资额均为 1 000 万元，其收益率的概率分布如表 2-2 所示。

表 2 – 2　甲、乙两个项目收益率的概率分布

市场状况	概率	甲项目	乙项目
好	0.3	20％	30％
一般	0.5	10％	10％
差	0.2	5％	−5％

要求：

（1）分别计算甲、乙两个项目收益率的期望值。

（2）分别计算甲、乙两个项目收益率的标准差。

（3）比较甲、乙两个投资项目风险的大小。

（4）如果无风险收益率为 6％，甲项目的风险价值系数为 10％，计算甲项目投资的总收益率。

8. 股票 A 和股票 B 的部分年度资料如表 2 – 3 所示。

表 2 – 3　股票 A 与股票 B 的部分年度资料

年度	股票 A 收益率/％	股票 B 收益率/％
1	26	13
2	11	21
3	15	27
4	27	41
5	21	22
6	32	32

要求：

（1）分别计算投资于股票 A 和股票 B 的平均收益率和标准离差；

（2）如果投资组合中，股票 A 占 40％，股票 B 占 60％，计算该组合的期望收益率和标准差。

9. 某公司拟在现有的甲证券的基础上，从乙、丙两种证券中选择一种风险小的证券与甲证券组成一个证券组合，资金比例为 6∶4，有关的资料如表 2 – 4 所示。

表 2 – 4　甲、乙、丙三种证券的收益率的预测信息

可能情况的概率	甲证券在各种可能情况下的收益率	乙证券在各种可能情况下的收益率	丙证券在各种可能情况下的收益率
0.5	15％	20％	8％
0.3	10％	10％	14％
0.2	5％	−10％	12％

要求：判断应该选择哪一种证券。

2

模块二　财务管理工作实务

项目三　筹　资　管　理

素质目标

1. 树立正确的筹资观念；
2. 培养诚实守信的品质；
3. 养成规则意识；
4. 培养正确的是非观念。

职业能力目标

1. 理解筹资的含义和分类；
2. 掌握筹资渠道、筹资方式和筹资原则；
3. 掌握各种筹资方式的优缺点和资本成本的计算方法；
4. 掌握最佳资本结构的确定方法。

典型工作任务

1. 帮企业制订最优的筹资方案；
2. 为企业做出正确的筹资决策；
3. 为企业确定最佳资本结构；
4. 协助企业充分利用杠杆效应。

案例导入

A公司是一家生产电子产品的民营企业，在科技进步及网络营销的助力下，截至2019年年末，公司总资产达到18 416万元，总股本为2 600万股，净利润为823万元。为进一步扩大经营规模，2020年年初，公司决定再上一条生产线，经测算，该条生产线需投资8 000万元。公司设计了三套筹资方案。三个方案如下：

方案一：增资发行股票融资。A公司拟在2020年10月末增资发行股票，现公司股票市场价格为13.50元/股。

方案二：向银行借贷融资。扩建生产线项目，投资建设期为一年半，即2020年4月1日至2021年10月1日。市建行愿意为A公司建设项目提供二年期贷款8 000万元，贷款年利率8%，贷款到期后一次还本付息。扩建项目投产后，投资收益率为12%。

方案三：发行长期债券。公司发行3年期债券8 000万元人民币，债券票面年利率为6%。

A公司经过研究分析，为了降低财务风险，同时考虑到公司债券发行条件还不成熟，最终选择了方案一，通过发行股票融资。

请思考：企业筹资的渠道和方式有哪些？企业选择筹资方案要考虑哪些因素？

为了及时筹措生产经营所需的资金，企业需要多种筹资方式和筹资渠道，比如向银行借款、发行债券、发行股票等，而每种筹资方式都有不同的条件、要求，资金成本、筹资规模方面也各有优劣。作为企业的财务人员，如何为生产经营和发展筹措足够的资金，同时又能合理降低筹资的成本，降低筹资的风险，是我们在学习这章之后，应该掌握的知识和技能。

任务一　筹资管理概述

任务描述

理解筹资管理的含义和内容，对筹资活动的动机、方式、原则有深入的了解，掌握各种筹资方式的分类。

一、筹资的含义

筹资即筹集资金，筹集资金也称企业融资，是指企业根据其生产经营、对外投资及调整资本结构等活动对资金的需要，向企业外部有关单位或个人以及企业内部，通过一定的渠道，采取适当的方式，获取所需资金的一种行为。

筹资的含义及筹资动机

资金是企业生产经营活动的基础，没有足够的资金，企业就无法开展生产经营活动，也就无法组织资金运动。如果企业长期缺乏资金，就会影响自身的生存与发展。企业的资金运动包括资金的筹集、投放、使用、收回和分配等全过程。筹集资金是资金运动的起点，也是企业生存与发展的必要前提。由于企业众多，而且持续的生产经营活动对资金的需求总是不断增加的，但资金的供应量受各种条件的制约不是总能满足所有企业对资金的需求，资金的供应和需求的矛盾经常困扰着企业，因而合理筹资成为企业一项经常而又重要的工作内容。

二、筹资的分类

众多的筹资渠道为企业自主筹资提供了丰富的资金来源，多样化的筹资方式又使企业从不同角度充分考虑筹资效益的要求。企业筹集的资金按不同标准可分为以下几种：

（一）权益资金和负债资金

按所筹资金性质不同，资金可分为权益资金和负债资金。合理安排权益资金与负债资金的比例关系，是企业筹资管理的核心内容。

（1）权益资金。权益资金又称主权资本或权益资本，是企业依法筹集并长期拥有、自主支配的资金，其数额就是资产负债表中的所有者权益总额，也称净资产。它的特点是：首先，权益资金的所有权归属于所有者，所有者可以参与企业经营管理，取得收益并承担一定的责任；其次，企业在经营期间可以长期占用，所有者无权以任何方式抽回资本，企业也没有还本付息的压力；再次，权益资金主要通过国家财政资金、其他企业和单位资金、职工和民间资金、外商资金等渠道，采用吸收直接投资、发行股票、留用利润等方式筹集形成。

（2）负债资金。负债资金又称借入资金或债务资金，是企业依法筹集并依约使用，需按期还本付息的资金，其数额就是资产负债表中的负债总额，也称债权人权益。它的特点是：首先，负债资金只能在特定期限内享有使用权，并负有按期还本付息的责任，筹资风险较大；其次，债权人有权按期索取利息或要求到期还本，但无权参与企业经营，也不承担企业的经营风险；再次，负债资金主要通过银行信贷资金、非银行金融机构资金、其他企业资金和民间资金等渠道，采用银行借款、发行债券、商业信用、融资租赁等方式筹措取得。

（二）长期资金和短期资金

企业所筹资金中，按期限可分为长期资金和短期资金两类。

（1）长期资金。长期资金是指占用期限在一年或一个营业周期以上的资金，主要用于满足购建固定资产、取得无形资产、开展长期对外投资、垫支长期占用的资金等方面。长期资金占用期限长，对企业短期经营的影响较小，但成本相对较高，投资风险较大。

（2）短期资金。短期资金是指占用期限在一年或一个营业周期以内的资金，主要用于维持日常经营活动的开展。短期资金具有占用期限短、对短期经营影响大、资本成本相对低的特点。

（三）直接筹资和间接筹资

企业筹资按是否通过金融机构，可分为直接筹资和间接筹资两种类型。

（1）直接筹资。直接筹资是指不通过金融中介机构而直接向资金供应者借入，或通过发行股票、债券等方式进行筹资。常用的形式有出让控股权、联合经营、融资租赁等。

（2）间接筹资。间接筹资是指借助银行等金融机构进行的筹资活动，其主要形式为银行借款、非银行金融机构借款等，是我国企业最重要的筹资途径。

三、筹资的动机

筹资动机也就是企业筹集资金的基本出发点。总体而言，企业筹资是为了自身的生存与发展，但具体的筹资活动通常会因时、因事受特定的动机驱使。由于企业生产经营对资金需求的复杂性，企业筹资的具体动机也是多种多样的。概括起来，企业筹资的动机主要有以下几种：

（一）新建筹资动机

新建筹资动机，是指在企业新建时，为满足企业正常生产经营活动所需要的铺底资金而产生的筹资动机。企业最初设立时，需要具备一定的经营条件，包括厂房、设备、原材料、技术、人员等，这些都需要投入资金。经营者必须在项目开始建设之前，对所需投入的建设资金和生产经营资金进行预算，并如期足额予以筹措，保证新建项目能正常运行。

（二）扩张筹资动机

扩张筹资动机，是指企业因扩大生产经营规模或追加对外投资而产生的筹资动机。企业在生产经营过程中，为了追求规模效应，或者为应对激烈竞争，常常会产生扩张需求，因此，需要通过相应的渠道与方式，筹得企业因扩张而增加的资金量。

（三）偿债筹资动机

偿债筹资动机，是指企业为了偿还某些债务而产生的筹资动机。偿债筹资可分为两种情况：一是调整性偿债筹资，即企业虽有足够的能力支付到期债务，但如果企业原有资本结构不合理，或者某种债务成本过高，现又有新的、成本较低的资金来源出现，企业就可以筹得低成本的资金来源以偿还较高成本的负债，使企业的资本结构更趋合理；二是恶化性偿债筹资，即企业现有的支付能力已不足以偿付到期债务，不得不借新债还旧债。调整性偿债筹资是一种积极的筹资策略，而恶化性偿债筹资表明企业已出现财务风险。

（四）混合筹资动机

混合筹资动机，是指企业为了满足多种资金需要而产生的筹资动机。企业有时会出现多目的的资金需求，如既有规模扩张的资金需求，又有资本结构调整的资金要求等，这就需要在资金筹集过程中统筹兼顾，实现企业综合效益最大化。

四、筹资原则

筹资是一项重要而复杂的工作，为了有效地筹集企业所需资金，必须遵循以下原则：

（一）合法筹措

企业无论选择何种方式筹措，都应遵守国家相关法律法规，依照法律法规和投资合同约定的责任，合法、合规筹资，依法披露信息，维护各方的合法权益。

（二）规模适当

不同时期企业的资金需要量并不是一个常数，因此，企业财务人员要认真分析生产、经营状况，采用一定的方法，预测资金的需要数量，合理确定筹资规模，使筹资规模与资金需求量一致。这样，既能避免因资金筹集不足，影响生产经营的正常进行，又可防止资金筹集过多，造成资金闲置。

（三）筹措及时

企业在筹资时要按照资金投放使用的时间来合理安排，使筹资与用资在时间上相衔接，既要避免资金滞后而贻误投资的有利时机，也要防止取得资金过早而造成投放前的闲置。

（四）方式经济

企业筹资可以采用的渠道和方式多种多样，不同渠道和方式的筹资难易程度、资本成本和财务风险各不一样。因此，需要对各种筹资方式进行分析、对比，选择经济可靠的筹资方式。

（五）结构合理

企业的资本结构一般是由权益资金和债务资金构成的。企业负债所占比重要与权益资金和偿债能力相适应。企业要合理安排资本结构，既要防止负债过多，导致财务风险过高，偿债能力不足，又要有效地利用负债经营，提高权益资金的盈利水平。

五、筹资渠道与方式

（一）筹资渠道

筹资渠道是指企业筹措资金来源的方向与通道，体现着资金的来源与流量。现阶段我国企业筹集资金的渠道主要有：

（1）国家财政资金。国家财政资金是指国家以财政拨款、财政贷款、国有资产入股等形式向企业投入的资金。它是我国国有企业的主要资金来源。

（2）银行信贷资金。银行信贷资金是指商业银行和专业银行贷放给企业使用的资金，是企业一项十分重要的资金来源。

（3）非银行金融机构资金。非银行金融机构是指各种从事金融业务的非银行机构，如信托投资公司、租赁公司等。非银行金融机构的资金实力虽然较银行弱，但它们的资金供应比较灵活，而且可以提供多种特定服务，该渠道已成为企业资金的重要来源。

（4）其他企业和单位资金。其他企业或非营利组织，如各种基金会、各社会团体等，在组织生产经营活动或其他业务活动中，有一部分暂时或长期闲置的资金。企业间的相互投资和短期商业信用，使其他企业资金也成为企业资金的一项重要来源。

（5）职工和民间资金。职工和民间资金是指企业职工和城乡居民闲置的消费基金。随着我国经济的发展，人民生活水平不断提高，职工和居民的节余货币作为"游离"于银行及非银行金融机构之外的社会资金，可用于对企业进行投资。

（6）企业自留资金。企业自留资金是指企业内部形成的资金，包括从税后利润中提取的盈余公积和未分配利润，以及通过计提折旧费而形成的固定资产更新改造资金。这些资金的主要特征是，无须通过一定的方式去筹集，而是直接由企业内部自动生成或转移。

（7）外商资金。外商资金是指外国投资者，以及我国香港、澳门、台湾地区投资者投入的资金。随着国际经济业务的拓展，利用外商资金已成为企业筹资的一个新的重要来源。

（二）筹资方式

筹资方式是指企业筹措资金所采用的具体形式。如果说，筹资渠道客观存在，那么，筹资方式则属于企业的主观能动行为。如何选择适宜的筹资方式并进行有效的组合，以降低成本，提高筹资效益，成为企业筹资管理的重要内容。目前我国企业的筹资方式主要有吸收直接投资、发行股票、银行借款、发行债券、商业信用和融资租赁等。

（三）筹资渠道与筹资方式的对应关系

筹资渠道解决的是资金来源问题，筹资方式则解决企业如何取得资金的问题，两者相互独立又密不可分。特定的筹资渠道只能配以相应的筹资方式，而一定的筹资方式可能只适用于某一特定的筹资渠道。它们之间的对应关系可用表 3-1 表示。

表 3 - 1 筹资方式与筹资渠道的对应关系

筹资渠道	筹资方式					
	吸收直接投资	发行股票	银行借款	发行债券	商业信用	融资租赁
国家财政资金	√	√				
银行信贷资金			√			
非银行金融机构资金	√	√	√	√		
其他企业和单位资金	√	√		√	√	√
职工和民间资金	√	√				√
企业自留资金	√					
外商资金	√	√		√		√

★ 思考与讨论：

我国中小微企业可用的筹资渠道和筹资方式有哪些？政府为中小微企业融资提供了哪些支持和帮助？请举例说明。

任务二　资金需要量的预测

任务描述

理解资金需要量预测的意义和内容，对预测的方法和计算过程有深入的了解，能根据企业的实际情况预测资金需要量。

一、预测资金需要量的意义

企业合理筹集资金的前提是科学地预测资金需要量，因此，企业在筹资之前，应当采用一定的方法预测资金需要量，以保证企业生产经营活动对资金的需求，同时避免筹资过量造成资金闲置。

企业在设立时，就必须持有一定数量的资本金，以满足构建厂房、购入生产经营设备等基本建设的需要，以及用于购买材料、支付各种费用的需要；企业扩大生产经营规模、对外进行投资同样需要筹集资金。筹资既是保证企业正常生产经营的前提，又是企业谋求发展的基础。筹资工作效果直接影响企业效益，进而影响企业收益的分配，影响企业自身的生存与发展。因此，企业的经营管理者必须把握好企业为何需要资金，需要多少资金，以何种有效合理的方式取得资金。企业不论以何种方式筹集生产经营资金，绝不是筹得越多越好，也不是筹得越少越好，必须要有一个合理的数量界限。这是因为筹资过多往往会增加筹资成本，影响资金的利用效果，而筹资过少，又不能满足企业生产经营活动对资金的需要。

科学地预测资金需要量，可为筹资规模决策提供数量依据。预测资金需要量的直接目的是编制资金计划，而资金计划是企业财务计划的重要组成部分，为使企业制订的计划切实可行，有必要事先预测资金需要量及其发展趋势，提供客观有效的数据资料，为编制企业财务计划创造前提条件。预测资金需要量既是企业资金日常管理的重要内容，也是对未来资金运动情况进行决策和计划的重要内容。

二、预测资金需要量的基本依据

筹资管理是企业财务管理的重要内容，企业合理筹集资金的前提是科学地预测资金需要量，即根据企业未来组织生产经营活动对资金需要量进行估计、分析和判断，以保证企业生产经营活动对资金的需求，同时避免筹资过量造成资金闲置，使企业资金的筹集量与需求量基本达到平衡，尽量做到资金低耗、高效运行。

预测资金需要量的基本依据主要包括法律依据和投资规模依据两个方面。其中，法律依据是指国家制定的用于规范企业筹资行为的各项规定，如新设立的企业资金需要量至少要达到最低资本限额的规定；投资规模依据是指企业应根据其生产经营的客观需要来确定投资规模，而投资规模是决定资金需要量的主要因素。

三、预测资金需要量的基本方法

（一）销售百分比法

销售百分比法是根据资产负债表中各个项目与销售收入总额之间的依存关系，确定资产、负债和所有者权益的有关项目占销售收入的百分比，并推算出资金需要量的一种方法。它是目前最流行的预测资金需要量的方法。采用这一方法的前提是资产负债表中的各项目与销售收入指标的比率已知且固定不变。其计算步骤如下：

第一步，分析基期资产负债表各个项目与销售收入总额之间的依存关系，划分敏感项目和非敏感项目。在资产负债表中，有一些项目金额会因销售额的增长而相应地增加，通常将这些项目称为敏感项目，如货币资金、应收账款、存货、应付账款、应交税费、其他应付款等。而对外投资、固定资产净值、短期借款、非流动资产、实收资本等项目，其金额一般不会随销售额的增长而增加，因此将其称为非敏感项目。

第二步，根据资产负债表资料，计算各敏感项目销售百分比。各敏感项目销售百分比的计算公式为

$$某敏感项目销售百分比 = \frac{该敏感项目金额}{销售额} \times 100\%$$

第三步，计算预测期各敏感项目预计数并填入预计资产负债表。预测期各敏感项目预计数的计算公式为

预测期某敏感项目预计数 = 预计销售额 × 该敏感项目销售百分比

第四步，计算预测期需要追加的投资额。预测期需要追加的投资额的计算公式为

预测期需要追加的投资额 = 预计资产总额 − 预计负债总额 − 预计所有者权益总额

第五步，计算预测期外部筹资额。预测期外部筹资额的计算公式为

$$预测期外部筹资额＝预测期追加投资额－预测期内部筹资额$$

【例 3 - 1】　长征公司 2022 年 12 月 31 日的资产负债表（简表）如表 3 - 2 所示。

表 3 - 2　2022 年资产负债表（简表）　　　　　　　　　　单位：元

资　　产	金　　额	负债和所有者权益	金　　额
货币资金	50 000	应付票据	40 000
应收账款	120 000	应交税费	20 000
存货	250 000	应付账款	100 000
预付账款	20 000	短期借款	250 000
固定资产净值	1 060 000	非流动负债	400 000
		实收资本	640 000
		留存收益	50 000
资产总额	1 500 000	负债和所有者权益总额	1 500 000

该公司 2022 年的销售收入为 1 000 000 元，税后净利润为 100 000 元，销售净利率为 10%，已按 40% 比例发放股利 40 000 元。假定 2023 年公司的经营情况与上年基本相同，生产能力不变，根据市场情况，预计 2023 年销售收入将提高到 1 200 000 元，销售净利率保持上年水平，股利发放比例增加至 70%，要求预测 2023 年需追加的资金量。

（1）根据 2022 年资产负债表编制 2023 年预计资产负债表，如表 3 - 3 所示。

表 3 - 3　2023 年预计资产负债表　　　　　　　　　　单位：元

资　　产			负债和所有者权益		
项目	销售百分比	预计数	项目	销售百分比	预计数
货币资金	5%	60 000	应付票据	4%	48 000
应收账款	12%	144 000	应交税费	2%	24 000
存货	25%	300 000	应付账款	10%	120 000
预付账款	2%	24 000	短期借款		250 000
固定资产净值	—	1 060 000	非流动负债		400 000
			实收资本	—	640 000
			留存收益		50 000
			追加资金		56 000
合计	44%	1 588 000	合计	16%	1 588 000

（2）确定需要增加的资金额，有以下两种方法：

① 根据预计资产负债表直接确认需要追加的资金额，如表 3 - 3 中预计资产总额为 1 588 000 元，而负债与所有者权益总额为 1 532 000 元，资金占用大于资金来源，则需追加资金 56 000 元。

② 通过分析来预测需追加的资金量，根据表 3 - 3 中的数据分析，每 100 元销售额需占

用 44 元的资金占用，同时自动产生 16 元的资金来源。因此，每增加 100 元的销售收入，必须补充 28 元的资金来源。在本例中，销售收入预计增加 200 000 元，则按 28% 的比率可测算出，2023 年长征公司需追加的资金量为 56 000 元。

③ 确定对外筹资需要量。上述 56 000 元的资金需求可先由公司内部预计产生的留存收益加以解决，超出部分则可通过对外筹资解决。2023 年预计净利润为 120 000 元，公司股利发放率为 70%，则将有 30% 的利润即 36 000 元被留存下来，则公司对外筹资的数额为 20 000 元。

（二）因素分析法

因素分析法是根据企业基期实际资金占用数额和预测期有关因素的增减变动情况，测算企业预测期的资金需要量的方法。这种方法计算简便，容易掌握，但计算结果不够明确。它通常适用于品种繁多、规格复杂、资金用量较小的项目。其分析步骤如下：

1. 确定企业基期资金的合理占用数额

企业在基期实际占用的资金数中扣除不合理占用额，即为合理占用额。确定合理占用额的目的是保证预测数值的科学性和合理性。这里所说的不合理占用额是指呆滞积压及超储积压的原材料、辅助材料、在产品和产成品等的占用额。

2. 确定预测期有关因素变动对资金需要量的影响

影响资金需要量的因素主要有业务量的变化、资产价格的升降、资金周转速度的快慢等。

（1）分析业务量变化对资金需要量的影响。一般情况下，业务量增加，企业的资金需要量就会增加；反之，则会减少。因此，对原材料、辅助材料、包装物、在产品、产成品、其他库存商品等，这些与生产经营活动有直接关系的资金占用项目，可以根据业务量的增长率进行同比例的调整；而对固定资产、低值易耗品、修理用备件等资金占用项目，则可按适当的比例进行调整。

（2）分析资产的价格变化对资金需要量的影响。在业务量、资金周转速度、实物占用数量一定的条件下，企业的资金需要量将随固定资产和存货价格的升降而变化，这种变化一般是同方向、同比例的。

（3）分析资金周转速度的变化对资金需要量的影响。在其他条件一定的前提下，资金周转速度越快，企业的资金需要量就越少；反之，则越多。

说明：

综合以上因素，采用因素分析法预测资金需要量的公式为

$$\begin{aligned}\text{预测期资金} \atop \text{需要量} = &\left(\begin{matrix}\text{基期资金} \\ \text{实际占用额}\end{matrix} - \begin{matrix}\text{其中不合理的} \\ \text{占用额}\end{matrix}\right) \times \left(1 \pm \begin{matrix}\text{预测期业务量} \\ \text{变化率}\end{matrix}\right) \times \\ &\left(1 \pm \begin{matrix}\text{预测期资产} \\ \text{价格变化率}\end{matrix}\right) \times \left(1 \pm \begin{matrix}\text{预测期的资金周转} \\ \text{速度变化率}\end{matrix}\right)\end{aligned}$$

【例 3-2】 某企业基期资金实际占用额为 1 200 万元，其中 50 万元属于积压的存货物资。该企业预计来年业务量将增加 8%，资产价格将提高 5%，资金周转速度将减缓 4%。请根据上述资料预测该企业来年的资金需求量。

预测期资金需要量 = (1 200 - 50) × (1 + 8%) × (1 + 5%) × (1 + 4%) = 1 356.26（万元）

任务三　债务资金的筹集

任务描述

理解债务资金的含义和内容，掌握该种筹资方式的不同类型及其各自的特点，并能针对企业的实际情况做出合理的选择。

一、债务资金的概念及其筹资方式

债务资金又称借入资本或债务资本，是指企业依法筹措并依法使用、按期偿还的资金来源，包括各种借款以及应付账款、应付票据、预收账款等。

债务资金是通过银行、非银行金融机构、民间资金等渠道，采用银行借款、发行债券、融资租赁、商业信用等方式筹措取得的。债务资金有一定的偿还期限，而且必须承担按期还本付息的责任，它不像权益资金那样可供企业长久使用。

二、银行借款

（一）银行借款的概念和种类

1. 银行借款的概念

银行借款是指企业根据借款合同从银行和非银行金融机构借入资金的一种筹资方式。

2. 银行借款的种类

银行借款按其偿还期限的长短划分，可分为短期借款和长期借款。

（1）短期借款。短期借款是指企业向银行等金融机构借入的、偿还期限在一年以内（含一年）的各种借款，主要包括生产周转借款、临时借款、结算借款、票据贴现借款等。短期借款主要用于满足流动资金周转的需要，是企业筹集短期资金最常用的一种方式。

（2）长期借款。长期借款是指企业向银行等金融机构借入的、偿还期限超过一年的各种借款，主要包括固定资产投资借款、更新改造借款、技术改造借款、基建借款、网点设施借款、科技开发和新产品试制借款等。长期借款主要用于购建固定资产或用于满足长期流动资金占用的需要。

（二）办理银行借款的程序

企业办理短期借款和长期借款的程序基本相同。总的来说有以下几步：

1. 提出借款申请

企业要取得银行借款，必须先向银行递交借款申请报告，说明借款原因、借款时间、借款数额、使用计划、还款计划等内容。同时还应提供能够说明企业具备上述借款条件的必要资料。

2. 银行审批

银行接到借款申请后，按照计划发放、择优扶持、有物资保证、按期归还的原则，审查企业的借款条件，审查的内容主要包括公司的财务状况、信用情况、盈利的稳定性、借款投资项目的可行性、抵押品和担保情况等，以确定是否给予贷款。

3. 签订借款合同

企业借款申请被批准后，借贷双方就借款条件进行谈判，然后签订借款合同。在借款合同中，应载明借贷双方的权利、责任和义务，以及违反规定时对违规者的处罚等。其具体内容包括借款的数额、利率、期限和一些限制性条款。例如：限制企业在借款期限内借入其他长期借款；不准将已作借款抵押的财产用作其他借款的抵押等。

4. 取得借款

借款合同签订后，企业可在核定的借款指标范围内，根据用款计划和实际需要，一次或分次将借款转入企业的存款账户中。

5. 归还借款

企业应按借款合同的规定按期还本付息。财务部门要合理调度资金，做好借款到期还本付息的准备工作。

（三）银行借款的信用条件

1. 贷款期限和贷款偿还方式

企业向银行借款时，必须与银行方面签订信贷协议。协议中要明确规定具体的贷款期限。贷款到期后借款人若无能力偿还，则视为逾期贷款，银行要照章加收逾期罚息。贷款的偿还方式有到期一次偿还和在贷款期内定期等额偿还两种方式。

2. 贷款利率和利息支付方式

银行借款一般采用固定利率。借款利息的支付方式有两种：

（1）利随本清法。利随本清法是借款企业在借款到期时一次性向银行支付利息的方法。

（2）贴现法。贴现法即银行在向企业发放贷款时，预先从本金中扣除利息部分，企业实际得到的贷款额为贷款本金减去贷款利息后的差额。

3. 信用额度

信用额度，即贷款限额，是指借款人与银行在正式或非正式协议中规定的银行向借款人授信的最高限额。

4. 循环使用的信用协议

循环使用的信用协议是一种经常被大公司使用的正式信用额度。这时的信用期限有两个：一个是信用额度的期限，通常不超过一年；另一个是信用额度循环使用的期限，一般为2～6年。如银行与某企业签订的循环使用信用协议规定，信用额度为200万元，期限为半年，使用期限为3年。这就是说，该企业在未来3年内每半年可取得200万元的借款额度，相当于取得一笔200万元的3年期借款，不同的是每半年期满时须按期将200万元归还，然后在下一个半年再使用不超过200万元的借款。在这种情况下，借款人除了向银行支付利息外，还要就贷款限额的未使用部分向银行支付承诺费。

5. 补偿性余额

补偿性余额是银行要求借款人将贷款限额的 10％～20％ 留在银行账户中，作为借款企业最低存款余额。补偿性余额有助于银行降低贷款风险，补偿其可能遭受的损失。但对借款企业来说，补偿性余额提高了借款的实际利率，加重了企业的利息负担。

6. 借款抵押

银行向财务风险较大、信誉不好的企业发放贷款时，往往需要有抵押品担保，以降低自己蒙受损失的风险。借款的抵押品通常是借款企业的应收账款、存款、股票、债券、房屋等。银行接受抵押品后，根据抵押品的账面价值决定贷款金额，一般为抵押品账面价值的 30％～90％。

(四) 银行借款的优缺点

1. 银行借款的优点

(1) 筹资速度快。企业通过发行各种证券筹集长期资金所需时间较长，如印刷证券、申请批准等，以及证券的发行都需要一定的时间。而银行借款与发行证券相比，一般所需时间较短，可以迅速取得资金。

(2) 手续相对简便。银行贷款通常只需银行审批，而无须其他行政管理部门或社会中介机构的介入。

(3) 资金成本低。企业利用银行借款所支付的利息要比发行债券所支付的利息低，而且不需支付大量的证券发行费、租赁手续费等筹资费用。

(4) 借款弹性大。企业向银行借款可通过直接商谈来确定借款的时间、数量和利率。在借款期间，如果企业经营情况发生变化，经双方协商同意可对借款合同内容进行修改。借款到期后，如有正当理由，还可以延期归还。因此，借款筹资对企业而言具有较大的灵活性。

2. 银行借款的缺点

(1) 财务风险较大。企业举借长期借款，必须按期还本付息，在经营不利的情况下，可能会产生不能偿付的风险，使企业陷入财务困境。

(2) 限制条件较多。长期借款具有较强的计划性和政策性，容易受国家经济政策变动的影响。另外，银行借款通常附加有许多限制条件，从而影响企业的筹资、投资活动。

(3) 筹资数量有限。长期借款不可能像发行股票、债券那样一次筹集大量资金。利用银行借款筹资都有一定的上限。

(4) 可能产生财务杠杆副作用。当企业的报酬率低于借款资金成本时，借款越多，权益资金的报酬率就越低。

三、发行债券

(一) 债券的概念及其种类

1. 债券的概念

债券是指各类经济主体为筹集资金而向债权人发行的，并承诺按期支付利息、到期偿还本金的债务凭证。发行债券是企业筹集资金的一种重要方式。

2. 债券的种类

按照不同的标准,债券可分为不同类型。

(1)债券按其是否记名划分,可分为记名债券和无记名债券。记名债券是指在债券票面上注明债权人姓名或名称,同时在发行公司的债权人名册上进行登记的债券。此类债券转让时,必须办理过户手续。无记名债券是指债券票面未注明债权人姓名或名称,也无须在债权人名册上进行登记的债券。此类债券可随意转让,不需办理过户手续。

(2)债券按其是否有抵押担保划分,可分为抵押债券和信用债券。抵押债券是指债券发行企业以特定财产为抵押品而发行的债券。当债券发行企业到期不能偿还本息时,债权人可通过拍卖抵押品获得偿付。信用债券是指仅凭债券发行者的信用发行的无抵押品的债券。通常只有信用良好的企业,才能发行信用债券。

(3)债券按其是否可转换为公司股权划分,分为可转换债券和不可转换债券。可转换债券是指能在规定的时间按规定的价格或比例转换为发债公司股票的债券。发行此种债券的企业仅限于股份公司中的上市公司。不可转换债券是指到期时不能转换为发债公司股票的债券。大多数公司债券属于这种类型。

(二)发行债券的程序

公司债券是向社会公众公开发行的债券,一般不记名,期限固定,利率也固定。公司债券的发行需经过以下程序:

1. 做出发行债券的决议

股份有限公司和有限责任公司发行公司债券,由董事会制订方案,股东会做出决议;国有独资公司发行公司债券,应由国家授权投资的机构或者国家授权的部门做出决定。上述规定说明,发行公司债券的决议应由公司最高权力机构做出。

2. 报请批准

公司做出发行债券的决议或决定后,应向国务院债券管理部门报请批准。报请批准需提供公司登记证明、公司章程、公司债券募集办法、资产评估报告、验资报告等文件资料。

3. 信用评级与谈判

在报请批准的同时,公司应请证券信用评估机构对所发行债券做出信用评级,并与投资银行就利率、承销等问题进行商谈。

4. 制订并向社会公告募集办法

发行公司债券的申请经批准后,发行公司应制订公司债券募集办法,并向社会公告。公司债券募集办法中应载明的主要事项包括:公司名称,募集资金的用途,债券总额、债券票面金额、债券的利率,还本付息的期限和方式,债券发行的价格与起止日期,公司净资产额,已发行的尚未到期的公司债券总额,公司债券的承销机构等。

5. 募集债款

(1)债款募集方式。公司债券募集方式一般有公募发行和私募发行两种。公募发行是向不特定的多数人公开发行的募集方式。其特点是发行对象广泛,社会影响大,债券流动性好。私募发行又称不公开发行或内部发行,是指面向少数特定的投资人发行证券的方式。

其特点是：手续简便、发行时间短、效率高；私募发行投资者往往事先确定；私募发行不必担心发行失败。

（2）签订承销合同。发行公司首先应谨慎选择承销机构，并与承销机构签订承销合同。

6. 交付债券，收取债券款

债券购买人向债券承销机构购买债券，承销机构向购买人交付债券，然后，债券发行公司向承销机构收取债券款，并结算发行代理费。

（三）债券发行价格的确定

债券发行价格，是指债券初始投资者购入债券时支付的市场价格。它与债券面值可能一致也可能不一致，从理论上讲，债券发行价格是债券面值和应支付的年利息按发行当时的市场利率折现所得到的现值。

1. 债券的发行价格

债券发行价格有以下三种：

（1）平价发行，又称面值发行，是指以债券的面值为发行价格。

（2）溢价发行，是指以高于债券面值的价格为发行价格。

（3）折价发行，是指以低于债券面值的价格为发行价格。

2. 债券发行价格的计算

债券之所以会存在溢价发行和折价发行，是因为资金市场上的利率是经常变化的，而当企业债券的票面利率与市场利率不相等时，就要通过调整发行价格来保证债券顺利发行。当市场利率等于债券票面利率时，则平价发行；当市场利率高于债券票面利率时，则折价发行；而当市场利率低于债券票面利率时，则溢价发行。但无论以哪种价格发行债券，都要保持投资者获得与市场利率相等水平的收益率。另外，公司债券的还本期限一般在一年以上，因此确定其发行价格时，不仅要考虑债券票面利率与市场利率的关系，还应考虑债券的货币时间价值。

债券发行 价格的计算

债券发行价格的计算公式为

$$债券发行价格 = 债券面值的现值 + 各期利息的现值$$

$$= \frac{债券面值}{(1+市场利率)^n} + \sum_{t=1}^{n} \frac{债券面值 \times 票面利率}{(1+市场利率)^t}$$

式中：n——债券期限；

t——付息期数。

在分期付息，到期一次还本，且不考虑发行费用的情况下，上述公式可以表示为

$$债券发行价格 = 债券面值 \times (P/F, i_1, n) + 债券面值 \times i_2 \times (P/A, i_1, n)$$

式中：i_1——市场利率；

n——债券期限；

i_2——票面利率。

【例 3-3】 某公司拟发行面值为 1 000 元，票面利率为 8%，期限为 5 年的债券。其发行价可分以下三种情况来说明：

（1）若资金市场利率保持在 8%，与该公司的债券票面利率一致。为使投资者获得与资

金市场利率相当的投资收益率，公司应采用面值发行方式，即发行价格为 1 000 元。

（2）若资金市场利率上升到 12%，高于公司债券票面利率 8%，则应采用折价发行方式，其发行价格为

$$债券发行价格 = 1\,000 \times (P/F，12\%，5) + 1\,000 \times 8\% \times (P/A，12\%，5)$$
$$= 1\,000 \times 0.567\,4 + 1\,000 \times 8\% \times 3.604\,8 = 855.78（元）$$

即公司按 855.78 元的价格出售债券，投资者才能获得与市场利率 12% 相等的报酬率。

（3）若资金市场利率下降到 5%，低于公司债券票面利率 8%，则可采用溢价发行方式，其发行价格为

$$债券发行价格 = 1\,000 \times (P/F，5\%，5) + 1\,000 \times 8\% \times (P/A，5\%，5)$$
$$= 1\,000 \times 0.783\,5 + 1\,000 \times 8\% \times 4.329\,5 = 1\,129.86（元）$$

即投资者按 1 129.86 元的价格购买该公司面值为 1 000 元的债券，能获得 5% 的回报，与市场利率相同。

（四）债券筹资的优缺点

1. 债券筹资的优点

（1）资金成本低。由于债券发行费用较低，且债券利息通常低于优先股及普通股的股利，同时，债券利息在税前支付，可以抵扣所得税，因此，债券资金成本低于优先股及普通股的成本。

（2）运用得当可获得财务杠杆利益。由于债券利息是固定的，如果企业债务资金运用得当，使企业投资报酬率高于债券资金成本，多发行债券就能为股东带来更大的收益，从而提高企业价值，增加股东财富。

（3）不会影响股东对企业的控制权。债券持有人只有到期收回本金和利息的权利，而无权参与企业的经营管理，因而发行债券有利于维护股东对企业的控制权。

2. 债券筹资的缺点

（1）筹资风险大。债券筹资需要按期还本付息，当企业经营处于困境时，必然导致企业财务风险加大，若资不抵债，将导致企业破产。

（2）限制条件多。发行债券契约中的限制条款比优先股和短期债务严格，甚至会影响企业的正常发展和以后的筹资能力。

（3）可能产生财务杠杆副作用。当债券资金成本高于企业投资报酬率时，就会产生财务杠杆的副作用。此时，债券发行越多，股东的收益就越少。

（4）筹资数额有限。当企业的负债比率超过一定限度后，债券筹资成本会迅速上升，甚至导致债券难以发行，因此，债券筹资数额会有一定限度。

四、融资租赁

融资租赁是指通过签订资产出让合同的方式，使用资产的一方（承租方）通过支付租金向出让资产的一方（出租方）取得资产使用权的一种交易行为。在这项交易中，承租方通过得到所需资产的使用权，完成了筹集资金的行为。

（一）租赁的分类

租赁的形式多种多样，一般按性质可分为经营租赁和融资租赁。

经营租赁是指由租赁公司在短期内向承租单位提供设备，并提供维修、保养、人员培训等的一种服务性业务，又称服务性租赁。经营租赁比较适宜于租用技术更新较快的生产设备。

融资租赁是指由租赁公司按承租单位的要求出资购买设备，在较长的合同期内提供给承租单位使用的筹资信用业务。它是以融通资金为主要目的的租赁。

融资租赁与经营租赁的区别如表3-4所示。

表3-4 融资租赁与经营租赁的区别

对比项目	融资租赁	经营租赁
业务原理	集筹资、筹物于一体	无融资租赁特征，只是一种筹物方式
租赁目的	筹集资金，添置设备	暂时性使用，预防无形损耗风险
租期	较长，相当于设备经济寿命的大部分	较短
租金	包括设备价款	只是设备使用费
契约法律效力	不可撤销合同	经双方协商可中途撤销合同
租赁标的	一般为专用设备，也可以是通用设备	通用设备居多
维修与保养	专用设备多由承租人负责，通用设备多由出租人负责	全部由出租人负责
承租人	一般为一个	设备经济寿命期内轮流租给多个承租人
灵活方便性	不明显	明显

（二）融资租赁形式

1. 直接租赁

直接租赁是融资租赁的主要形式。承租方提出租赁申请时，出租方按照承租方的要求选购，再出租给承租方。

2. 售后回租

售后回租是指承租方由于急需资金等各种原因，将自己的资产售给出租方，然后以租赁的形式从出租方那里租回原来资产的使用权。在这种租赁合同中，除资产所有者的名义改变之外，其余情况均无变化。

3. 杠杆租赁

杠杆租赁是指涉及承租人、出租人和资金出借人三方的融资租赁业务。一般来说，当所涉及的资产价值昂贵时，出租方自己只投入部分资金，通常为资产价值的20%~40%，其余资金则通过将该资产抵押担保的方式向第三方（通常为银行）申请贷款解决。租赁公司然后将购进的设备出租给承租方，用收取的租金偿还贷款。该资产的所有权属于出租方。出租人既是债权人也是债务人，如果出租人到期不能按期偿还借款，资产所有权将转移给资金出借者。

（三）融资租赁的特点

（1）一般由承租企业向租赁公司提出正式申请，由租赁公司融资购进设备，再出租给承租企业使用。

(2) 租赁期限较长,大多为租赁资产寿命的一半以上。

(3) 租赁合同比较稳定,在规定的租期内非经双方一致同意,任何一方不得中途解约,这有利于维护双方的权益。

(4) 通常由承租企业负责设备的维修保养和保险,但无权自行拆卸改装。

(5) 租赁期满时,按事先约定的办法处置设备,一般有退租、续租、留购三种选择。设备通常由承租企业留购。

(四)融资租赁的程序

1. 选择租赁公司

企业决定采用租赁方式取得某项设备时,首先需了解各家租赁公司的经营范围、业务能力、资信情况,以及与其他金融机构如银行的关系,取得租赁公司的融资条件和租赁费率等资料,加以分析比较,从中择优选择。

2. 办理租赁委托

企业选定租赁公司后,便可向其提出申请,办理委托。这时,承租企业需填写租赁申请书,说明所需设备的具体要求,同时还要向租赁公司提供反映财务状况的文件,包括资产负债表、利润表和现金流量表等资料。

3. 签订购货协议

由承租企业与租赁公司的一方或双方合作组织选定设备供应厂商,并与其进行技术和商务谈判,在此基础上签订购货协议。

4. 签订租赁合同

租赁合同由承租企业与租赁公司签订,它是租赁业务的重要文件,具有法律效力。融资租赁合同的内容可分为一般条款和特殊条款两部分。

5. 办理验货、付款与保险

承租企业按购货协议收到租赁设备时,要进行验收,验收合格后签发交货及验收证书,并提交给租赁公司,租赁公司据以向供应厂商支付设备价款。同时,承租企业向保险公司办理投保事宜。

6. 支付租金

承租企业在租期内应按合同规定的租金数额、支付方式等,向租赁公司支付租金。

7. 合同期满处理设备

融资租赁合同期满时,承租企业根据合同约定,对设备退租、续租或留购。

(五)融资租赁租金的计算

1. 租金的构成

融资租赁每期租金的多少,取决于以下几项因素:① 设备原价及预计残值,包括设备买价、运输费、安装调试费、保险费等,以及该设备租赁期满后,出售可得的市价;② 利息,指租赁公司为承租企业购置设备垫付资金所应支付的利息;③ 租赁手续费,指租赁公司承办租赁设备所发生的业务费用,包括业务人员工资、办公费、差旅费等;④ 利润,指租赁公司通过向承租企业租赁设备应获取的必要收益。

2. 租金的支付方式

租金的支付方式有以下几种：① 按支付间隔期长短，分为年付、半年付、季付和月付等方式；② 按在期初还是期末支付，分为先付和后付；③ 按每次支付额，分为等额支付和不等额支付。实务中，承租企业与租赁公司商定的租金支付方式，大多为后付等额年金。

融资租赁
租金的计算

3. 租金的计算

我国融资租赁实务中，租金的计算大多采用等额年金法。等额年金法是运用年金现值的计算原理计算每次应付租金的方法。在这种方法下，要将利息率和手续费率综合在一起确定一个租费率，作为贴现率。这种方法考虑了资金的时间价值，结论更具客观性。

等额年金法下，每次应付租金数额的计算公式为

$$期末应支付的租金\ R = \frac{C - S(P/F, i, n)}{(P/A, i, n)}$$

式中：R——每次期末应付租金数额；

C——租赁设备的购置成本；

S——期满时由租入方留购，支付给出租方的转让价；

i——租费率；

n——租赁期间支付租金次数。

【例 3 - 4】　某公司于 2021 年 1 月 1 日从租赁公司租入一台大型设备，价值 60 万元，租期 6 年，租赁期满时候预计残值为 5 万元，归租赁公司所有，年利率 8%，手续费每年 2%，租金于每年年底支付一次，在等额年金法下，每年支付的租金为多少？

$$每年租金 = \frac{600\ 000 - 50\ 000(P/F, 10\%, 6)}{(P/A, 10\%, 6)} = \frac{600\ 000 - 50\ 000 \times 0.564\ 5}{4.355\ 3}$$

$$= 131\ 282.58（元）$$

即该公司每年支付的租金为 131 282.58 元。

五、商业信用

（一）商业信用的含义

商业信用是指在商品交易中，由于延期付款或延期交货而形成的企业之间的借贷关系，即在商品的交换中，由于商品和货币在时间、空间上的分离而形成的企业之间的直接信用行为。商业信用已成为各企业普遍使用的短期筹资方式，在短期负债筹资中占有相当大的比重。

（二）商业信用的主要形式

1. 应付账款

应付账款是指由赊购商品形成的，以记账方式表达的由卖方提供给买方的商业信用。卖方利用这种方法主要是为了促销，而对买方来说，延期付款等于向卖方借用资金购买商品，可以满足自身短期资金融通的需要。

2. 应付票据

应付票据是指企业根据购销合同的要求，在进行延期付款的商品交易时开具的反映债

权债务关系的票据。其中最主要的种类是商业汇票。根据承兑人的不同，商业汇票一般分为银行承兑汇票和商业承兑汇票两种。商业汇票的付款期限最长不超过 6 个月。对买方来说，商业汇票也相当于向卖方借用了一笔短期资金。

3. 预收账款

预收账款是指卖方按合同或协议规定，在交付商品之前先向买方收取部分或全部货款的信用方式。购买方对于紧俏商品大多采用这种形式，以保证按期取得所需商品。另外，对生产周期长、资金需要量大的商品，如轮船、飞机等，生产企业也经常向购买方分次预收账款，以缓解资金占用过多的矛盾。

（三）商业信用条件

商业信用方式下，企业取得的资金是否会产生成本，取决于销售方的信用条件。如果企业无论提前付款还是按信用期付款均没有现金折扣，则通过商业信用方式获得的资金为免费使用资金。如果企业作为购买方在赊购商品时，销售方制定了专门的信用条件和政策，以促使购买方及时付款，则企业放弃现金折扣获得资金延期使用权是有代价的，也即购买方会产生现金折扣成本。信用条件的表示方式如"2/10，1/20，$n/30$"，"2/10"表示货款在 10 天内付清，可以享受货款全额 2% 的现金折扣；"1/20"表示货款在 11～20 天内付清，可以享受货款全额 1% 的现金折扣；"$n/30$"表示货款在 20 天以后付清的没有折扣，需支付全额货款。销售方若提出了信用条件，则企业应考虑资金使用代价，慎重作出付款决策。

1. 现金折扣成本的概念

购买方在赊购商品时，若销售方提供了现金折扣政策，而购买方没有利用，这时购买方由于放弃折扣而产生的机会成本，即为现金折扣成本。

2. 现金折扣成本的计算

由于现金折扣的存在，放弃现金折扣就意味着增加了成本。放弃现金折扣的成本可用年化折扣成本率来衡量，其计算公式为

$$放弃现金折扣成本＝\frac{折扣百分比}{1-折扣百分比}\times\frac{360}{信用期-折扣期}\times100\%$$

【例 3-5】 某企业拟向供应商购入 500 万元的商品。该供应商提供的信用条件为"2/10，$n/30$"，该企业能否接受此信用条件，可通过放弃现金折扣成本的计算加以判断。

$$放弃现金折扣成本＝\frac{2\%}{1-2\%}\times\frac{360}{30-10}\times100\%＝36.73\%$$

从计算结果来看，该企业如果放弃使用现金折扣，就会产生年利率为 36.73% 的机会成本，使商业信用变为一种代价十分昂贵的短期资金来源。在此情况下，该企业只要通过其他方式取得成本低于 36.73% 的资金，就不用放弃使用现金折扣，并可在第 10 天付款。

（四）商业信用筹资的优缺点

1. 商业信用筹资的优点

商业信用筹资的优点主要表现在：

（1）筹资便利。商业信用与商品买卖同时进行，属于一种"自然性筹资"，可以随着购销行为的产生而获得该项资金。所以对大多数企业而言，应付账款和预收账款是自然的、持

续的信贷形式。

（2）筹资成本低。大多数商业信用是由销售方免费提供的，如果没有现金折扣，或企业不放弃现金折扣，以及使用不带息应付票据，则利用商业信用筹资不发生成本。

（3）限制条件少。商业信用比其他筹资方式条件宽松，通常，其筹资不需要第三方担保，也不会要求筹资企业用资产进行抵押。

2. 商业信用筹资的缺点

商业信用筹资的缺点表现为：

（1）期限短。它属于短期融资方式，稳定性差，资金不能长期占用。

（2）风险大。由于各种应付款项经常发生，次数频繁，因此需要企业随时进行现金的调度。另外，企业如放弃现金折扣，将负担很高的机会成本。

任务四 权益资金的筹集

任务描述

理解权益资金的含义和内容，掌握该种筹资方式的不同类型及其各自的特点，并能针对企业的实际情况做出合理的选择。

权益资金的筹集方式主要有吸收直接投资、发行股票和留存收益，其中发行股票包括发行普通股和优先股。

企业依法以吸收直接投资、发行股票等方式筹集权益资金的，应该根据企业的实际情况，确定合适的筹资方案，履行必要的内部决策程序，诸如召开股东大会等。同时根据资金的需用量，制订筹资计划，选用适当的筹资方式，控制筹资成本等。

一、吸收直接投资

吸收直接投资是指企业按照"共同投资、共同经营、共担风险、共享收益"的原则，直接吸收国家、法人、个人和外商投入资金的一种筹资方式。吸收直接投资是非股份制企业筹集权益资本的基本方式。采用吸收直接投资的企业，资本不分为等额股份，也无须公开发行股票。吸收直接投资的实际出资额中，注册资本部分形成实收资本，超过注册资本的部分属于资本溢价，形成资本公积。

（一）吸收直接投资的渠道

企业通过吸收直接投资方式筹集资金有以下四种渠道：

1. 吸收国家投资

国家投资是指有权代表国家投资的政府部门或者机构以国有资产投入企业，由此形成国家资本金。

2. 吸收法人投资

法人投资是指其他企业、事业单位以其可支配的资产投入企业，由此形成法人资本金。

3. 吸收个人投资

个人投资是指城乡居民或本企业内部职工以其个人合法财产投入企业，形成个人资本金。

4. 吸收外商投资

外商投资是指外国投资者或我国港澳台地区投资者的资金投入企业，形成外商资本金。

（二）吸收直接投资的出资方式

吸收直接投资中的投资者可采用现金、实物、无形资产等多种形式出资。

1. 现金投资

现金投资是吸收直接投资最重要的出资形式。企业有了现金，就可以购买所需物资，支付各种费用，具有最大的灵活性。因此，企业要争取投资者尽可能采用现金的方式出资。

2. 实物投资

实物投资是指以房屋、建筑物、设备等固定资产和原材料、商品等流动资产所进行的投资。实物投资应符合以下条件：① 适合企业生产经营、科研开发等的需要；② 技术性能良好；③ 作价公平合理；④ 实物不能涉及抵押、担保、诉讼冻结。

3. 无形资产投资

无形资产投资是指以商标权、专利权、非专利技术、知识产权、土地使用权等所进行的投资。企业在吸收无形资产投资时应持谨慎态度，避免吸收短期内会贬值的无形资产，避免吸收对本企业利益不大及不适宜的无形资产，还应注意吸收的无形资产符合法定比例。

（三）吸收直接投资的优缺点

1. 吸收直接投资的优点

吸收直接投资的优点主要有：

（1）吸收直接投资形成自有资金有利于增强企业信誉。与债务融资方式相比，吸收直接投资能够提高企业的资信程度和借款能力，有利于扩大企业经营规模，壮大企业实力。

（2）吸收的非货币资金有利于尽快形成生产能力。吸收直接投资不仅可以取得一部分货币资金，而且通常能够直接获得企业所需要的先进设备和技术，有利于尽快形成生产能力。

（3）吸收直接投资形成的自有资金可供企业永久使用，财务风险较低。相对于债务融资方式而言，吸收直接投资没有固定的还本付息压力，可视企业的经营状况向投资者支付报酬，企业经营状况好，可向投资者多支付一些报酬，企业经营状况不好，可不向投资者支付报酬或少支付报酬。

2. 吸收直接投资的缺点

吸收直接投资的缺点主要有：

（1）资本成本较高。吸收直接投资方式融资所需负担的资本成本较高，原因之一是该方式下向投资者支付的报酬需从税后净利中直接支付，资本成本相对于债务资金利息而言较高；原因之二是企业向投资者支付报酬的数额在很大程度上取决于企业的经营状况，当经营状况较好和盈利能力较强时，需支付较高的报酬，此时负担较重。

（2）容易分散企业的控制权。采用吸收直接投资方式融资，投资者作为企业所有者一般都要求获得与投资份额相当的经营管理权。如果吸收直接投资较多，则会稀释原有投资者对企业的控制权。

二、发行普通股

(一)普通股及股东的权利

普通股是股份有限公司发行的无特别权利的股份，也是最基本的、标准的股份。它代表了股东对股份制公司的所有权。发行普通股是股份有限公司筹集权益资金的主要方式。持有普通股股份者为普通股股东。普通股股东主要有如下权利：

（1）公司管理权。股东对公司的管理权主要体现在重大决策参与权、经营者选择权、财务监控权、公司经营的建议和质询权、股东大会召集权等方面。

（2）收益分享权。股东有权通过股利方式获取公司的税后利润，利润分配方案由董事会提出并经过股东大会批准。

（3）股份转让权。股东有权将其所持有的股票出售或转让。

（4）优先认股权。原有股东拥有优先认购本公司增发股票的权利。

（5）剩余财产要求权。当公司解散、清算时，股东有对清偿债务、清偿优先股股东以后的剩余财产索取的权利。

(二)股票的种类

1. 按股东权利和义务，分为普通股股票和优先股股票

普通股股票简称普通股，是公司发行的代表着股东享有平等的权利、义务，不加特别限制的，股利不固定的股票。普通股是最基本的股票，股份有限公司通常情况只发行普通股。

优先股股票简称优先股，是公司发行的相对于普通股具有一定优先权的股票。其优先权主要表现在股利分配优先权和分取剩余财产优先权上。优先股股东在股东大会上无表决权，在参与公司经营管理上受到一定限制，仅对涉及优先股权利的问题有表决权。

2. 按票面有无记名，分为记名股票和无记名股票

记名股票是指在股票票面上和股份公司的股东名册上记载股东姓名的股票。无记名股票不登记股东名称，公司只记载股票数量、编号及发行日期。

公司向发起人、法人发行的股票，应当为记名股票，并应当记载该发起人、法人的名称或者姓名，不得另立户名或者以代表人姓名记名。

3. 按发行对象和上市地点，分为 A 股、B 股、H 股、N 股和 S 股等

A 股即人民币普通股票，由我国境内公司发行，在境内上市交易，它以人民币标明面值，以人民币认购和交易。B 股即人民币特种股票，由我国境内公司发行，在境内上市交易，它以人民币标明面值，以外币认购和交易。H 股是在内地注册、在香港上市的公司股票。以此类推，在纽约和新加坡上市的股票，就分别为 N 股和 S 股。

(三)股票发行

股份有限公司在设立时要发行股票。股份的发行，实行公开、公平、公正的原则，必须同股同权、同股同利。同次发行的股票，每股的发行条件和价格应当相同。

股票发行的管理规定，主要包括股票发行条件、发行程序和销售方式等。

1. 股票发行的规定与条件

按照我国《公司法》的有关规定，股份有限公司发行股票，应符合以下规定条件：

(1) 每股金额相等。同次发行的股票，每股的发行条件和价格应当相同。

(2) 股票发行价格可以按票面金额，也可以超过票面金额，但不得低于票面金额。

(3) 股票应当载明：公司名称，公司成立日期，股票种类、票面金额及代表的股份数，股票编号等主要事项。

(4) 发行的股票，可以为记名股票，也可以为无记名股票。公司向发起人、法人发行的股票，应当为记名股票，并应当记载该发起人、法人的名称或者姓名，不得另立户名或者以代表人姓名记名。

(5) 公司发行记名股票的，应当置备股东名册，记载下列事项：股东的姓名或者名称及住所，各股东所持股份，各股东所持股票编号，各股东取得其股份的日期。发行无记名股票的，公司应当记载其股票数量、编号及发行日期。

(6) 公司发行新股，股东大会应当对下列事项作出决议：新股种类及数额；新股发行价格；新股发行的起止日期；向原有股东发行新股的种类及数额。

(7) 公司经国务院证券监督管理机构公开发行新股时，必须公告新股招股说明书和财务会计报告，并制作认股书。

2. 股票发行的程序

股份有限公司在设立时发行股票与增资发行新股，程序上有所不同：

(1) 提出募集股份申请。

(2) 公告招股说明书，制作认股书，签订承销协议和代收股款协议。

(3) 招认股份，缴纳股款。

(4) 召开创立大会，选举董事会、监事会。

(5) 办理设立登记，交割股票。

3. 股票发行方式、销售方式和发行价格

1) 股票发行方式

股票发行方式是指公司通过何种途径发行股票。股票发行方式可以分为两类：

(1) 公开间接发行。它通过中介机构，由证券机构承销。此方式发行对象多，易于足额募集资本；发行范围大，股票变现性强；有助于提高公司的知名度和扩大其影响力。但手续烦琐，发行成本高。

(2) 不公开直接发行。它只向少数特定对象发行，如采用发起设立方式和以不向社会公开募集的方式。此方式弹性较大，发行成本低；但发行范围小，股票变现性差。

2) 股票的销售方式

股票的销售方式是指股份有限公司向社会公开发行股票时所采取的销售方法。股票销售方式有两类：

(1) 自销。它能节省费用，但往往时间长、风险大，需要公司有较好的知名度、信誉和实力。

(2) 承销。按照我国《公司法》的规定，向社会公众发行的股票，必须与依法设立的证券机构签订承销协议，由证券经营机构承销。承销又分为包销和代销两种办法。包销可以及时筹足资本，免于承担发行风险，但股票以较低的价格售给承销商，会损失部分溢价。

3）股票发行价格

股票的发行价格是股票发行时所使用的价格，也就是投资者认购股票时所支付的价格。通常由发行公司根据股票面值、股市行情和其他有关因素决定。以募集方式设立的公司首次发行的股票价格，由发起人决定；公司增资发行新股的股票价格，由股东大会作出决议。股票的发行价格一般有三种：

（1）等价。它是指以股票面额为发行价格。一般在初次发行或在股东内部分摊增资的情况下采用。等价发行的股票容易推销，但无从取得溢价收入。

（2）时价，也称市价。以公司原发行同种股票的现行市场价格为基准来确定增发新股的发行价格。

（3）中间价。它是指以介于面额和时价之间的价格来发行股票。我国《公司法》规定不得以折价发行股票。

（四）股票上市

1. 股票上市的目的

股票上市是指股份有限公司公开发行股票经批准在证券交易所进行挂牌交易。经批准在交易所上市交易的股票称为上市股票。

股份公司申请股票上市的目的：① 资本大众化，分散风险；② 提高股票的变现能力；③ 便于筹措新资金；④ 提高公司知名度；⑤ 便于确定公司价值。但股票上市也有不利的方面：公司将负担较高的信息报道成本；可能会暴露公司的商业秘密；股价有时会歪曲公司的实际状况，丑化公司声誉；可能会分散公司的控制权，造成管理上的困难。

2. 股票上市条件

新的《证券法》《公司法》颁布后，深沪证券交易所在中国证监会上市公司监管部统一协调下，分别发布了股票上市规则（2023 年 8 月修订）。新规则中规定，对境内企业申请首次公开发行股票并在两家交易所上市，应当符合下列条件：

（1）符合《证券法》、中国证监会规定的发行条件。

（2）发行后股本总额不低于 5 000 万元。

（3）公开发行的股份达到公司股份总数的 25% 以上；公司股本总额超过 4 亿元的，公开发行股份的比例为 10% 以上。

（4）市值及财务指标符合规则规定的标准。

（5）交易所要求的其他条件。

交易所可以根据市场情况，经中国证监会批准，对上市条件和具体标准进行调整。

境内企业申请在两家交易所上市，市值及财务指标应当至少符合下列标准中的一项：

（1）最近三年净利润均为正，且最近三年净利润累计不低于 1.5 亿元，最近一年净利润不低于 6 000 万元，最近三年经营活动产生的现金流量净额累计不低于 1 亿元或者营业收入累计不低于 10 亿元；

（2）预计市值不低于 50 亿元，且最近一年净利润为正，最近一年营业收入不低于 6 亿元，最近三年经营活动产生的现金流量净额累计不低于 1.5 亿元；

（3）预计市值不低于 80 亿元，且最近一年净利润为正，最近一年营业收入不低于 8 亿元。

3. 股票上市的暂停与终止

新规则还对暂停、恢复和终止上市环节进行了修改，如连续三年亏损暂停上市后若第四年中报仍然亏损，不再直接退市，而是到第四年年报披露后视盈亏情况再作决定。同时，新规则明确提出，恢复上市和终止上市决定需要提交上市委员会审议等。

（五）普通股筹资的优缺点

1. 发行普通股筹资的优点

（1）发行普通股筹措的资本具有永久性，无到期日，不需归还。

（2）发行普通股筹资没有固定的股利负担。

（3）能够提升公司的社会声誉，促进股权流通和转让。普通股筹资，股东的大众化为公司带来了广泛的社会影响。普通股筹资以股票为媒介，便于股权的流通和转让，便于吸收新的投资者。

2. 发行普通股筹资的缺点

（1）以普通股筹资的资本成本较高。首先。从投资者的角度讲，投资于普通股风险较高，相应地要求有较高的投资报酬率。其次，对筹资公司来讲，普通股股利从税后利润中支付，不具有抵税作用。此外，普通股的发行费用也较高。

（2）以普通股筹资增加新股东，可能分散公司的控制权。此外，新股东分享公司未发行新股前积累的盈余，会降低普通股的每股净收益，从而可能引发股价的下跌。

> ★ 思考与讨论：
>
> 　发行新股可以获取企业发展所需要的资金，但是否有了充足的资金，企业就能很好地发展？企业若想持续健康的发展，需要具备哪些条件？

三、发行优先股

优先股是一种特别股票，它与普通股有许多相似之处，但又具有债券的某些特征。优先股是一种具有双重性质的证券，它虽属自有资金，但却兼有债券性质。从法律上讲，优先股是企业自有资金的一部分。但优先股有固定的股利，这与债券利息相似；优先股对盈利的分配和剩余资产的求偿具有优先权，这也类似于债券。

（一）优先股的种类

按不同标准，可对优先股进行不同的分类，现介绍几种最主要的分类方式。

1. 累积优先股和非累积优先股

累积优先股是指在任何营业年度内未支付的股利累积起来，由以后营业年度的盈利一起支付的优先股股票。非累积优先股是仅按当年利润分取股利，而不予以累积补付的优先股股票。

2. 可转换优先股与不可转换优先股

可转换优先股是股东可在一定时期内按一定比例把优先股转换成普通股的股票。不可转换优先股是指不能转换成普通股的股票。不可转换优先股只能获得固定股利报酬，而不能获得转换收益。

3．参加优先股和不参加优先股

参加优先股是指不仅能取得固定股利，还有权与普通股一同参加利润分配的股票。根据参与利润分配的方式不同，又可分为全部参加分配的优先股和部分参加分配的优先股。前者表现为优先股股东有权与普通股股东共同等额分享本期剩余利润，后者则表现为优先股股东有权按规定额度与普通股股东共同参与利润分配，超过规定额度部分的利润，归普通股所有。

不参加优先股是指不能参加剩余利润分配，只能取得固定股利的优先股。其特点是优先股股东对股份公司的税后利润，只有权分得固定股利，对取得固定股利后的剩余利润，无权参加分配。

4．可赎回优先股与不可赎回优先股

可赎回优先股又称可收回优先股，是指股份公司可以按一定价格收回的优先股股票。不可赎回优先股是指不能收回的优先股股票。

（二）优先股股东的权利

优先股的"优先"是相对普通股而言的，这种优先权主要表现在以下几个方面：

（1）优先分配股利权。公司的盈利在提取盈余公积之后应首先分配给优先股股东。

（2）优先分配剩余资产权。在公司进行清算时，在偿还负债之后的剩余财产的分配中，应优先向优先股股东分配。

（三）优先股筹资的优缺点

1．利用优先股筹资的优点

（1）没有固定到期日，不用偿还本金。

（2）股利支付既固定，又有一定弹性。

（3）有利于增强公司信誉。

2．利用优先股筹资的缺点

（1）筹资成本高。

（2）筹资限制多。

（3）财务负担重。

四、利用留存收益

（一）留存收益的性质

从性质上看，企业通过合法有效地经营所实现的税后净利润，都属于企业的所有者。企业将本年度的利润部分甚至全部留存下来的原因很多，主要包括：第一，收益的确认和计量是建立在权责发生制基础上的，企业有利润，但企业不一定有相应的现金净流量增加，因而企业不一定有足够的现金将利润全部或部分派给所有者。第二，法律、法规从保护债权人利益和要求企业可持续发展等角度出发，限制企业将利润全部分配出去。我国《公司法》规定，企业每年的税后利润，必须提取10％的法定盈余公积金。第三，企业基于自身扩大再生产和筹资的需求，也会将一部分利润留存下来。

（二）留存收益的筹资途径

1. 提取盈余公积金

盈余公积金是指有指定用途的留存净利润。盈余公积金是从当期企业净利润中提取的积累资金，其提取基数是本年度的净利润。盈余公积金主要用于企业未来的经营发展，经投资者审议后也可以用于转增股本（实收资本）和弥补以前年度经营亏损，但不得用于以后年度的对外利润分配。

2. 未分配利润

未分配利润是指未限定用途的留存净利润。未分配利润有两层含义：第一，这部分净利润本年没有分配给公司的股东和投资者；第二，这部分净利润未指定用途，可以用于企业未来的经营发展，转增资本（实收资本）、弥补以前年度的经营亏损及以后年度的利润分配。

（三）利用留存收益筹资的优缺点

1. 利用留存收益筹资的优点

（1）不用发生筹资费用。企业从外界筹集长期资本，与普通股筹资相比，留存收益筹资不需要发生筹资费用，资本成本较低。

（2）维持公司的控制权分布。利用留存收益筹资，不用对外发行新股或吸收新投资者，由此增加的权益资本不会改变公司的股权结构，不会稀释原有股东的控制权。

2. 利用留存收益筹资的缺点

其缺点是筹资数额有限。留存收益的最大数额是企业到期的净利润和以前年度未分配利润之和，不像外部筹资一次性可以筹集大量资金。如果企业发生亏损，那么当年就没有利润留存。另外，股东和投资者从自身期望出发，往往希望企业每年发放一定的利润，保持一定的利润分配比例。

任务五　资金成本和资本结构

任务描述

理解资金成本的含义和内容，能计算各种长期资本的个别资金成本率和综合资金成本率，并能合理预估风险，针对企业的实际情况做出合理的选择。

一、资金成本

（一）资金成本的含义及构成

1. 资金成本的含义

"世上没有免费的午餐"，企业从各种不同渠道取得资金，都是要付出代价的。所谓资金成本，就是指企业为筹集和使用资金而付出的代

资金成本的含义及
基本计算公式

价，也称资本成本。

2. 资金成本的构成

资金成本由筹资费用和用资费用两部分构成。

（1）筹资费用。筹资费用是指企业在筹措资金过程中为获取资金而付出的费用，如向银行支付的借款手续费，因发行股票、债券而支付的发行费用等。筹资费用通常是在筹措资金时一次性发生的，在用资过程中不再发生，扣除筹资费用后的筹资数额为筹资净额，即实际筹资金额。

（2）用资费用。用资费用是指企业在生产经营、投资过程中因使用资金而承付的费用，如向股东分配的股利、向债权人支付的借款利息或债券利息等。用资费用是资金成本的主要部分。

（二）资金成本的计算

1. 资金成本率的基本公式

资金成本可以用绝对数表示，也可以用相对数表示，但绝对数不利于不同资金规模的比较，所以，在企业筹资实务中，通常用相对数即资金成本率来表示资金成本的大小。一般而言，资金成本率主要包括个别资金成本率和综合资金成本率。资金成本率是企业用资费用与筹资净额之间的比率，通常用百分比来表示。资金成本率的基本计算公式为

$$资金成本率 = \frac{年用资费用}{筹资净额} \times 100\% = \frac{年用资费用}{筹资总额 - 筹资费用} \times 100\%$$

或

$$K = \frac{D}{P-F} \times 100\% = \frac{D}{P(1-f)} \times 100\%$$

式中：D——年用资费用；

$\quad\quad P$——筹资总额；

$\quad\quad F$——筹资费用；

$\quad\quad f$——筹资费用率。

提示：由于短期资金来源没有或只有很少资金成本，筹资决策中往往不予考虑，因此重点是计算长期资金的资金成本率。

2. 个别资金成本率的计算

个别资金成本率是指企业各种长期资本的成本率。具体包括以下内容：

1）银行借款的资金成本率

银行借款成本由借款利息和筹资费用构成。由于借款利息计入税前成本费用，可以起到抵税作用，因此，银行借款资金成本率的计算公式为

个别资金
成本率的计算

$$K_L = \frac{I(1-T)}{L(1-f)} \times 100\% = \frac{R(1-T)}{1-f} \times 100\%$$

式中：I——长期借款年利息；

$\quad\quad T$——所得税税率；

$\quad\quad L$——长期借款总额；

f——筹资费用率；

R——长期借款的年利率。

式中的分子就是税后利息，也就是企业实际负担的银行借款利息。

【例 3-6】 某企业取得长期借款 200 万元，年利率为 6%，期限 3 年，每年付息一次，到期一次还本。这笔借款的筹资费用率为 1%，企业所得税税率为 25%。则银行借款资金成本率计算如下：

$$K_L = \frac{6\% \times (1-25\%)}{1-1\%} \times 100\% = 4.55\%$$

2）债券的资金成本率

债券成本由债券利息和筹资费用构成。由于债券可以按面值发行，也可以折价或溢价发行，无论以何种价格发行，其年利息均按面值乘以票面利率确定，其筹资总额均按发行价格计算。债券资金成本率的计算公式为

$$K_b = \frac{I(1-T)}{B(1-f)} \times 100\%$$

式中：I——债券年利息；

T——所得税税率；

B——债券筹资总额；

f——筹资费用率。

【例 3-7】 某公司发行面额为 500 万元的债券 800 张，以 510 万元的价格发行，票面利率为 12%，发行费用占发行价格的 5%，公司所得税税率为 25%。则该债券资金成本率计算如下：

$$K_b = \frac{500 \times 12\% \times (1-25\%)}{510 \times (1-5\%)} \times 100\% = 9.29\%$$

3）优先股资金成本率

优先股成本的计算与借款、债券不同的是，股利在税后利润中支付，不能抵减所得税，故优先股资金成本率的计算公式为

$$K_P = \frac{D}{P(1-f)} \times 100\%$$

式中：D——优先股年利息；

P——优先股筹资总额；

f——筹资费用率。

【例 3-8】 某公司发行优先股，面值总额为 100 万元，发行总额为 125 万元，筹资费用率为 6%，每年支付 8% 的股利。则优先股资金成本率计算如下：

$$K_P = \frac{100 \times 8\%}{125 \times (1-6\%)} \times 100\% = 6.81\%$$

4）普通股资金成本率

普通股资金成本包括筹资费用和向股东支付的股利。下面介绍两种常用的普通股资金成本率计算方法。

（1）股利增长模型法。如果公司每年的股利按一个固定的比率增长，则普通股资金成

本率的计算公式为

$$K_S = \frac{D_1}{P_0(1-f)} + g$$

式中：D_1——第一年的预计股利；

P_0——普通股筹资总额，按发行价计算；

f——筹资费用率；

g——股利的预计年增长率。

【例 3-9】　某公司发行普通股 8 000 万元，筹资费用率为 5%，最近一年股利率为 10%，以后每年增长 2%。则普通股资金成本率计算如下：

$$K_S = \frac{8\,000 \times 10\%}{8\,000 \times (1-5\%)} + 2\% = 12.53\%$$

（2）资本资产定价模型法。资本资产定价模型法实质上是一种将股东预期的投资报酬率作为股票资金成本的方法。股东的预期投资报酬率可以分为无风险投资报酬率和风险投资报酬率两部分。其计算公式为

$$K_S = R_c = R_f + \beta(R_m - R_f)$$

式中：R_c——股票预期投资报酬率；

R_f——无风险投资报酬率；

R_m——股票市场平均的必要报酬率；

β——某种股票风险程度的系数。

【例 3-10】　某公司股票的风险系数 β 为 1.5，无风险报酬率为 6%，股票市场的平均必要报酬率为 12%，则普通股资金成本率计算如下：

$$K_S = 6\% + 1.5 \times (12\% - 6\%) = 15\%$$

5）留存收益资金成本率

公司的留存收益是由公司税后利润形成的，它属于普通股股东。普通股股东同意将其留在公司而不作为股利发放，要求与普通股等价的报酬。因此，留存收益的资金成本率与普通股资金成本率相同，不同点在于企业利用留存收益筹资不产生筹资费用。因此，留存收益资金成本率计算公式为

$$K_R = \frac{D_1}{P_0} + g$$

式中，符号含义与普通股资金成本率的计算公式相同。

【例 3-11】　某公司留存收益资金额为 100 万元，最近一年的普通股股利率为 10%，预计以后每年增长 5%。则该公司的留存收益资金成本率计算如下：

$$K_R = \frac{100 \times 10\%}{100} + 5\% = 15\%$$

3. 综合资金成本率的计算

综合资金成本率是以各种资金占全部资金的比重为权数，对个别资金成本率进行加权平均确定的，所以也称加权平均资金成本率。在实际工作中，受多种因素的制约，企业不可能采用单一的筹资方式，而往往需要通过多种方式筹集所需资金。因此，就需要计算确定企业长期资金的总成本——综合资金成本率。综合资金成本率的计算公式为

$$K_w = \sum_{j=1}^{n} k_j w_j$$

式中：K_w——综合资金成本率，即加权平均资金成本率；

k_j——第 j 种个别资金成本率；

w_j——第 j 种个别资金占全部资金的比重，即权重。

【例 3 - 12】 长征公司预计筹集资金 1 000 万元，计划筹集长期借款 150 万元、债券 200 万元、优先股和普通股各 200 万元、留存收益 250 万元，其资金成本率分别为 5％、6％、10％、18％、15％。则该公司的综合资金成本率为多少？

该公司的综合资金成本率可分两步计算：

（1）计算各种资金占全部资金的比重

长期借款所占比重 $w_1 = \dfrac{150}{1\,000} \times 100\% = 15\%$

债券所占比重 $w_2 = \dfrac{200}{1\,000} \times 100\% = 20\%$

优先股和普通股各自所占比重 $w_3 = \dfrac{200}{1\,000} \times 100\% = 20\%$

留存收益所占比重 $w_4 = \dfrac{250}{1\,000} \times 100\% = 25\%$

（2）计算综合资金成本率：

$$
\begin{aligned}
K_w &= \sum_{j=1}^{n} k_j w_j \\
&= 5\% \times 15\% + 6\% \times 20\% + 10\% \times 20\% + 18\% \times 20\% + 15\% \times 25\% \\
&= 0.75\% + 1.2\% + 2\% + 3.6\% + 3.75\% = 11.3\%
\end{aligned}
$$

二、杠杆效应

财务管理中存在着类似于物理学中的杠杆效应，即由于特定固定支出或费用的存在，导致当某一财务变量以较小幅度变动时，另一相关变量会以较大幅度变动。财务管理中的杠杆效应，包括经营杠杆、财务杠杆和总杠杆共三种效应形式。杠杆效应既可以产生杠杆利益，也可能带来杠杆风险，因而，企业在利用杠杆效应时需做好风险防范。

（一）经营杠杆效应

1. 经营杠杆的含义

经营杠杆又称营业杠杆，是指由于固定性经营成本的存在，而使企业的息税前利润变动率大于产销业务量变动率的现象。经营杠杆反映了息税前利润的波动性，用以评价企业的经营风险。息税前利润计算公式为

$$\text{EBIT} = S - V - F = (P - v) \times Q - F = M - F$$

式中：EBIT——基期息税前利润；

S——销售额；

V——变动性经营成本；

F——固定性经营成本；

P——销售单价；

v——单位产品变动性经营成本；

Q——产（销）业务量；

M——边际贡献。

影响息税前利润的因素包括产品销售量、产品销售价格、产品成本等因素。产品成本存在着固定成本，如果其他条件不变，产销业务量的增加不会改变固定成本总额，但会降低单位产品分摊的固定成本，从而提高单位产品利润，使息税前利润的增长率大于产销业务量的增长率，进而产生经营杠杆效应。

2. 经营杠杆系数

企业存在固定性经营成本，就会产生经营杠杆效应。不同的产销业务量，其经营杠杆效应的大小程度是不一样的。经营杠杆系数用于测算经营杠杆效应程度，它是息税前利润变动率与产销业务量变动率的比。其计算公式为

$$DOL=\frac{息税前利润变动率}{销售变动率}=\frac{\Delta EBIT/EBIT}{\Delta S/S}$$

式中：DOL——经营杠杆系数；

$\Delta EBIT$——息税前利润变动额；

EBIT——基期息税前利润；

ΔS——销售额变动值；

S——基期销售额。

上式经整理，经营杠杆系数的计算也可以简化为

$$DOL=\frac{基期边际贡献}{基期息税前利润}=\frac{S-V}{S-V-F}=\frac{M}{EBIT}$$

式中：DOL——经营杠杆系数；

S——基期销售额；

V——变动性经营成本；

F——固定性经营成本；

M——基期边际贡献；

EBIT——基期息税前利润。

【例 3 - 13】 长征公司产销的某种产品，生产能力 1 000～5 000 件。固定成本 50 万元，售价 1 000 元。单位产品变动成本 600 元，目前年产销量 2 000 件，计划产量增加 2 200 件，试计算计划期息税前利润和经营杠杆系数。

计划期的息税前利润＝2 200×（1 000－600）－500 000＝380 000（元）

基期的息税前利润＝2 000×（1 000－600）－500 000＝300 000（元）

$$DOL=\frac{(380\ 000-300\ 000)/300\ 000}{(2\ 200-2\ 000)/2\ 000}=2.67$$

【例 3 - 14】 长征公司的产品销量为 40 000 件，单位产品售价为 1 000 元，营业收入总额为 4 000 万元，固定成本总额为 800 万元，单位产品变动成本为 600 元，变动成本率为 60%，变动成本总额为 2 400 万元。该公司经营杠杆系数为多少？

边际贡献＝40 000×（1 000－600）＝16 000 000（元）

$$息税前利润＝16\ 000\ 000－8\ 000\ 000＝8\ 000\ 000（元）$$

$$DOL=\frac{16\ 000\ 000}{8\ 000\ 000}=2$$

计算结果表明，当公司营业收入增长 1 倍时，息税前利润将增长 2 倍；反之，当公司营业收入下降 1 倍时，息税前利润将下降 2 倍。

3. 经营杠杆与经营风险

经营风险是指与企业经营有关的风险，尤其是指企业在经营活动中利用经营杠杆而导致的息税前利润下降的风险。引起企业经营风险的主要原因是市场需求和生产成本等因素的不确定性。经营杠杆系数越大，表明企业的经营风险就越大；经营杠杆系数越小，企业的经营风险也越小。

（二）财务杠杆效应

1. 财务杠杆的含义

财务杠杆又称融资杠杆，是指由于企业债务资本中固定费用的存在而导致的普通股每股收益变动率大于息税前利润变动率的现象。不论企业营业利润是多少，债务的利息和优先股的股利通常是固定不变的。当息税前利润增大时，每 1 元盈余所负担的固定财务费用就会相对减少，这给普通股股东带来额外的收益；反之，当息税前利润降低时，每 1 元盈余所负担的固定财务费用会相对增加，这就会大幅度减少普通股盈余。这就是财务杠杆效应。财务杠杆反映了每股收益的波动性，用以评价企业的财务风险。

2. 财务杠杆系数

企业存在固定利息、固定股利、固定融资租赁费用，就会产生财务杠杆效应。不同的息税前利润水平，对固定的资本成本的承受负担是不一样的，其财务杠杆效应的大小程度也是不一致的。财务杠杆系数用于测算财务杠杆效应程度，它是每股收益变动率与息税前利润变动率的比。其计算公式为

$$DFL=\frac{普通股每股收益变动率}{息税前利润变动率}=\frac{\Delta EPS/EPS}{\Delta EBIT/EBIT}$$

式中：DFL——经营杠杆系数；

ΔEPS——普通股每股收益变动额；

EPS——基期每股收益；

$\Delta EBIT$——息税前利润变动额；

EBIT——基期息税前利润。

上式经整理，财务杠杆系数的计算公式也可以简化为

$$DFL=\frac{息税前利润}{息税前利润－利息}=\frac{EBIT}{EBIT-I}$$

式中：I——利息。

在有优先股的情况下，由于其股利通常也是固定的，且应以税后利润支付。此时，其公式改写为以下形式：

$$DFL=\frac{EBIT}{EBIT-I-D/(1-T)}$$

式中：D——优先股股利；

　　　T——所得税税率。

【例 3-15】 长征公司年度利息费用为 600 万元，优先股的股利为 150 万元，所得税税率为 25%。假设当年的息税前利润为 2 000 万元，该公司的财务杠杆系数为多少？

$$DFL = \frac{2\,000}{2\,000 - 600 - 150/(1-25\%)} = 1.67$$

计算结果表明，当该公司息税前利润增长 1 倍时，普通股每股收益将增长 1.67 倍；反之，当息税前利润下降 1 倍时，普通股每股收益会下降 1.67 倍。

3. 财务杠杆与财务风险

财务风险是指企业经营活动中与筹资有关的风险，尤其是指在筹资活动中利用财务杠杆可能导致企业每股收益下降的风险。引起企业财务风险的主要原因是息税前利润的不利变化和资本成本的固定负担。由于财务杠杆的作用，当企业的息税前利润下降时，企业仍然需要支付固定的资本成本，导致普通股剩余收益以更快的速度下降。财务杠杆系数越大，表明企业的财务风险越大；财务杠杆系数越小，表明企业的财务风险越小。

（三）总杠杆效应

1. 总杠杆的含义

总杠杆又称复合杠杆，是指由于固定性经营成本和固定资本成本的存在，导致每股收益的变动率大于产销业务量的变动率的现象，即财务杠杆和经营杠杆综合发挥作用，使企业获得一定的杠杆利益，同时也承受经营风险和财务风险。

2. 总杠杆系数

由于企业同时存在固定性经营成本和固定性资本成本，产销量变动通过息税前利润的变动传导至每股收益，使每股收益发生更大的变动。总杠杆系数用于衡量产销量变动对每股收益的影响，它是经营杠杆系数和财务杠杆系数的乘积，是每股收益变动率与产销业务量变动率的比。其计算公式为

$$DTL = \frac{每股收益变动率}{产销业务量变动率} = \frac{\Delta EPS/EPS}{\Delta Q/Q}$$

或

$$DTL = \frac{\Delta EPS/EPS}{\Delta S/S}$$

式中：DTL——总杠杆系数；

　　　ΔEPS——每股收益变动额；

　　　EPS——基期每股收益；

　　　ΔQ——产销业务量变动值；

　　　Q——基期产销业务量。

注：对于非股份有限公司，可用净利润变动率代替每股收益率。

总杠杆系数的计算也可以简化为

$$DTL = \frac{边际贡献}{息税前利润 - 利息} = \frac{M}{EBIT - I}$$

式中符号含义与前面相同。

注：如果企业发行了优先股，则应在分母中扣除税前优先股股利。

总杠杆系数与经营杠杆系数、财务杠杆系数之间的关系可用以下等式表示：

$$DTL = DOL \cdot DFL$$

【例 3-16】 长征公司只生产一种产品，产量为 20 000 件，单价为 10 元，固定成本为 40 000 元，单位变动成本为 6 元。负债利息费用为 10 000 元，优先股股利为 12 000 元，所得税税率为 25%，试计算该公司的总杠杆系数。

$$DTL = \frac{20\ 000 \times (10-6)}{20\ 000 \times (10-6) - 40\ 000 - 10\ 000 - 12\ 000/(1-25\%)} = 5.71$$

计算结果表明，当该公司营业收入增长 1 倍时，普通股每股收益将增长 5.71 倍；反之，当营业收入下降 1 倍时，普通股每股收益将下降 5.71 倍。

3. 总杠杆与企业风险

企业风险包括企业的经营风险和财务风险。总杠杆系数反映了经营杠杆和财务杠杆之间的关系，用以评价企业的整体风险水平。总杠杆系数越大，表明企业整体风险越大；总杠杆系数越小，表明企业整体风险也越小。

★ 思考与讨论：为什么说财务管理中杠杆作用是一把双刃剑？

三、资本结构决策

(一) 资本结构的概念

资本结构是指企业各种资金的构成及其比例关系，是企业筹资决策的核心问题。企业应综合考虑有关影响因素，运用适当的方法确定最佳资本结构，并在以后追加筹资中继续保持。

企业资本结构是由企业采用的各种筹资方式筹集资金而形成的，各种筹资方式的不同组合类型决定着企业资本结构及其变化。企业采用各种方式筹集的资金，总的来看可分为负债资金和权益资金两类，因此，资本结构决策主要是确定负债资金的比例，即确定负债资金在企业全部资金中所占的比重。

(二) 最佳资本结构

最佳资本结构是指企业在一定时期内，使综合资本成本最低、企业价值最大时的资本结构。其判断标准有三个：

(1) 有利于最大限度地增加所有者财富，能使企业价值最大化；

(2) 企业综合资本成本最低；

(3) 资产保持适宜的流动，并使资本结构具有弹性。

(三) 资本结构决策的方法

资本结构决策的方法主要有比较资本成本法和每股收益分析法。

1. 比较资本成本法

比较资本成本法是指计算不同资本组合的综合资本成本，并以其中资本成本最低的组合为最佳的一种方法。它将资本成本的高低作为确定最佳资本结构的唯一标准。其分析过程为：第一步，确定不同筹资方案的资本结构；第二步，计算不同方案的资本成本；第三步，选择资本成本最低的资本组合，即最佳资本结构。

【例 3-17】 某企业拟筹资组建一分公司，投资总额为 500 万元，有三个方案可供选择。其资本结构分别是，甲方案：长期借款 50 万元，债券 100 万元，普通股 350 万元；乙方案：长期借款 100 万元，债券 150 万元，普通股 250 万元；丙方案：长期借款 150 万元，债券 200 万元，普通股 150 万元。三种筹资方式所对应的资本成本分别为 6%、10%、15%。试分析何种方案资本结构最佳。

首先，计算各方案的综合资本成本：

甲方案的综合资本成本 $K_{甲} = \dfrac{50}{500} \times 6\% + \dfrac{100}{500} \times 10\% + \dfrac{350}{500} \times 15\% = 13.10\%$

乙方案的综合资本成本 $K_{乙} = \dfrac{100}{500} \times 6\% + \dfrac{150}{500} \times 10\% + \dfrac{250}{500} \times 15\% = 11.70\%$

丙方案的综合资本成本 $K_{丙} = \dfrac{150}{500} \times 6\% + \dfrac{200}{500} \times 10\% + \dfrac{150}{500} \times 15\% = 10.30\%$

其次，根据计算结果，进行对比：由计算结果可知 $K_{甲} > K_{乙} > K_{丙}$，即丙方案资金综合资本成本最低，故丙方案资本结构最佳。

2. 每股收益分析法

每股收益分析法通过分析资本结构与每股收益之间的关系，进而确定合理的资本结构。一般来说，能提高每股收益的资本结构是合理的；反之则不够合理。每股收益受到经营利润水平、债务资本成本水平等因素的影响。分析每股收益与资本结构之间的关系，可以找到每股收益无差别点。每股收益无差别点是指每股收益不受筹资方式影响的息税前利润水平，或者说是使不同的资本结构每股收益相等的息税前利润水平。

每股收益分析法

每股收益的计算公式为

$$EPS = \frac{(EBIT - I)(1 - T) - D}{N}$$

式中：EPS——每股收益；

EBIT——基期息税前利润；

I——债务利息；

T——所得税税率；

D——优先股股利；

N——发行在外的普通股股数。

在每股收益无差别点上，无论采取负债筹资，还是采取股权筹资，每股收益都是相等的。若以 1 代表负债筹资，以 2 代表股权筹资，则有

$$EPS_1 = EPS_2$$

或

$$\frac{(EBIT - I_1)(1 - T) - D}{N_1} = \frac{(EBIT - I_2)(1 - T) - D}{N_2}$$

式中：EBIT——每股收益无差别点的息税前利润；

I_1、I_2——两种筹资方式下的年利息；

N_1、N_2——两种筹资方式下的流通在外的普通股股数。

当预期的息税前利润大于无差别点息税前利润时，应选择负债筹资方式；当预期的息税前利润小于无差别点息税前利润时，应选择股权筹资方式，如图 3-1 所示。

【例 3-18】 某公司准备筹集新资金 400 万元以扩大生产规模。筹集新资金的方式有增发普通股和举借长期借款两种选择。若增发普通股，则计划以每股 10 元的价格增发40 万股；若采用长期借款，则以 10% 的年利率借入 400 万元。已知该公司现有资产总额为 2 000 万元，负债比率为40%，年利率 8%，普通股 100 万股，假定增加资金后预期息税前利润为 500 万元，所得税税率为 25%，采用每股收益分析法计算分析应选择何种筹资方式。

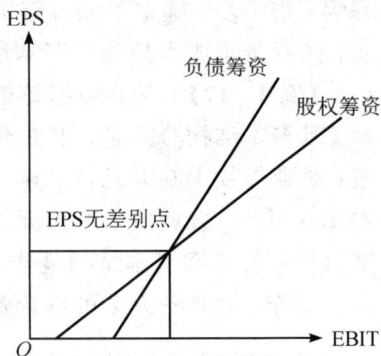

方法一：计算每股收益无差别点。根据资料计算如下：

$$\frac{(EBIT-2\,000\times40\%\times8\%)(1-25\%)}{100+40}=\frac{(EBIT-2\,000\times40\%\times8\%-400\times10\%)(1-25\%)}{100}$$

得： $$EBIT=204（万元）$$

将该结果代入无差别点的每股收益的计算公式，可得：

$$EPS_1=EPS_2=0.75（万元）$$

因为预期息税前利润为 500 万元，大于无差别点息税前利润 204 万元，所以，该公司应选择采用负债方式筹集新资金。

方法二：计算预计增资后的每股收益，如表 3-5 所示，并选择每股收益高的筹资方式。

表 3-5 预计增资后的每股收益 单位：万元

项 目	增 发 股 票	增加长期借款
预期息税前利润（EBIT）	500	500
减：利息	64	104
税前利润	436	396
减：所得税	109	99
税后利润	327	297
普通股股数（万股）	140	100
每股收益（EPS）	2.34	2.97

由表 3-5 可知，预期息税前利润为 500 万元时，增加长期借款的每股收益 2.97 元比增发股票的每股收益 2.34 元高，故应选择负债方式筹集新资金。

由此得出结论：当息税前利润等于 204 万元时，采用负债筹资或股权筹资均可，这是因为此时其每股收益无差别，均为 0.75 元；当息税前利润小于 204 万元时，应采用股权筹资；当息税前利润大于 204 万元时，应采用负债筹资。

资本结构决策是企业财务决策中一项比较复杂的内容。本节两种方法都直接以加权平均成本高低，或者以每股收益的大小为依据，虽然集中地考虑了资本成本与财务杠杆利益，

EPS

负债筹资

股权筹资

EPS无差别点

O　　　　　　　　　EBIT

图 3-1 每股收益无差别点分析图

但不够全面，比如没有考虑资本结构弹性、财务风险大小及其相关成本等因素。因此，企业在进行资本结构决策时，要权衡利弊，统筹安排，并最终合理地选择筹资方案。

拓展阅读

绿城中国左手拿地右手融资

2月18日，2022年北京首轮集中供地拍卖收官。根据土拍信息，这轮土拍的买家以央企和国企地产公司为主。值得注意的是，绿城中国相继以43.47亿元、40.17亿元、14.76亿元入手朝阳区崔各庄地块、石景山刘娘府地块、亦庄新城地块，总竞拍价款达98.4亿元。2021年，加上代建项目，绿城中国总合同销售金额约3 509亿元，同比增长21%；新增货值超3 000亿元，位列中指院新增货值榜第4名。

绿城大手笔拿地，源于其大举融资借款。2月18日消息，绿城中国在港交所公告，拟发行1.5亿美元4.7%的额外优先票据用于现有债务再融资。据统计，2019年至2021年上半年，绿城中国累计融资现金净流入911亿元。获准发行105亿公司债，利率3.28%。2月18日，绿城房地产集团发布2022年面向专业投资者公开发行公司债券（第一期）票面利率公告。

此前公告显示，绿城房地产集团获准公开发行105亿元的公司债券。据公告，本次绿城房地产集团拟发行10亿元公司债券，发行期限为5年，并附第3年末发行人调整票面利率选择权及投资者回售选择权。公告显示，上述债券的票面利率为3.28%。此外，近日绿城中国公告称，赎回了5亿美元的永续债。而在此前2021年12月，绿城中国也曾公告称，赎回2021年可赎回的5亿美元非上市永续债。绿城中国是永续债大户。高昂的永续债和历史原因造成的减值准备，一直是绿城的痛点。数据显示，截至2021年上半年末，其永续债规模达185.37亿元。

从会计处理角度，永续债被计入所有者权益，不会增加其负债规模。在中交系入主绿城前，这有利于其调整负债指标。然而，相较于其他融资工具，永续债融资成本高昂，持续侵蚀绿城的利润空间。数据显示，2021年上半年，绿城中国永续债的加权平均利率为6.60%，而同期其总借贷加权平均利息成本为4.6%。2021年上半年，绿城中国归母净利润17.69亿元，而同期有关永续债的分派利润为6.5亿元。

财报数据显示，绿城中国经营净现金流持续为负。2021年上半年，绿城录得经营现金流净额−70.03亿元。此外，2019年度、2020年度，绿城中国经营现金流净额亦均为负数，分别为−81.76亿元、−31.04亿元。据此计算，2019年以来，绿城经营活动现金净流出高达182.83亿元。而投资净现金流也持续为负，2019、2020、2021年上半年，绿城投资现金流净额分别为−210.26亿元、−118.86亿元、−267.18亿元。

那么，钱从哪来？答案是大举融资。2021年上半年，绿城筹资现金流净额307.42亿元，2019年至2021年上半年累计融资现金净流入911亿元。

2022年年初，绿城仍在大手笔融资。2022年1月3日，绿城中国披露2022年度第一期中期票据发行文件，注册金额40亿元，拟发行金额不超过26亿元。这26亿元票据，其中15亿元用于偿还债务。

2022年1月28日，绿城中国再次发布公告，发行2025年到期的4亿美元增信债券，年利率2.3%。

整个2022年1月，绿城中国发行信用债26亿元、境外债25.3亿元，合计51.3亿元。根据中指研究院统计，绿城 2022 年 1 月融资总额为所有主要房企中最高的，超过碧桂园、中海等。

近几年房地产企业的现状是行业规模筑顶，增速放缓，2022 年大概率负增长。在国家坚持"房住不炒"、维持房价平稳的调控基调的同时，地产去金融化，行业规模将从高位下滑，行业将持续出清，市场集中度将逐步加大。绿城中国作为老牌房地产企业在继续领跑行业的同时，也应在经营发展过程中保持谨慎态度，密切关注市场动态和政策变化，并制定合理的筹资、投资和经营策略，努力降低融资成本，把控好资产负债率，降低财务风险和经营风险，助力企业更好地适应行业的变化和发展。

思政启示：

合理筹措资金，对于企业来说，是一件关乎生死存亡的大事。无论在创立阶段还是后续发展阶段，资金对于企业，就是源源不断的"血液"。而不同的筹资方式，其实就是各种类型的"输血站"。因此，在不同的阶段，利用不同的手段，为企业的生产经营提供适量和成本合理的资金来源，对于每一位财务工作者来说，都是一项非常重要的工作。对企业来说，找到适合自己的筹资方式，才能发展好企业；对国家来说，能为中小企业发展解决融资方面的困难，才能发展好经济。所以，作为财会专业学生，不仅要学会相关的概念和计算方法，更要将其融入将来的学习和工作中去，努力化解企业的筹资困难，为企业的生产经营所需提供坚实的资金准备，并合理规划资金的使用，最终实现企业价值的最大化，达到财务管理的目标。

项 目 小 结

本项目主要介绍了包括负债筹资、股权筹资、资金成本、杠杆效应及资本结构在内的筹资管理的有关内容。

筹集资金也称企业融资，是指企业根据其生产经营、对外投资及调整资本结构等活动对资金的需要，向企业外部有关单位或个人以及企业内部，通过一定的渠道，采取适当的方式，获取所需资金的一种行为。按所筹资金性质不同，资金可分为权益资金和负债资金，合理安排权益资金与负债资金的比例关系是企业筹资管理的核心。权益资金是供企业长期使用的资金，主要筹集方式有吸收直接投资、发行股票和利用留存收益等。负债资金的筹集方式主要有短期借款、长期借款、商业信用、发行债券和融资租赁等。

合理筹集资金的前提是科学地预测资金需要量，资金需要量的预测通常采用定性与定量两类方法。预测资金需要量的基本方法有销售百分比法和因素分析法。

资金成本是指企业筹集和使用资金而付出的代价，包括使用费用和筹集费用两部分。个别资金成本包括债券成本、银行借款成本、优先股成本、普通股成本和留存收益成本。综合资金成本是以个别资金所占的比重为权数，对个别资金成本进行加权平均计算出来的资金成本，它是判断资本结构优劣的一个重要参考指标。

杠杆效应，即由于特定固定支出或费用的存在，导致当某一财务变量以较小幅度变动时，另一相关变量会以较大幅度变动。财务管理中的杠杆效应，包括经营杠杆、财务杠杆和总杠杆共三种效应形式。经营杠杆是指由于固定性经营成本的存在，而使得企业的息税前利润变动率大于产销业务量变动率的现象。它用以评价企业的经营风险。财务杠杆是指由于企业债务资本中固定费用的存在而导致的普通股每股收益变动率大于息税前利润变动率的现象。它用以评价企业的财务风险。总杠杆是指由于固定性经营成本和固定资本成本的存在，导致每股收益的变动率大于产销业务量的变动率的现象。它用以评价企业的整体风险。

资本结构决策的方法主要有比较资本成本法和每股收益分析法。

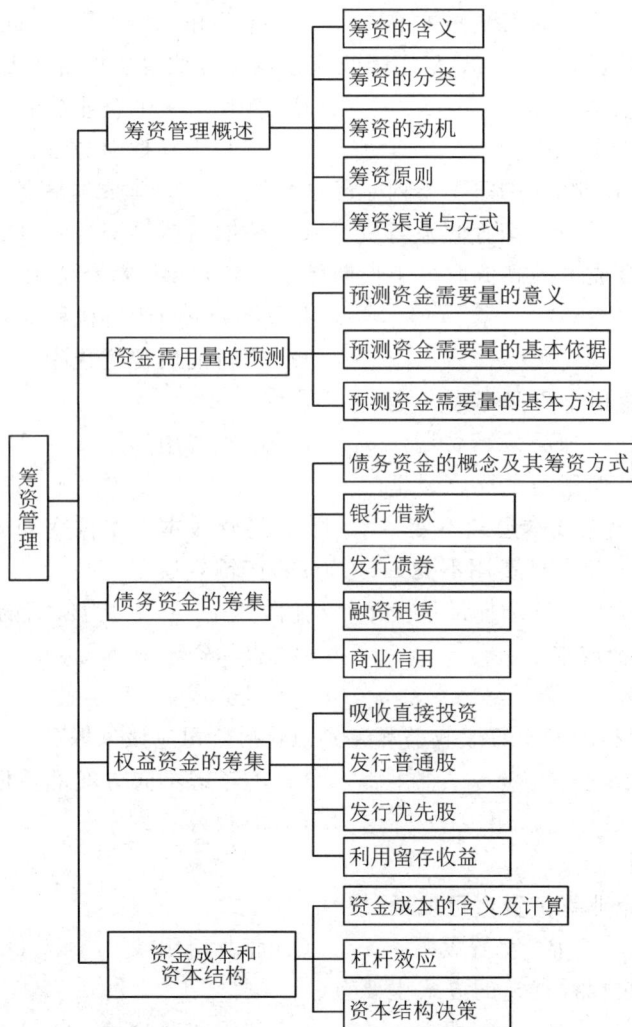

知识结构图

- 筹资管理概述
  - 筹资的含义
  - 筹资的分类
  - 筹资的动机
  - 筹资原则
  - 筹资渠道与方式
- 资金需用量的预测
  - 预测资金需要量的意义
  - 预测资金需要量的基本依据
  - 预测资金需要量的基本方法
- 债务资金的筹集
  - 债务资金的概念及其筹资方式
  - 银行借款
  - 发行债券
  - 融资租赁
  - 商业信用
- 权益资金的筹集
  - 吸收直接投资
  - 发行普通股
  - 发行优先股
  - 利用留存收益
- 资金成本和资本结构
  - 资金成本的含义及计算
  - 杠杆效应
  - 资本结构决策

项 目 训 练

一、单项选择题

1. 利用商业信用筹集的资金属于（　　）资金。

A. 权益 　　　　B. 债务 　　　　C. 风险小 　　　　D. 成本高

2. 下列各项中，能够引起企业自有资金增加的筹资方式是（　　）。

A. 吸收直接投资 　　　　　　　　B. 发行公司债券

C. 利用商业信用 　　　　　　　　D. 留存收益转增资本

3. 相对于银行借款筹资而言，股权筹资的特点是（　　）。

A. 筹资速度快 　　B. 筹资成本高 　　C. 弹性好 　　　　D. 财务风险大

4. 相对于负债筹资方式而言，采用吸收直接投资方式筹资的优点是（　　）。

A. 有利于降低资本成本 　　　　　　B. 有利于集中企业控制权

C. 有利于降低财务风险 　　　　　　D. 有利于发挥财务杠杆

5. 在不考虑筹款限制的前提下，下列筹资方式中，个别资本成本最高的通常是（　　）。

A. 发行普通股 　　B. 留存收益筹资 　　C. 长期借款筹资 　　D. 发行公司债券

6. 长期借款资金成本的高低取决于长期借款的年利率、筹资费用和（　　）。

A. 借款时间 　　　　　　　　　　　B. 借款人的所得税税率

C. 借款总额 　　　　　　　　　　　D. 银行的所得税税率

7. 计算权益资金成本不必考虑的是（　　）。

A. 所得税税率 　　B. 发行费用 　　C. 用资费用 　　　D. 筹资方式

8. 产生经营杠杆作用的主要原因是（　　）。

A. 经营成本中固定成本总额不变 　　B. 经营成本中单位变动成本不变

C. 资本结构中债务利息费用不变 　　D. 产销规模不变

9. 企业以资本成本最低选择最佳资本结构时，是以（　　）为依据的。

A. 加权平均资金成本 　　　　　　　B. 边际资金成本

C. 个别资金成本 　　　　　　　　　D. 机会成本

10. 如果息税前利润大于每股收益无差别点，则公司应该采取（　　）增加筹资。

A. 负债较少方案 　　　　　　　　　B. 不考虑不同方案的负债比例

C. 负债筹资方案 　　　　　　　　　D. 股权筹资方案

二、多项选择题

1. 企业向其他企业筹集资金可以通过（　　）方式。

A. 发行债券 　　B. 发行股票 　　C. 商业信用 　　　D. 未分配利润

2. 目前我国筹集权益资金的方式主要有（　　）。

A. 吸收直接投资 　　B. 发行股票 　　C. 利用留存收益 　　D. 商业信用

3. 在下列筹资方式中，存在财务杠杆作用的有（　　）。

A. 吸收直接投资 　　B. 发行债券 　　C. 发行优先股 　　D. 发行普通股

4. 对公司而言，发行股权筹资的优点有（　　）。

A. 增强公司的偿债能力 　　　　　　　B. 降低公司经营风险

C. 降低公司资金成本 　　　　　　　D. 降低公司财务风险

5. 债务资金成本计算需要考虑的因素有（　　　）。

A. 负债筹资总额 　　B. 筹资费用 　　C. 利息率 　　　D. 所得税税率

6. 在计算个别资金成本时，需要考虑所得税抵减作用的筹资方式有（　　　）。

A. 银行借款 　　　B. 长期债券 　　C. 留存收益 　　　D. 普通股

7. 影响公司加权平均资金成本的因素有（　　　）。

A. 资金结构 　　　　　　　　　　B. 个别资金成本高低

C. 筹集资金总额 　　　　　　　　D. 筹资期限长短

8. 下列各项中，将会导致经营杠杆系数提高的情况有（　　　）。

A. 提高销售额 　　　　　　　　　B. 增加固定成本比重

C. 降低单位变动成本 　　　　　　D. 降低产品销量

9. 下列各项中，影响财务杠杆系数的因素有（　　　）。

A. 息税前利润 　　　B. 变动成本 　　C. 固定成本 　　　D. 财务费用

10. 利用每股收益无差别点进行企业资金结构分析时，以下说法正确的有（　　　）。

A. 当预计息税前利润等于每股收益无差别点时，采用股权筹资方式和采用负债筹资方式的报酬率相同

B. 当预计息税前利润高于每股收益无差别点时，采用负债筹资方式比采用股权筹资方式有利

C. 当预计息税前利润低于每股收益无差别点时，采用股权筹资方式比采用负债筹资方式有利

D. 当预计息税前利润低于每股收益无差别点时，采用负债筹资方式比采用股权筹资方式有利

三、判断题

1. 吸收直接投资能尽快开始生产。　　　　　　　　　　　　　　　　　（　　　）

2. 债券的发行价格受诸多因素的影响，其中主要是票面利率与市场利率的一致程度。　　　　　　　　　　　　　　　　　　　　　　　　　　　　　　　　（　　　）

3. 优先股的股息固定，因此优先股筹资属于负债筹资。　　　　　　　　（　　　）

4. 筹资费用属于一次性费用，其降低或提高不会改变资金成本的大小。　（　　　）

5. 留存收益筹资不会发生费用，因此留存收益资金成本为零。　　　　　（　　　）

6. 在个别资本成本一定的情况下，企业加权平均资本成本的高低取决于资金总额。　　　　　　　　　　　　　　　　　　　　　　　　　　　　　　　　　（　　　）

7. 在其他因素不变的情况下，固定成本越大，经营杠杆系数也就越大，经营风险则越大。　　　　　　　　　　　　　　　　　　　　　　　　　　　　　　（　　　）

8. 如果企业的债务资金为零，那么财务杠杆系数必等于1。　　　　　　（　　　）

9. 总杠杆系数等于经营杠杆系数与财务杠杆系数之和。　　　　　　　　（　　　）

10. 最佳资本结构是使企业筹资能力最强、财务风险最小的资本结构。　（　　　）

四、计算题

1. 某公司为一个新投资项目筹措资金，拟发行票面价值1 000元，利率10%，期限6

年的债券，每年年末付息一次。若市场利率分别为8％、10％和12％，该债券的发行价格应该分别为多少？

2. 某企业按(2/10，n/30)条件购入一批货物，即企业如果在10天内付款，可享受2％的现金折扣，倘若企业放弃现金折扣，货款应在30天内付清。

要求：

(1) 计算企业放弃该项现金折扣的机会成本。

(2) 若企业准备放弃折扣，将付款日期推迟到50天，计算放弃现金折扣的机会成本。

(3) 若另一家供应商提出(1/20，n/30)的信用条件。计算放弃折扣的机会成本，若企业准备享受现金折扣，选择哪一家供应商有利？

3. 某企业发行债券、优先股、普通股筹集资金。发行债券500万元，票面利率8％，筹资费用率2％；优先股200万元，年股利率12％，筹资费用率5％；普通股300万元，筹资费用率7％，预计下年度股利率14％，并以每年4％的速度递增。若企业适用的所得税税率为25％。试计算个别资金成本和加权平均资金成本。

4. 某公司2022年销售产品10万件，单价50元，单位变动成本30元，固定成本总额100万元。公司负债60万元，年利息率为12％，且每年支付优先股股利10万元。所得税税率为25％。

要求：

(1) 计算该公司的经营杠杆系数。

(2) 计算该公司的财务杠杆系数。

(3) 计算该公司的总杠杆系数。

5. 某公司已发行在外普通股100万股(每股1元)，已发行10％利率的债券400万元，该公司打算为一个新的投资项目融资500万元，新项目投产后公司每年息税前利润增加到200万元。现有两个方案可供选择：按12％的利率发行债券(方案1)；按每股20元发行新股(方案2)。公司适用的所得税税率为25％。

要求：

(1) 计算两个方案的每股利润无差别点。

(2) 判断哪个方案更好。

项目四　投 资 管 理

○ **素质目标**

1. 树立正确的投资理念；
2. 具备良好的法制意识；
3. 培养正确的财富观；
4. 树立时政意识。

○ **职业能力目标**

1. 理解投资的类型、特点及决策程序；
2. 掌握项目计算期的计算；
3. 掌握项目投资现金流量的构成和计算；
4. 掌握项目投资各种评价指标的计算；
5. 了解证券投资组合策略与选择方法。

○ **典型工作任务**

1. 计算各个投资项目的现金流量；
2. 运用项目投资各种评价指标进行项目投资决策；
3. 分析估算债券、股票价值。

○ **案例导入**

　　探路者控股集团股份有限公司于 1999 年由盛发强与王静创立，2009 年作为首批企业之一，成功在深交所创业板上市。上市之后，探路者财务状况一度十分优秀，营业收入和净利润每年都以两位数的速度增长。2009 年至 2013 年的净利润增长均值超过 55%，成为国内户外用品的龙头企业。但是，2016 年探路者的营业收入突然下滑 24.42%，此时的净利润仍有 1.66 亿元。到 2017 年时，探路者则直接亏损了 8 485 万元，净利润同比暴降超150%。随后的 2018 年，探路者的亏损继续扩大。数据显示，2018 年探路者的营业收入还不足 20 亿元，同比下滑 34.3%，净利润亏损 1.82 亿元，整整比上一年多亏了差不多 1 亿元，同比下滑 114.4%。

　　2019 年三季报显示，探路者前三季度实现营业收入 9.86 亿元，同比减少 20.55%，归属净利润 9 948.95 万元，同比增长 293.22%。营业收入的减少主要是因为探路者主动优化及缩减利润率较低的旅行服务业务，使旅行服务收入大幅减少。

　　事实上，探路者财务状况的转折点应该是 2014 年。自 2013 年开始，探路者便不再满足于户外用品，而希望进行多元化发展，于是开始涉足旅游和体育业，先后投资了新加坡在线旅游平台 Asiatravel、老牌户外活动网站"绿野"、极地旅行机构"极之美"、厦门图途、易游天下、行知探索等公司。但是，一系列的投资并购之后，探路者的跨界之路并没有想象的那么顺利。

好在探路者在连续两年亏损发了 20 次暂停上市风险提示之后，2019 年实现净利润 1.11 亿元～1.16 亿元。对于扭亏原因，探路者解释称：

首先，聚焦资源夯实，促进户外用品主业的稳健发展，主动优化业务结构，加强投后管理，逐步退出利润率较低的旅行服务业务及相关投资项目，提升经营业务质量，与 2018 年同期相比，报告期公司相关投资、资产减值的计提风险大幅降低。

其次，持续提升户外用品主业产品竞争力，增强品牌文化和品牌精神对用户的传播影响，优化线上线下销售渠道结构，同时积极提升运营管理效率，总体费用支出较 2018 年同期有所减少。

请思考：企业为什么要投资？企业该如何进行投资决策？

投资活动是企业重要的财务活动之一。有效的投资活动能够使企业达到资源的最佳配置和生产要素的最优组合，能够提高企业的获利水平，但是投资活动通常所需要的资金量大、风险高，因此，企业在进行投资决策时一定要慎重，否则，一旦决策失误，将会给企业带来不可估计的损失。

任务一 投资管理概述

任务描述

理解投资的含义，能结合中小企业的具体情况对投资管理辨别类型和分析。

一、投资的含义

投资，广义地讲，是指特定经济主体（包括政府、企业和个人）以本金回收并获利为基本目的，将货币、实物资产等作为资本投放于某一个具体对象，以在未来较长期间内获取预期经济利益的经济行为。

投资的含义及分类

简言之，企业投资是指企业为了获得未来长期收益而向一定对象投放资金的经济行为。例如：购建厂房设备、技术改造项目、购买股票债券等经济行为，均属于投资行为。

二、投资的意义

对于企业而言，投资活动是企业的一项关键活动，对企业的生存和发展有着重要的影响。合理的投资决策可以降低企业成本，提高企业收益，促进企业的可持续发展。

（一）投资是企业生存与发展的基本前提

企业的生产经营就是企业资产运动和资产形态的转换过程。投资是一种资本性支出的行为，通过投资支出，企业购建流动资产和长期资产，形成生产条件和生产能力。实际上，不论是新建一个企业，还是建造一条生产流水线，都是一种投资行为。通过投资，可确立企业的经营方向，配置企业的各类资产，并将它们有机地结合起来，形成企业的综合生产经营能力。如果企业想要进军一个新兴行业，或者开发一种新产品，都需要先进行投资。因此，投资决策的正确与否，直接关系到企业的兴衰成败。

（二）投资是企业获取利润的基本前提

企业投资的目的是要通过预先垫付一定数量的货币或实物形态的资本，购建和配置形成企业的各类资产，从事某类经营活动，获取经营利润。以购买股票、债券等有价证券方式向其他单位的投资，可以通过取得股利或债息来获取投资收益，也可以通过转让证券来获取资本利得。

（三）投资是企业风险控制的重要手段

企业在经营中面临着各种风险，有来自市场竞争的风险，有资金周转的风险，还有原材料涨价、费用居高等成本风险。投资是企业风险控制的重要手段。通过投资，企业可以将资金投向企业生产经营的薄弱环节，使企业的生产经营能力配套、平衡、协调。通过投资，企业可以实现多元化经营，将资金投放于关联程度较低的不同产品或不同行业，分散风险，稳定收益来源，降低资产的流动性风险、变现风险，增强资产的安全性。

三、投资的分类

将企业投资的类型进行科学分类，有利于分清投资性质，按不同的特点及要求进行投资决策，加强投资管理。

（一）直接投资和间接投资

按投资活动和企业本身的生产经营活动的关系，企业投资可划分为直接投资和间接投资。

直接投资是指将企业资金直接投放于形成生产经营能力的实体性资产，直接谋取经营利润的企业投资。通过直接投资，企业购买并配置劳动力、劳动资料和劳动对象等具体生产要素，开展生产经营活动。

间接投资是将资金投放于股票、债券等权益性资产上的企业投资。之所以称为间接投资，是因为股票、债券的发行方，在筹集到资金后，再把这些资金投放于形成生产经营能力的实体性资产，获取经营利润。间接投资方不直接介入具体生产经营过程，而是通过股票、债券上所约定的收益分配权利，获取股利或利息收入，分享直接投资的经营利润。

（二）项目投资与证券投资

按投资对象的存在形态和性质，企业投资可划分为项目投资和证券投资。

企业可通过投资，购买具有实质内涵的经营资产，包括有形资产和无形资产，形成具体的生产经营能力，开展实质性的生产经营活动，谋取经营利润。这类投资，称为项目投资。项目投资属于直接投资。项目投资的目的在于改善生产条件、扩大生产能力，以获取更多的经营利润。

企业可通过投资，购买具有权益性的证券资产，通过证券资产所赋予的权利，间接控制被投资企业的生产经营活动，获取投资收益。这类投资，称为证券投资，即购买属于综合生产要素的权益性权利资产的企业投资。

证券是一种金融资产，即以经济合同契约为基本内容、以凭证票据等书面文件为存在形式的权利性资产。例如，债券投资代表的是未来按契约规定收取利息和收回本金的权利，股票投资代表的是对发行股票企业的经营控制权、财务控制权、收益分配权、剩余财产追索权等股东权利。证券投资的目的在于通过持有权益性证券，获取投资收益，或控制其他企业的财务或经营政策，并不直接从事具体生产经营过程。因此，证券投资属于间接投资。

直接投资与间接投资、项目投资与证券投资，这两种投资方式的分类的内涵和范围是一致的，只是分类角度不同。直接投资与间接投资强调的是投资的方式，项目投资与证券投资强调的是投资的对象。

（三）发展性投资与维持性投资

按投资活动对企业未来生产经营前景的影响，企业投资可以划分为发展性投资和维持性投资。

发展性投资是指对企业未来的生产经营发展全局有重大影响的企业投资。发展性投资也可以称为战略性投资，如企业兼并合并的投资、转换新行业和开发新产品的投资、大幅扩大生产规模的投资等。发展性投资项目实施后，往往可以改变企业的经营方向和经营领域，或者明显地扩大企业的生产经营能力，或者实现企业的战略重组。

维持性投资是指为了维持企业现有的生产经营正常顺利进行，不会改变企业未来生产经营发展全局的企业投资。维持性投资也可以称为战术性投资，如更新替换旧设备的投资、配套流动资金投资、生产技术革新的投资等。维持性投资项目需要的资金不多，对企业生产经营的前景影响不大，投资风险相对也较小。

（四）对内投资与对外投资

按投资活动资金投出的方向，企业投资可分为对内投资和对外投资。

对内投资是指在本企业范围内部的资金投放，用于购买和配置各种生产经营所需的经营性资产。对外投资，是指向本企业范围以外的其他单位的资金投放。对外投资多以现金、有形资产、无形资产等资产形式，通过联合投资、合作经营、换取股权、购买证券等投资方式，向企业外部其他单位投放资金。

对内投资是直接投资；对外投资主要是间接投资，也可以是直接投资。

（五）独立投资与互斥投资

按投资项目之间的相互关联关系，企业投资可以分为独立投资和互斥投资。

独立投资是相容性投资，各个投资项目之间互不关联、互不影响，可以同时并存。例如，建造一个饮料厂和建造一个纺织厂，它们之间并不冲突，可以同时进行。对于一个独立投资项目而言，其他投资项目是否被采纳或放弃，对本项目的决策并无显著影响。因此，独立投资项目考虑的是方案本身是否满足某种决策标准。例如，可以规定凡提交决策的投资方案中，预期投资报酬率达到20％才能被采纳。这里，预期投资报酬率达到20％，就是一种预期的决策标准。

互斥投资是非相容性投资，各个投资项目之间相互关联、相互替代，不能同时并存。例如，对企业现有设备进行更新，购买新设备就必须处置旧设备，它们之间是互斥的。对于一个互斥投资项目而言，其他投资项目是否被采纳或放弃，直接影响本项目的决策，若其他项目被采纳，本项目就不能被采纳。因此，互斥投资项目决策考虑的是各方案之间的互斥性，也许每个方案都是可行方案，但互斥决策需要从中选择最优方案。

★ **思考与讨论**：投资和投机是一回事吗？

任务二　项目投资管理

📋 任务描述

理解项目投资的含义、目标、分类及特点，熟悉项目投资的决策程序，能够结合中小企业实际情况，利用投资决策指标来判断投资项目是否可行。

一、项目投资概述

（一）项目投资的含义及目标

项目投资是指以企业内部生产经营活动所需的各种资产为投资对象的投资行为。其目的是保证生产经营过程的连续性或者是扩大生产经营规模。

（二）项目投资的分类

按是否增加企业的生产能力，工业企业的投资项目一般可分为新建项目和更新改造项目两大类。新建项目是以新增生产能力为目的的外延式投资，又可进一步分为单纯固定资产投资项目和完整工业投资项目。单纯固定资产投资项目只包括为取得固定资产而发生的垫支资本投入而不涉及周转资本的投入；完整工业投资项目不仅包括固定资产投资，还涉及流动资金投资，甚至包括无形资产、长期待摊费用等其他长期资产项目的投资。

本项目主要分析新建项目的固定资产投资。

（三）项目投资的特点

1. 投资数额大

与流动资产投资不一样，一个项目投资决策往往决定了较大的一笔投资额。另外，项目投资额占全部资产的比例很高，投资额往往是企业及其投资者多年的资金积累。投资项目小到几万元的设备，大到上千万元甚至更多的建设项目，对企业现金流量和财务状况有很大的影响。

这一特点决定了企业在进行项目投资决策时，一旦决策失误将会严重影响企业的财务状况和现金流量，甚至导致企业破产，因而必须谨慎行事，充分做好投资预测，研究投资方案的经济可行性。

2. 投资时间长

项目投资是一次性投入的，而资金回收是多次逐渐地、部分地进行的，需要一个较长时期才能完成，这就使占用在项目投资上的资金具有相对固定性，从而大大限制了企业财务的流动性。因此，企业在进行项目投资决策时，必须进行科学的、周密的规划和设计，除了研究项目投资的必要性、技术上的可行性、经济上的合理性外，还要考虑投资的回收时间和回收方式。

3. 投资风险较大

由于项目投资一旦付诸行动就很难更改，加上投资金额大、影响时间长和变现能力差，企业所处的市场情况与项目未来收益都存在不确定因素，投资具有较大的风险性。因此，在进行投资决策时，有必要采用专门的方法进行风险决策分析。

4. 变现能力差

项目投资一旦实施，其变现能力差，一年或一个营业周期内不容易改变用途或变现。项目投资在资金占用上相对稳定，不像流动资产那样经常变动。

(四) 项目投资的决策程序

项目投资的决策程序包括以下几步：

（1）提出投资领域和投资对象。企业根据长远发展战略、中长期投资计划和投资环境的变化，提出投资领域和对象。

（2）评价投资方案的可行性。在评价投资项目的环境、市场、技术和生产可行性的基础上，对财务可行性作出总评价。

（3）进行投资方案比较与选择。在财务可行性评价的基础上，对可供选择的多个投资方案进行比较和选择。

（4）投资方案的执行。具体实施投资行为。

（5）投资方案的再评价。在投资方案的执行过程中，应经常对原投资决策的合理性、正确性进行评价。一旦出现新的情况，就要随时根据情况的变化进行新的评价和调整。

(五) 项目投资计算期

项目计算期是指投资项目从投资建设开始到最终结束整个过程的全部时间，它包括项目建设期和生产经营期。建设起点一般为第一年年初，建设期终点一般为投产日。生产经营期是指从投产之日起到项目终结点之间持续的时间。项目终结点一般是项目计算期最后一年年末。项目计算期构成如图 4-1 所示。

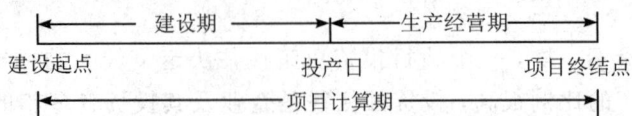

图 4-1　项目计算期构成

（六）项目投资资金构成

1．初始投资额的确定

初始投资额又称原始投资额，是企业为使项目完全达到设计生产能力、能正常开展生产经营而投入的全部现实资金，即建设期间的现金流，它包括建设投资和流动资金投资。其中，建设投资又包括固定资产投资、无形资产投资和其他资产投资。

固定资产投资是指由于项目购置或安装固定资产所发生的投资，通常指房屋、建筑物、生产设备等的购入或建造成本、运输成本和安装成本等。

无形资产投资是指用于项目取得无形资产而发生的投资，主要包括在土地使用权、专利权、商标权、专用技术、商誉、特许权等方面的投资。

其他资产投资是指为组织项目投资的企业在筹建期发生的，不能计入固定资产和无形资产价值的那部分投资，如与长期投资项目有关的咨询调查费、注册费、人员培训费等。

流动资金投资是指项目投产前后一次或分次投放于流动资金项目的资金额，也称垫支流动资金，通常指对材料、在产品、产成品和现金等流动资产的垫支。建设投资额和初始投资额的计算公式为：

$$建设投资额＝固定资产投资＋无形资产投资＋其他资产投资$$

$$初始投资额＝建设投资额＋流动资金投资$$

2．项目总投资额确定

项目总投资额是指以价值形式反映的与企业项目投资有关的所有资金总和，它等于项目原始总投资与建设期资本化利息之和。其中，建设期资本化利息是指在项目建设期发生的购建项目所需的固定资产、无形资产等长期资产的借款利息。项目总投资额的计算公式为

$$项目总投资额＝初始投资额＋建设期资本化利息$$

【例4-1】 长征公司拟新建一条生产线，需要在建设起点一次投入固定资产200万元，在建设期末投入无形资产40万元。建设期为1年，建设期资本化利息为35万元。流动资金投资合计为60万元。试计算长征公司新生产线的固定资产原值、建设投资额、初始投资额、项目总投资额。

固定资产原值＝200＋35＝235（万元）

建设投资额＝200＋40＝240（万元）

初始投资额＝240＋60＝300（万元）

项目总投资额＝300＋35＝335（万元）

二、估算项目投资的现金流量

我国社会主义市场经济的确立，使微观经济活动主体——企业成为市场经济中的主角。企业要想在市场中立足，在激烈的竞争环境中生存下来并发展下去，就必须在企业的投资、生产和经营等各个环节中作出正确的决策，而估算投资项目的预期现金流量是投资决策的首要环节。

现金流量是投资项目财务可行性分析的主要分析对象，投资回收期、净现值、内含报

酬率等财务评价指标，均是以现金流量为基础进行可行性评价的。

（一）现金流量的概念及有关假设

1. 现金流量的相关概念

现金流量是指投资项目在其计算期内因资金运动而导致的现金流入量和现金流出量的统称。项目周期内现金流入量和现金流出量的差额称为项目投资的现金净流量，通常按年计算，用"NCF"表示。这里的现金是广义的现金，既包括各种货币资金，又包括因项目需要企业投入其所拥有的非货币资源的变现价值。

（1）现金流入量。现金流入量是指因投资项目的出现而引起的现金收入增加额或现金支出节约额。完整工业投资项目的现金流入量包括营业收入、回收固定资产余值、回收流动资金等。

（2）现金流出量。现金流出量是指因投资项目的出现而引起的现金支出增加额。完整工业投资项目的现金流出量包括建设投资、流动资金投资、经营成本、各项税款等。

2. 现金流量的有关假设

现金流量是计算项目投资决策评价指标的主要依据和重要信息，其本身也是评价项目投资是否可行的一个基础指标。为方便项目投资现金流量的确定，首先作出以下假设：

（1）财务可行性分析假设，即假设项目投资决策从企业投资者的立场出发，只考虑该项目是否具有财务可行性，而不考虑该项目是否具有国民经济可行性和技术可行性。

（2）全投资假设，即假设在确定投资项目的现金流量时，只考虑全部投资的运动情况，而不具体考虑和区分哪些是自有资金，哪些是借入资金，即使是借入资金也将其视为自有资金处理。

（3）建设期间投入全部资金假设，即假设项目投资的资金都是在建设期投入的，在生产经营期没有投资。

（4）经营期和折旧年限一致假设，即假设项目的主要固定资产的折旧年限或使用年限与经营期相同。

（5）时点指标假设。为了便于利用资金时间价值进行计算，将项目投资决策所涉及的价值指标都作为时点指标处理。其中，建设投资在建设期内有关年度的年初或年末发生；流动资金投资则在建设期期末发生；经营期内各年的收入、成本、摊销、利润、税金等项目的确认均在年末发生；新建项目最终报废或清理所产生的现金流量均发生在终结点。

（二）现金流量的内容

1. 现金流出量

一个投资方案的现金流出量，是指该方案所引起的企业现金支出的增加额。项目投资的现金流出量通常包括以下几项：

现金流量的内容

（1）固定资产投资。固定资产投资又称建设投资，是指投放于固定资产上的资金，包括固定资产的购置或建造成本、运输成本、安装成本等。它是项目投资建设时发生的主要现金流出量。

（2）流动资产投资。流动资产投资是指项目投资时投放于材料、在产品、产成品和现金

等流动资产上的资金，又称为垫支流动资金。该项投资通常在项目投产时投入，在项目结束时收回。

（3）付现成本。付现成本是指项目为满足正常生产经营而动用现实货币资金支付的成本费用，又称为付现的经营成本，它是运营期内最主要的现金流出量项目。

（4）各项税款。各项税款是指项目投产后依法缴纳的各项税款，包括所得税和流转税等。本教材主要指的是所得税。

例如，企业购置使用一条生产线，通常会引起以下现金流出：购置生产线的价款、垫支的流动资金以及在运营期间发生的各种必要费用及税款。

2. 现金流入量

现金流入量是指固定资产投资项目在计算期发生的全部现金收入数额，简称为现金流入。现金流入量主要包括以下几项：

（1）营业收入。营业收入是指固定资产投产后每年实现的全部销售收入或业务收入，它是运营期主要的现金流入量项目。

（2）回收固定资产的残值或变现收入。回收固定资产的残值或变现收入是指投资项目的固定资产在终结时报废清理或中途变现转让处理时所回收的余值。

（3）回收流动资金。回收流动资金是指项目在计算期结束时（终结期）而回收的、原垫付的全部流动资金投资额。回收流动资金和回收固定资产残值收入统称为回收额。

3. 现金净流量

现金净流量又称净现金流量，是指在项目计算期内每年现金流入量与同年现金流出量之间的差额。

某年净现金流量的计算公式为：

$$某年净现金流量＝该年现金流入量－该年现金流出量$$

（三）现金流量的估算

将项目投资分为建设期、营业期、终结点三个阶段，则各阶段的现金流量构成如下。

1. 建设期现金流量

现金流量的估算

建设期现金流量一般包括土地使用费支出、固定资产方面的投资、流动资产方面的投资、其他方面的投资，包括与固定资产投资有关的职工培训费、注册费等，以及原有固定资产的变价收入。

建设期现金流量除原有固定资产的变价收入为现金流入量外，其他部分为现金流出量。

2. 营业期现金流量

营业期现金流量通常指项目投产后，企业在生产经营期间所发生的现金流入量和现金流出量。营业现金流量一般按年度进行计算。营业期现金流入量主要是由因生产经营而使企业增加的营业收入。营业期现金流出量则主要由付现成本和所得税构成。所谓的付现成本是指每年需要实际支付现金的销售成本。销售成本中不需要每年实际支付现金的某些成本（如折旧费用、摊销费用等）则属于非付现成本。营业期现金净流量通常表示为

$$现金净流量（NCF）＝销售收入－付现成本－税金及附加－所得税$$
$$＝销售收入－（销售成本－非付现成本）－税金及附加－所得税$$
$$＝营业利润－所得税＋非付现成本$$
$$＝净利润＋非付现成本$$
$$＝净利润＋年折旧＋年摊销$$

3. 终结点现金流量

通常在项目的最后一年，随着营业的结束，项目终结报废，此时的现金流量即为终结点现金流量。因此，终结点现金流量是在该年营业现金流量基础上加上该年的资金回收额。

该资金回收额主要包括以下三个方面：① 固定资产残值收入或变价收入；② 原来垫支在各种流动资产上的资金收回；③ 停止使用的土地变价收入等。

$$终结点现金净流量（NCF）＝销售收入－付现成本－税金及附加－所得税＋该年回收额$$
$$＝销售收入－（销售成本－非付现成本）－税金及附加－$$
$$所得税＋该年回收额$$
$$＝净利润＋年折旧＋年摊销＋该年回收额$$

★ **思考与讨论**：假如你大学毕业后想自主创业，选择了咖啡馆作为创业项目，则与该项目有关的现金流入和现金流出有哪些？

【**例 4-2**】 长征公司为提高产能，需增加生产线一条，预计投资 100 万元，使用期限 5 年，残值 5 万元，每年可以增加营业收入 80 万元，同时也增加付现成本 30 万元，税金及附加 5 万元。直线法折旧，最低报酬率为 10%，所得税税率为 25%，请计算其各年的现金净流量。

$$年折旧额＝\frac{100-5}{5}＝19（万元）$$
$$NCF_0＝-100（万元）$$
$$NCF_{1\sim4}＝(80-30-19-5)\times(1-25\%)+19＝38.5（万元）$$
$$NCF_5＝38.5+5＝43.5（万元）$$

三、项目投资决策

（一）投资决策评价指标的含义及类型

投资决策评价指标是指用于衡量和比较投资项目可行性，以便据以进行决策的定量指标，是评价方案是否可行及评价不同方案优劣的标准。投资决策评价指标按不同的标准有不同的分类：

（1）按是否考虑资金时间价值分类，分为静态评价指标和动态评价指标。静态评价指标又称非贴现指标，是指在计算指标过程中不考虑资金时间价值因素的指标，包括静态投资回收期、投资利润率。动态评价指标，又称贴现指标，是指在计算指标过程中考虑资金时间价值因素的指标，包括净现值、净现值率、获利指数和内含报酬率等。

（2）按指标的性质不同分类，分为正指标和反指标。正指标是在一定范围内越大越好的指标，包括投资利润率、净现值、净现值率、获利指数和内含报酬率等。反指标是在一定范围内越小越好的指标。只有静态投资回收期是反指标。

（3）按指标在决策中的地位不同分类，分为主要指标、次要指标和辅助指标。主要指标包括净现值、净现值率、获利指数、内含报酬率；次要指标包括静态投资回收期和投资利润率。

（二）静态评价指标

1. 静态投资回收期

静态投资回收期（Payback Period，PP）是指在不考虑时间价值的情况下，收回全部原始投资额所需要的时间，即投资项目在经营期间内，预计净现金流量的累加数恰巧抵偿其在建设期内预计现金流出量所需要的时间，也就是使投资项目累计净现金流量恰巧等于 0 所对应的期间。它有"包括建设期的静态投资回收期（记作 PP）"和"不包括建设期的静态投资回收期（记作 PP′）"两种形式，PP＝S（建设期）＋P（营运期）。

静态评价
指标的计算

根据现金流量的特点，分为年净现金流量相等与年净现金流量不相等两种情况。

（1）年净现金流量相等的投资回收期，其计算公式为

$$投资回收期＝\frac{项目原始投资总额}{年净现金流量}$$

（2）年净现金流量不相等的投资回收期，其计算公式为

$$投资回收期＝（累计净现金流量开始出现正值的年份－1）＋\frac{上年累计净现金流量的绝对值}{当年净现金流量}$$

用静态投资回收期法计算回收的资金是现金。如果采用净利润法，则应加上各年的折旧。

【例 4-3】 长征公司的某项目投资各年现金流量如表 4-1 所示，分析其静态投资回收期。

表 4-1 长征公司各年现金流量 单位：万元

项 目	年 份						
	第 0 年	第 1 年	第 2 年	第 3 年	第 4 年	第 5 年	第 6 年
各年现金流量	－1 000	－600	700	600	500	400	600
累计现金流量	－1 000	－1 600	－900	－300	200	600	1 200

$$PP＝（4-1）+\frac{300}{500}＝3.6（年）$$

$$PP'＝3.6-1＝2.6（年）$$

运用静态投资回收期进行投资决策时，首先要确定一个企业能够接受的期望投资回收期，将计算出的回收期与期望回收期（企业自行确定或根据行业标准确定）相比，可以判断投资项目是否可行。

投资回收期≤期望回收期，投资方案可行。

投资回收期＞期望回收期，投资方案不可行。

静态投资回收期是一个静态的绝对量指标，它的优点是计算简单，使用方便。缺点是：① 没有考虑货币的时间价值；② 没有考虑回收期满后的项目现金净流量，可能导致决策者的短期行为。

因此，在评价投资项目时，投资回收期只能作为一个辅助标准，必须和其他标准相结合，以判断项目的可行性。

2. 投资利润率

投资利润率（Return on Investment，ROI）又指投资报酬率，是指年平均净利润与原始投资额的百分比。投资利润率指标越高，说明投资方案的获利能力越强。其计算公式为

$$投资利润率 = \frac{年平均净利润}{原始投资额} \times 100\%$$

【例4-4】 某公司拟建一条生产线，有A、B两个方案供选择，其基本情况如表4-2所示。假设无风险投资收益率为8%，该公司应选择哪个方案？

表4-2 A、B投资方案有关资料表 单位：万元

年　度	A方案		B方案	
	净利润	投资额	净利润	投资额
第1年	15	80	10	120
第2年	15		14	
第3年	15		18	
第4年	15		22	
第5年	15		26	
合计	75		90	

A方案年平均净利润＝75÷5＝15（万元）
B方案年平均净利润＝90÷5＝18（万元）
A方案的投资利润率＝15÷80×100％＝18.75％
B方案的投资利润率＝18÷120×100％＝15％

通过计算可知，A、B两方案的投资利润率都大于8％。并且，A方案的投资利润率18.75％大于B方案的投资利润率15％，应该选择A方案。

运用投资利润率法进行决策时，首先要确定公司希望得到的期望报酬率。如果项目方案的投资利润率达到或超过期望报酬率，则说明方案可行；反之，说明项目方案不可行。在多种项目方案决策比较时，如果多个项目方案的年平均投资利润率都超过了期望报酬率，则应选择投资利润率最高的方案。

投资利润率指标是一个静态的正指标，它的优点是计算简单，便于理解。缺点是没有考虑货币的时间价值，对于时间跨度比较大的投资方案不能反映风险程度。因此，投资利润率只能作为一种辅助标准衡量投资项目的优劣，一般用于方案的初选，或者投资后各项目间经济效益的比较。

（三）动态评价指标

1. 净现值

净现值（Net Present Value，NPV）是指在项目计算期内，按行业基准折现率或其他设定折现率计算的各年净现金流量现值的代数和，通常用"NPV"表示。其计算公式为

净现值、净现值率及
净现值指数的计算

净现值 NPV = ∑(项目计算期内各期的现金净流量 × 折现率)

在原始投资均集中在建设期初一次性投入，其余时间不再发生投资的情况下，净现值是指按选定的折现率计算的项目投产后各年现金净流量的现值之和减去初始投资后的余额。其计算公式为

净现值 NPV = ∑(项目投产后各期的现金净流量 × 折现率) − 初始投资额

$$净现值\ NPV = \sum_{t=1}^{n} \frac{NCF_t}{(1+i)^t} - C$$

式中：NPV——净现值；

NCF$_t$——第 t 年的现金净流量；

t——年份；

i——折现率(行业基准折现率或其他设定折现率)；

n——项目预计使用年限；

C——初始投资现值。

采用净现值法评价投资项目的判断标准是：单项决策时，若 NPV≥0，则项目可行；若 NPV<0，则项目不可行。多项互斥投资决策时，在净现值大于零的投资项目中，选择净现值较大的投资项目。

计算净现值时，要按照预定的折现率对投资项目的未来现金流量和原始投资额进行折现，采用净现值法评价投资项目决策时，正确地选择折现率至关重要，它直接影响项目评价的结果。如果选择的折现率过低，会导致一些经济效益较差的项目通过，从而浪费有限的社会资源；如果选择的折现率过高，则会导致一些效益较好的项目不能通过。

在实际中，一般用以下几种方法确定项目的折现率。

一是以市场利率为标准。资本市场的市场利率是整个社会投资报酬率的最低水平，可以视为一般最低报酬率要求。

二是以项目资本成本率为标准。项目投资所需要的资金，部分或者全部是通过筹资获得的，筹资所承担的资本成本率，可以作为最低的投资报酬率。

三是以投资者希望获得的预期最低投资报酬率为标准，这就考虑了投资项目的风险补偿因素，以及通货膨胀因素。

净现值的计算一般包括以下步骤：

第一步，计算出各期的现金净流量；

第二步，按行业基准收益率或企业设定的折现率，将投资项目各期所对应的复利现值系数通过查表确定；

第三步，将各期现金净流量与其对应的复利现值系数相乘计算出现值；

第四步，加总各期现金净流量的现值，即得到该投资项目的净现值。

根据项目经营期现金净流量是否相等净现值的计算可分为两种方法：

(1) 当经营期各年的现金净流量相等时，可运用年金的方法简化计算 NPV。

【例 4 - 5】 某项目的经济寿命期为 10 年，初始净投资额为 100 万元，项目期满无残值，项目投产后，预计每年可获得净利润 16 万元。如果该项目的行业基准折现率为 10%，

试计算该项目的净现值并评价项目的可行性。

年折旧 $= 100 \div 10 = 10$（万元）

$NCF_0 = -100$（万元）

$NCF_{1\sim 10} = 16 + 10 = 26$（万元）

$NPV = -100 + 26(P/A, 10\%, 10) = -100 + 26 \times 6.1446 = 59.76$（万元）

即该项目的净现值为 59.76 万元，大于 0，所以该项目可行。

（2）当经营期各年的现金净流量不等时，可运用逐期折现方法计算 NPV。

【例 4-6】 某公司需投资 100 万元引进一条生产线，该生产线有效期为 5 年，采用直线法折旧，期满无残值。该生产线当年投产后，各年现金净流量分别为 40 万元、35 万元、30 万元、25 万元、20 万元。如果行业的基准折现率为 8%，试计算其净现值并评价该项目的可行性。

$$NPV = -100 + 40 \times (P/F, 8\%, 1) + 35 \times (P/F, 8\%, 2) + 30 \times (P/F, 8\%, 3) +$$
$$\qquad 25 \times (P/F, 8\%, 4) + 20 \times (P/F, 8\%, 5)$$
$$\quad = -100 + 40 \times 0.9259 + 35 \times 0.8573 + 30 \times 0.7938 + 25 \times 0.7350 +$$
$$\qquad 20 \times 0.6808$$
$$\quad = 22.98（万元）$$

即该项目的净现值为 22.98 万元，大于 0，所以该项目可行。

净现值指标是一个动态的绝对量指标。它的优点是考虑了资金的时间价值，考虑了项目计算期内全部净现金流量，考虑了投资风险。缺点是不能从动态的角度直接反映投资项目的实际收益率，现金净流量的预测与折现率的选择都比较困难，净现值的计算比较复杂。

2. 净现值率

净现值率（Net Present Value Rate，NPVR）是指投资项目的净现值占原始投资现值总和的百分比，通常用"NPVR"表示。其计算公式为

$$NPVR = \frac{净现值}{原始投资现值}$$

净现值率是一个动态的相对量评价指标，采用这个指标进行投资项目评价的标准是：当 NPVR $\geqslant$ 0 时，项目可行；当 NPVR $<$ 0 时，项目不可行。

净现值率的优点是：考虑了资金时间价值；可以动态反映项目投资的资金投入与产出之间的关系。缺点是：不能直接反映投资项目的实际收益率；在资本决策过程中可能导致片面追求较高的净现值率，在企业资本充足的情况下，有降低企业投资利润总额的可能。

【例 4-7】 某投资项目的建设期为 1 年，经营期为 5 年，其现金净流量如表 4-3 所示，折现率为 10%，要求计算该项目净现值率，并评价其可行性。

表 4-3 某投资项目现金净流量　　　　　　　　　单位：万元

年度	0	1	2	3	4	5	6
NCF	-100	-50	80	80	80	80	80

从表 4-3 中可以看出，经营期的现金净流量相等，其净现值可以采用年金的方法计算。

$$NPV = -100 - 50(P/F, 10\%, 1) + 80(P/A, 10\%, 5)(P/F, 10\%, 1)$$
$$\quad = -100 - 50 \times 0.9091 + 80 \times 3.7908 \times 0.9091 = 130.24（万元）$$

然后，计算该项目净现值率：

$$NPVR = \frac{130.24}{100 + 50 \times (P/F, 10\%, 1)} = \frac{130.24}{100 + 50 \times 0.909\ 1} = 0.90$$

即该项目的净现值率大于 0，故投资可行。

3. 现值指数

现值指数亦称获利指数（Profitability Index，PI），是指投产后按行业基准收益率或企业设定贴现率折算的各年营业现金净流量的现值合计（可简称报酬总现值）与原始投资的现值合计（投资总现值）之比，用公式表示为：

$$PI = \frac{\sum 营业期各年现金净流量现值}{原始投资现值}$$

从净现值率和现值指数的定义可知，这两个指标存在以下关系：PI＝1＋NPVR。

【例 4-8】　续例 4-7，根据前例中的数据资料，计算项目的现值指数。

$$PI = \frac{80 \times (P/A, 10\%, 5) \times (P/F, 10\%, 1)}{100 + 50(P/F, 10\%, 1)} = \frac{275.70}{145.46} = 1.90$$

或

$$PI = 1 + NPVR = 1 + 0.90 = 1.90$$

与净现值率一样，现值指数也是一个动态的相对量评价指标，采用这种方法的判断标准是：如果 PI≥1，则该投资项目可行；如果 PI＜1，则该投资项目不可行。如果几个投资项目的现值指数都大于 1，那么现值指数越大，投资项目越好。但在进行互斥性投资决策时，正确的选择原则不是选择现值指数最大的项目，而是在保证现值指数大于 1 的情况下，使追加投资所得的追加收益最大化。

现值指数的优点是考虑了资金时间价值，能够动态地反映投资项目的资金投入与总产出之间的关系，有利于在投资额不同的项目之间作出选择。其缺点是无法直接反映投资项目的实际收益率，其计算过程比净现值法的计算过程复杂，计算口径也不一致。

4. 内含报酬率

内含报酬率（Internal Rate of Return，IRR）又叫内部收益率，是指投资项目实际可以实现的收益率，通常用"IRR"表示。当以该收益率为折现率计算投资项目的净现值时，其结果为 0，即

$$NPV = \sum_{t=0}^{n} \frac{NCF_t}{(1 + IRR)^t} = 0$$

内含报酬率的计算

内含报酬率可以分两种情况分别进行计算：

（1）当建设期为零，全部投资于建设起点一次性投入，营业期间各年现金净流量相等，可采用年金计算方法。内含报酬率的具体计算步骤如下。

第一步，由内含报酬率的定义可得到：

$$NCF \times (P/A, IRR, n) - NCF_0 = 0$$

第二步，计算年金现值系数：

$$(P/A, IRR, n) = \frac{NCF_0}{NCF} = \alpha$$

第三步，查年金现值系数表：

如果在期数为 n 的所在行中恰好找到等于上述数值 α 的年金现值系数，则该系数所对

应的折现率即为所求的内含报酬率。

如果在年金现值系数表中无法在期数为 n 的所在行中找到与 α 相等的年金现值系数，则可在期数为 n 的所在行中找出与 α 相邻的两个临界系数值 β_1 和 β_2，并找出与 β_1 和 β_2 对应的两个折现率 i_1 和 i_2，然后采用插值法计算该投资项目的内含报酬率。具体计算如下：

$$\text{IRR} = i_1 + \frac{\beta_1 - \alpha}{\beta_1 - \beta_2} \times (i_2 - i_1)$$

其中要求 i_1 和 i_2 相差不能太大，否则误差就会较大。

【例 4 - 9】 长征公司拟投资一条生产线，投资金额为 1 000 万元，按直线法计提折旧，使用寿命为 10 年。预计投产后每年可获得的现金净流量为 200 万元。假定期望报酬率为 10％。计算该方案的内部报酬率，并评价方案的可行性。

$$\text{NPV} = 200 \times (P/A, \text{IRR}, 10) - 1\ 000 = 0$$
$$(P/A, \text{IRR}, 10) = 5$$

或

$$年金现值系数 = \frac{投资总额}{经营期每年相等的现金净流量} = \frac{1\ 000}{200} = 5$$

查年金现值系数表获得：

$$(P/A, 15\%, 10) = 5.018\ 8$$
$$(P/A, 16\%, 10) = 4.833\ 2$$

贴现率	年金现值系数
15％	5.018 8
IRR	5
16％	4.833 2

采用插值法计算内部报酬率：

$$\frac{\text{IRR} - 15\%}{16\% - 15\%} = \frac{5 - 5.018\ 8}{4.833\ 2 - 5.018\ 8}$$

或

$$\frac{15\% - \text{IRR}}{15\% - 16\%} = \frac{5.018\ 8 - 5}{5.018\ 8 - 4.833\ 2}$$
$$\text{IRR} = 15.1\%$$

因为 IRR＝15.1％＞10％，所以该方案可行。

（2）若投资项目在经营期内各年现金净流量不相等，则必须采用逐次测试的方法，计算能使净现值等于零的折现率。计算步骤如下：

第一步，根据经验估算一个贴现率，计算投资项目的净现值。

如果净现值恰好等于零，则表明所用的折现率就是项目的内含报酬率。

如果净现值大于零，说明该投资项目的内含报酬率比估算的折现率大，应提高折现率，再进行测试；如果净现值小于零，说明该投资项目的内含报酬率比估算的折现率小，应降低折现率，再进行测试。经过反复测试，找到净现值为正负两个相邻的折现率。

第二步，用插值法求出项目本身的内含报酬率。

内含报酬率是一个动态正指标，采用该指标的决策标准为：当内含报酬率≥资本成本（或预期收益率）时，项目可行；否则项目不可行。当进行多项目互斥决策时，内含报酬率越大越好。

内含报酬率的优点是：考虑了货币的时间价值，反映了投资项目可能达到的报酬率，容易被决策者理解；对于独立方案的比较决策，如果各方案原始投资额现值不同，可以通过计算各方案的内含报酬率，反映各独立投资方案的获利水平。缺点是：计算复杂；在互斥投资方案决策时，若原始投资额现值不相等，有时无法作出正确的决策。某一方案原始投资额低，净现值小，内含报酬率可能较高；而另外一个方案原始投资额高，净现值大，但内含报酬率可能较低。

5. 净现值、净现值率、现值指数和内含报酬率之间的关系

当 NPV$>$0 时，NPVR$>$0，PI$>$1，IRR$>i$。

当 NPV$<$0 时，NPVR$<$0，PI$<$1，IRR$<i$。

当 NPV$=$0 时，NPVR$=$0，PI$=$1，IRR$=i$。

（四）投资项目财务可行性评价

1. 判断投资项目完全具备财务可行性的条件

如果某一投资项目的评价指标同时满足以下条件：

（1）净现值 NPV$\geqslant$0。

（2）净现值率 NPVR$\geqslant$0。

（3）现值指数 PI$\geqslant$1。

（4）内含报酬率 IRR$\geqslant i$（i 为资金成本或行业基准折现率）。

（5）投资回收期 PP$\leqslant$标准投资回收期 PP_0。

（6）投资收益率 ROI$\geqslant$基准投资利润率。

则可以断定该投资项目无论从哪个方面看都具备财务可行性，或完全具备可行性，应当接受该投资方案。

2. 判断投资项目完全不具备财务可行性的条件

如果某一投资项目的评价指标同时满足以下条件：

（1）净现值 NPV$<$0。

（2）净现值率 NPVR$<$0。

（3）现值指数 $PI<$1。

（4）内含报酬率 IRR $<i$（i 为资金成本或行业基准折现率）。

（5）投资回收期 PP$>$标准投资回收期 PP_0。

（6）投资收益率 ROI$<$基准投资利润率。

则可以断定该投资项目无论从哪个方面看都不具备财务可行性，或完全不具备可行性，应当彻底放弃该投资方案。

3. 判断投资项目是否基本具备财务可行性的条件

如果在评价过程中发现某项目的主要指标可行，即 NPV$\geqslant$0，NPVR$\geqslant$0，PI$\geqslant$1，IRR$\geqslant i$，但次要或辅助指标 PP$>PP_0$，或 ROI$<$基准投资利润率，则可断定该项目基本上具有财务可行性。

4. 判断投资项目是否基本不具备财务可行性的条件

如果在评价过程中发现某项目出现 $PV<0$，$NPVR<0$，$PI<1$，$IRR<i$ 的情况，即使有 $PP<PP_0$，或 $ROI\geqslant$ 基准投资利润率，也可断定该项目基本不具有财务可行性。

任务三　证券投资管理

任务描述

能够熟悉证券投资的种类及风险，掌握债券和股票估价模型，并估算债券和股票价值，掌握投资组合的风险与收益。

一、证券投资概述

(一)证券投资的概念

证券投资是指企业通过投资股票、债券、基金等有价证券以及这些有价证券的衍生品，以获取差价、利息及资本利得的投资行为。证券投资不同于项目投资。项目投资的对象是实体性经营资产，经营资产是直接为企业生产经营服务的资产，如固定资产、无形资产等，它们往往是一种服务能力递减的消耗性资产。证券投资的对象是金融资产，金融资产是一种以凭证、票据或者合约形式存在的权利性资产，如股票、债券及衍生证券等。证券投资是企业对外投资的重要组成部分，科学地进行证券投资管理，能够增加收益，减少风险，从而有利于企业财务管理目标的实现。

(二)证券投资的目的

1. 利用闲置资金，增加企业收益

企业在生产经营过程中，由于各种原因有时会出现现金结余较多、资金闲置的情况，将这些闲置的资金投资于股票、债券等有价证券上，可以获取部分股利收入、利息收入、证券买卖差价等投资收益，提高资金使用的效率。同时，这些投资具有较强的流动性，可随时变现，收回资金。

2. 稳定客户关系，保障生产经营

企业生产经营环节中，供应和销售是企业与市场相联系的重要通道。没有稳定的原材料供应来源，没有稳定的销售客户，都可能使企业的生产经营中断。为了保持与供销客户良好稳定的业务关系，可以对业务关系链的供销企业进行投资，持有供销客户一定比例的股权和债权，甚至控股，这样，可以与供销客户建立稳定的供销渠道，能够对关联企业的生产经营活动施加影响和控制，从而使本企业的生产经营活动顺利进行。

3. 提高资产流动性，增强偿债能力

资产流动性强弱是影响企业财务安全性的主要因素。除现金等货币资产外，有价证券

投资也是企业流动性最强的资产,是企业速动资产的主要构成部分。在企业需要支付大量现金,而现有现金储备又不足时,可以通过变卖有价证券迅速取得大量现金,保证企业的及时支付,增强企业的偿债能力。

(三)证券投资的分类

证券投资可按不同的标准进行分类:

按照证券发行的主体,可分为政府证券、金融证券和公司证券。

按照证券所体现的权益关系,可分为所有权证券和债权证券。所有权证券是指证券的持有人便是证券发行单位的所有者的证券,如股票;债权证券是指证券的持有人是证券发行单位的债权人的证券,如债券。

按照证券收益的决定因素,可分为原生证券和衍生证券。原生证券的收益大小主要取决于发行者的财务状况;衍生证券包括期货合约和期权合约两种基本类型,其收益取决于原生证券的价格。

按照证券收益的稳定性,可分为固定收益证券和变动收益证券。固定收益证券在证券票面规定有固定收益率(如债券),变动收益证券的收益情况随企业经营状况而改变(如普通股)。

一般情况下,证券投资的品种是债券投资、股票投资、基金投资或证券的组合投资。

(四)证券投资风险

证券投资风险是指证券预期收益变动的可能性及变动幅度的不确定性,由系统风险与非系统风险构成。

系统风险也称市场风险,是由于外部经济环境因素变化引起整个资本市场不确定性,对所有证券都产生影响的共同性风险。系统风险影响到资本市场上的所有证券,无法通过投资多元化的组合加以避免,也称为不可分散风险。系统风险主要包括政策风险、利率风险、购买力风险等。政策风险是指政府有关证券市场的政策发生重大变化或是有重要的举措、法规出台,引起证券市场的波动,从而给投资者带来的风险。利率风险是指由于利率的变动引起的证券价格波动而使投资者遭受损失的风险。比如,银行利率上升,证券价格会下降;而银行利率下降,证券价格会上升。利率升降的不确定性会导致证券价格的不确定性,期限越长,这种不确定性越大,风险越大。购买力风险又称通货膨胀风险,是指由于通货膨胀而使证券到期或出售时所获得的货币资金的购买力下降的风险。收益长期固定的证券的购买力风险较大。

非系统风险是由于特定经营环境或特定事件变化引起的不确定性,从而对个别证券资产产生影响的特有性风险。非系统风险源于每个公司自身特有的营业活动和财务活动,与某个具体的证券资产相关联,同整个证券资产市场无关。非系统风险可以通过持有证券资产的多元化来抵消,也称为可分散风险。非系统风险是以违约风险、变现风险、破产风险等形式表现出来的。违约风险是指证券资产发行者无法按时兑付证券资产利息和偿还本金的可能性。违约风险产生的原因可能是公司产品经销不善,也可能是公司现金周转不灵。变现风险是证券资产持有者无法在市场上以正常的价格平仓出货的可能性。破产风险是在证券资产发行者破产清算时投资者无法收回应得权益的可能性。

(五)证券投资的价值

公司进行证券投资是为了获得尽可能多的报酬,证券投资报酬有绝对数和相对数两种表示方法，在财务管理中通常用相对数，即报酬率形式来表示。其基本计算公式为：

$$R = \frac{S_1 - S_0 + P}{S_0}$$

式中：R——证券投资报酬率；

  S_1——证券出售价格；

  S_0——证券购买价格；

  P——证券投资所取得的股利或利息。

1. 债券投资收益

债券投资收益包括两部分：① 转让价差，即债券到期收回的偿还金额或到期前出售债券的价款与购买债券时投资金额之差；② 利息收入。

债券投资收益率是一定时期内债券投资收益与投资额的比率。

【例 4 - 10】 某企业于 2022 年 10 月 1 日以发行价格每张 510 元购面额为 500 的附息债券 50 张，票面利率为年利率 6%，到期日为 2023 年 10 月 1 日，计算该债券到期的收益率（不考虑时间价值因素）。

$$R = \frac{500 \times 6\% + 500 - 510}{510} \times 100\% \approx 3.92\%$$

2. 股票投资收益

股票投资收益因发行公司未来获利状况和股价变化情况而变动。

【例 4 - 11】 某公司于 2022 年年初以每股 42 元的价格购入 A 公司股票，2023 年 1 月每股获现金股利 4 元，2023 年 8 月 30 日，该公司将 A 公司股票以每股 45 元的价格出售，计算投资报酬率（不考虑时间价值因素）。

$$R = \frac{45 - 42 + 4}{42} \times 100\% \approx 16.67\%$$

二、债券投资管理

债券投资的对象是债券，企业进行短期债券投资主要是为了合理利用暂时闲置资金，调节现金余额，获得收益。当企业现金余额太多时，投资于债券，可使现金余额降低；反之，当现金余额太少时，则出售原来投资的债券，收回现金，使现金余额提高。企业进行长期债券投资是为了获得稳定的收益。

（一）债券的基本特征

债券是发行者按承诺条款还本付息的债务凭证。在债券上标明了票面面值、利息率、付息期、还本期，债券应该支付的利息额等于债券面值乘以票面利息率，应该偿还的借款金额等于票面面值。

投资人可根据债券发行价（低于票面面值发行为折价发行，按照票面面值发行为平价发行，高于票面面值发行为溢价发行）购买债券，视为债券投资的现金流出；根据债券票面面值、利息率、付息期可计算出投资的利息收入，债券到期日投资人按照票面面值收回借款金额，利息收入和到期收回的本金视为债券投资的现金流入。因此，债券的基本特征是，现金流量和现金流动的时期是已知的。

（二）债券投资应考虑的相关因素

1. 债券面值

债券面值是指设定的票面金额。它代表债券发行人向债权人借入资金，并且承诺在未来某一特定日期偿付给该债券持有人的金额。债券面值包含两方面内容：

（1）票面币种。票面币种，即以何种货币为债券的计量单位。一般而言，在国内发行的债券，发行的对象是国内有关经济主体，则选择本国货币；若在国外发行，则选择发行地国家或地区的货币或国际通用货币（如美元）作为债券的币种。

（2）票面金额。票面金额对债券的发行成本、发行数量和持有者的分布有影响。票面金额小，有利于小额投资者购买，从而有利于债券发行，但发行费用可能增加；票面金额大，会降低发行成本，但可能减少发行量。

2. 债券票面利率

债券票面利率是指债券发行者预计一年内向投资者支付的利息占票面金额的比率。票面利率不同于实际利率。实际利率通常是指按复利计算的一年期的利率。债券的计息和付息方式有多种，可使用单利或复利计息，利息支付可半年一次、一年一次或到期日一次性支付。这必然使票面利率不等于实际利率。

3. 债券到期日

债券到期日是指债券发行人承诺偿还本金的日期，与权益类投资（如股票）的区别之一是：债券一般都规定到期日，债券发行人应按照约定日期归还本金。

（三）债券的分类

作为投资对象，债券按不同的分类标准可以分为不同的类型。

1. 按发行主体分类

按发行主体分为政府债券、金融债券和公司债券。

政府债券是指政府作为发行人的债券，通常由财政部发行，政府担保。常见的有短期国库券、中长期债券等，其目的是满足政府的需要或兴办地方公共事业。政府债券有可转让债券和不可转让债券。

金融债券是经中央银行或其他政府金融管理部门批准，由银行或其他金融机构发行的债务凭证，通常标明发行机构的名称、利率、还款期、发行期等。金融债券利率一般高于同期的定期存款利率。

公司债券是指公司为了发展业务或扩充资本，经股东大会或董事会审议决议，向社会大众募集资金的债券。

2. 按利率是否固定分类

按利率是否固定分为固定利率债券和浮动利率债券。

固定利率债券是具有固定的利息率和固定的偿还期，且较为普遍的债券。

浮动利率债券是根据市场利率定期调整的债券，其利率按标准利率加一定利差确定，或者按固定利率加上保值补贴率确定。浮动利率债券可以减少投资人的利率风险。

3. 按是否记名分类

按是否记名分为记名债券和无记名债券。

记名债券是指债券上记载债权人的姓名，原持有人需要背书并经金融机构验证方可转让的债券。通常，记名债券可以挂失。

无记名债券不记载持有人的姓名，谁持有债券，谁就是该债券的合法债权人。

4. 按是否上市流通分类

按是否上市流通分为上市债券和非上市债券。

上市债券是指经由政府管理部门批准，在证券交易所内买卖的债券。

非上市债券是指不在证券交易所上市，只能在场外交易的债券。

(四) 债券投资的特点

债券投资与股票投资相比，债券投资具有本金安全性高、收益稳定、收益性较差、违约风险小、购买力风险及利率风险较大的特点。

1. 本金安全性高

由于债券发行时就已经约定以特定的方式陆续支付利息或于到期后一次性支付全部的本金和利息，到期还本的债券特征决定了债券投资本金的安全性。特别是对于国债来说，其本金及利息的给付是由政府做担保的，几乎没有任何风险，是具有较高安全性的一种投资方式。

2. 收益稳定

债券的利率通常要高于银行的存款利率。从收益性来说，债券的利率通常介于存款利率与贷款利率之间，投资于债券，投资者一方面可以获得稳定的、高于银行存款的利息收入，另一方面可以利用债券价格的变动买卖债券，赚取价差。

3. 收益性较差

由于债券投资承担的风险相对较低，相对于股票投资而言，债券投资的收益能力较差。

4. 违约风险小

由于债券投资的求偿权比较靠前，获得收益的可能性比较大，发生损失的可能性就相对较小。

5. 购买力风险较大

由于债券投资者在对债券进行投资时，利率及本金的偿还都是固定的，当发生通货膨胀时，货币的购买力会有所下降，债券投资者获得的实际利率为票面利率扣除通货膨胀率，进而债券投资者的获利将会减少，承担了较大的购买力风险。

6. 利率风险较大

由于债券价格和利率成反比，利率的变动对债券价格会产生直接影响。在我国，政府为了缓解需求和投资过热的情况，多次上调利率，如果利率上升，短期投资可以迅速地找到高收益率的投资机会；若利率下降，长期债券却能保持高收益。

(五) 债券的估价

进行债券估价的目的是确定债券的内在价值，并为企业进行债券投资决策提供依据。当债券的价值大于其购买价格时，才值得投资；否则，不应进行投资。债券价值是进行债券投资决策时使用的主要指标之一。

债券的价值是由其未来现金流入量的现值决定的,影响债券价值的因素主要是债券面值、票面利率和市场利率。由于债券面值和票面利率在发行时就已经确定,因此,债券价值的高低主要由市场利率水平决定。市场利率越高,债券价值越低;反之,亦然。这种由市场利率变化导致的债券价格的不稳定,就是债券的利率风险。债券的利率风险主要表现在两个方面:一是价格风险,即债券价格会因市场利率变化而变化;二是再投资风险,即因市场利率的变化使债券的利息收益在进行再投资时的收益具有不确定性。

1. 债券估价通用模型

一般情况下,债券采取固定利率,每年按复利计算并支付利息,到期归还本金。按照这种模式,债券价值计算的基本模型是:

$$P = \sum_{t=1}^{n} \frac{i \cdot F}{(1+K)^t} + \frac{F}{(1+K)^n}$$

$$P = I \cdot (P/A, K, n) + F \cdot (P/F, K, n)$$

式中:P——债券价值;

i——债券票面利息率;

F——债券面值;

K——市场利率或投资人要求的必要收益率;

I——每年利息;

n——付息总期数。

【例 4-12】 某债券面值为 1 000 元,票面利率为 10%,每年年末付息一次,期限为 5 年。某企业要对这种债券进行投资,当前的市场利率为 12%,则债券价格为多少时才能进行投资?

根据债券估价通用模型,可得:

$$P = 1\ 000 \times 10\% \times (P/A, 12\%, 5) + 1\ 000 \times (P/F, 12\%, 5)$$
$$= 100 \times 3.604\ 8 + 1\ 000 \times 0.567\ 4 = 927.88(元)$$

即这种债券的价格必须低于 927.88 元,该企业才能购买。

2. 一次还本付息不计复利的债券估价模型

我国很多债券属于一次还本付息且不计复利的债券,其估价模型为

$$P = \frac{F + F \cdot i \cdot n}{(1+K)^n}$$

$$P = (F + F \cdot i \cdot n) \cdot (P/F, K, n)$$

公式中符号的含义同前式。

【例 4-13】 某企业拟购买另一家企业发行的利随本清的企业债券,该债券面值为 1 000 元,期限为 5 年,票面利率为 10%,不计复利,当前市场利率为 8%。该债券发行价格为多少时,企业才能购买?

由上述模型可知

$$P = \frac{1\ 000 + 1\ 000 \times 10\% \times 5}{(1+8\%)^5} = 1\ 020.90\ (元)$$

即该债券发行价格只有低于 1 020.90 元时,企业才能购买。

3. 折价发行时债券的估价模型

有些债券以折价方式发行，没有票面利率，到期按面值偿还。这些债券的估价模型为：

$$P = \frac{F}{(1+K)^n} = F \cdot (P/F, K, n)$$

公式中的符号含义同前式。

【例 4-14】 某债券面值为 1 000 元，期限为 3 年，以折价方式发行，期内不计利息，到期按面值偿还，当时市场利率为 10%。其价格为多少时，企业才能购买？

由上述公式得

$$P = 1\,000 \times (P/F, 10\%, 3) = 1\,000 \times 0.751\,3 = 751.30 \text{（元）}$$

即该债券价格只有低于 751.30 元时，企业才能购买。

（六）债券投资的优缺点

债券投资的优点在于：① 本金安全性高。与股票相比，债券投资风险比较小。其中，政府发行的债券，因有政府财力做后盾，其本金的安全性非常高，通常被视为无风险债券或称为"金边债券"。企业债券的持有者拥有优先索偿权，当发行债券的企业破产时，债券投资者优先于股东分得企业资产，因此，其本金损失的可能性较小。② 收入稳定性强。债券票面一般都标有固定利息率，债券的发行人有按时支付利息的法定义务。因此，在正常情况下，债券投资者都能获得较稳定的收入。③ 市场流动性好。政府及大企业发行的债券一般都可在金融市场上迅速出售，流动性很好。

债券投资的缺点是：① 购买力风险较大。由于债券面值和收入的固定性，在通货膨胀时期，债券本金和利息的购买力会不同程度地受到侵蚀，投资者名义上虽然有收益，但实际上却有损失。② 没有经营管理权。投资债券主要是为了获得报酬，而无权对债券发行企业施加影响和控制。

三、股票投资管理

股票是股份公司为了筹集自有资金而发行的代表所有权的有价证券。股票投资是以股票为投资对象的投资，是企业投资的一种重要形式。企业进行股票投资的目的主要有两种：一是获取投资收益，即作为股票持有者，持有股票期间可获得一定的股息红利，或是通过低买高卖获取价差收入，特别是短期投资者，这一目的表现得更加明显；二是对股票发行公司控股，即通过购买某一企业的大量股票达到控制该企业的目的。

（一）股票的概念

股票是一种有价证券，它是股份有限公司公开发行的、用以证明投资者的股东身份和权益并据以获取利息和红利的凭证。

（二）股票投资应考虑的相关因素

股票投资具有风险大、收益高的特点。企业进行股票投资时必须要有周密的策略。

1. 股票市场价格

股票在市场上的买卖价格就是股票的市场价格。其市场价格由供求关系决定，而供求关系受诸如市场利率、预期收益率、社会政治和经济，甚至投资者个人心理等多种因素的影响。

2. 股票的票面价值

股票的票面价值是指在普通股票上标明的每一股的价值。对于普通股票而言，由于它是一种无到期日，不需要按票面价值计算应付股利的有价证券，因此从理论上讲，普通股票有无票面价值并不重要。

3. 股票的内在价值

股票的内在价值，又称理论价值，其最基本的表达式是股票预期未来现金流量的折现值。股票的内在价值是投资者决定是否对某种股票投资的基础。

4. 股票股利

股利是公司从税后利润中支付给股票股东的一种投资报酬。这里所指的股利仅指现金股利。普通股股票的股利除受公司盈利能力的影响之外，还受公司盈利分配政策等诸多因素的影响。

（三）股票投资的特点

与债券投资相比，股票投资具有投资者拥有更多的权益、投资风险大、收益高但不稳定、价格波动大、灵活性与流动性强等特点。

1. 股票投资拥有更多的权益

股票投资属于权益性投资，股票是代表所有权的凭证，持有人作为发行公司的股东，有权参与公司的经营决策；而债券投资属于债权性投资，债券是代表债权债务的凭证，持有人作为发行公司的债权人，可以定期获取利息，但无权参与公司经营决策。

2. 股票的投资风险大

投资者购买股票之后，不能要求股份公司偿还本金，只能在证券市场上转让，因此股票投资者至少面临以下两方面的风险：

（1）股票发行公司经营不善所形成的风险。如果股票发行公司经营状况较好，盈利能力强，则股票投资者的收益就多；如果股票发行公司的经营状况不佳，发生了亏损，就可能没有收益；如果股票发行公司破产，由于股东的求偿权位于债权人之后，因此股东可能部分甚至全部不能收回投资。

（2）股票市场价格变动所形成的价差损失风险。股票价格的高低，除了取决于公司经营状况外，还受政治、经济、社会等多种因素的影响，因而股票价格经常处于变动之中，其变动幅度往往高于债券价格的变动幅度。股票价格的变动既能为股东带来价格上升的收益，也会带来价格下跌的损失。

3. 股票投资的收益高但不稳定

由于投资的高风险性，股票作为一种收益不固定的证券，其收益一般高于债券。股票投资收益的高低取决于公司的盈利水平和整体经济环境状况。当公司经营状况好、盈利水平高而社会经济发展繁荣稳定时，股东既可以从发行公司领取高额股利，又可因股票升值获取转让收益。股票股利直接与公司的经营状况相关，公司盈利多，就可能多发放股利；公司盈利少，就可能少发或不发股利。股票转让的价差收益主要取决于股票市场的行情，股市行情好，出售股票就可以得到较大的价差收益；股市低迷，出售股票会遭受损失。

4. 股票价格的波动性大

股票价格既受发行公司经营状况的影响，又受股市投机等因素的影响，波动性极大。这就决定了不宜冒险的资金最好不要用于股票投资，而应选择风险较小的债券投资。

5. 灵活性与流动性强

股票投资的期限可长可短，投资金额可多可少，受限制比较少，具有较强的灵活性。尽管股票持有人不能将已经购买的股票退还给股票发行公司，但是其可以利用证券市场随时进行股票的买卖交易或将股票进行抵押，股票转让使股票的转让者将股票所代表的股东身份及相应的各种权益让给了股票受让者，同时自身获得了相应股价的资金额。股票良好的流动性促进了社会资金的有效利用和资源的合理配置。

（四）股票的估价

进行股票估价的目的同样是确定股票的内在价值，并将其与股票市价进行比较，视其低于、高于或等于市价，决定买入、卖出或继续持有股票。

对股票价值的评估类似于债券，即求股票预期的未来现金流入量的现值。股票预期的未来现金流入包括两部分：① 每期的预期股利；② 出售股票时的变价收益。但由于股票没有固定的股息，也没有一定的期末价值，因此，股票价值的评估方法不同于债券。下面介绍几种最常见的股票估价模型。

1）短期持有、未来准备出售的股票估价模型

在这种情况下，股票估价模型为：

$$V = \sum_{t=1}^{n} \frac{d_t}{(1+K)^t} + \frac{V_n}{(1+K)^n}$$

式中：V——股票的价值；

V_n——未来出售时预计的股票价格；

K——投资人要求的必要投资收益率；

d_t——第 t 期的预期股利；

n——预计持有股票的期数。

2）长期持有、股利稳定不变的股票估价模型

这种情况是在上述模型的基础上计算的，当 $n \to \infty$ 时，上式中的 $\frac{V_n}{(1+K)^n} \to 0$，而 $\sum_{t=1}^{n} \frac{d_t}{(1+K)^t}$ 则可近似地看作是永续年金。此时，股票估价模型可简化为：

$$V = \frac{d}{K}$$

式中：d——每年的固定股利。

3）长期持有、股利固定增长的股票估价模型

如果一个公司的股利不断增长，投资人的投资期限又非常长，则股票的估价就更困难了，只能计算近似数。设上年股利为 d_0，每年股利的增长率为 g，则：

$$V = \sum_{t=1}^{\infty} \frac{d_0(1+g)^t}{(1+K)^t}$$

根据极限原理，当 $n \to \infty$ 时，普通股的价值为：

$$V = \frac{d_0 \cdot (1+g)}{K-g} = \frac{d_1}{K-g}$$

式中：d_1——第 1 年的股利。

【例 4 - 15】 A 公司拟投资购买 B 公司的股票，该股票上年每股股利为 3.20 元，以后每年以 4% 的增长率增长。A 公司要求获得 15% 的报酬率，则该股票的价格为多少时，A 公司才能购买？

$$V = \frac{3.20 \times (1+4\%)}{15\% - 4\%} = 30.25 \text{（元）}$$

由计算可知，只有当证券市场上 B 公司的股票在 30.25 元以下时，A 公司才能投资购买，否则就无法获得 15% 的报酬率。

4）长期持有、股利非固定增长的股票估价模型

企业的每一个发展周期中，都会经历成长期、成熟期和衰退期。在成长期，企业的发展速度会快于社会经济的平均增长速度。例如，许多高科技企业的股票价值会在短短几年内飞速增长，而在接近企业成熟期时会减慢其增值速度。这类企业的股票价值需要分段计算，可按下列三个步骤求得：① 将股利现金流分为两部分，即开始时的高速增长阶段和其后的永久性固定增长阶段，然后计算高速增长阶段预期股利的现值；② 采用固定增长模式，在高速增长期末，即固定增长期开始时，计算股票的价值，并将该数值折为现值；③ 将上述两部分求得的现值相加，即为股票的现时价值。

（五）股票投资的优缺点

1. 股票投资的优点

（1）能获得比较高的报酬。普通股股票的价格虽然变动频繁，但从长期看，优质股股票的价格总是上涨的居多，只要选择得当，都能取得优厚的投资报酬。

（2）适当降低购买力风险。普通股的股利不固定，在通货膨胀率比较高时，由于物价普遍上涨，股份公司盈利增加，股利的支付也随之增加。因此，与固定收益证券相比，普通股能有效地降低购买力风险。

（3）拥有一定的经营控制权。普通股股东属于股份公司的所有者，有权监督和控制公司的生产经营情况，因此，欲控制一家公司，最好是收购这家公司的股票。

2. 股票投资的缺点

股票投资的缺点主要是风险大，这是因为：

（1）普通股对公司净资产和盈利的求偿权均居后，公司破产时，股东原来的投资可能得不到全数补偿，甚至一无所有。

（2）普通股的价格受众多因素影响，很不稳定。例如，政治因素、经济因素、投资人心理因素、公司的盈利情况等，都会影响股票价格，这使股票投资具有较大风险。

（3）普通股的收入不稳定。普通股股利的多少，视公司经营状况和财务状况而定，其有无、多少均无法律上的保证，且收入的风险也远远大于固定收益证券。

★ **思考与讨论**：在学习股票相关知识后，你认为在股票投资过程中该注意哪些问题？

四、证券投资组合

（一）证券投资组合的意义

在证券市场上经常可听到一句名言：不要把全部鸡蛋放在一个篮子里。证券投资的营利性吸引了众多投资者，但证券投资的风险性又使许多投资者望而却步，如何有效地解决这一难题？科学地进行证券组合就是一个比较好的解决办法。风险可分为可分散风险和不可分散风险，通过有效地进行证券投资组合，便可以削减甚至消除可分散风险，达到降低风险的目的。投资风险存在于各种证券中，它们随经济环境的变化而不断变化，如果简单地把资金全部投向一种证券，便要承受巨大的风险，一旦失误，就会全盘皆输。证券投资组合是证券投资的重要武器，它可以帮助投资者全面捕捉获利机会，降低投资风险。

（二）证券投资组合的收益率与风险

1. 证券投资组合的收益率

证券投资组合的收益率是指投资组合中单项资产预期收益率的加权平均数，其计算公式为：

$$R_p = \sum_{i=1}^{n} W_i \cdot R_i$$

式中：R_p——投资组合的期望收益率；

W_i——第 i 项证券在投资组合总体中所占比重；

R_i——第 i 项证券的期望收益率；

n——投资组合中证券的种类数。

【**例 4-16**】 某投资组合中包括 A、B、C 三种证券，其期望收益率分别为 18％、16％、20％。在这个组合中，A、B、C 三种证券的比重分别为 0.50、0.25、0.25，则这个投资组合的期望收益率为：

$$R_p = 0.50 \times 18\% + 0.25 \times 16\% + 0.25 \times 20\% = 18\%$$

2. 证券投资组合的风险

证券投资组合的风险不能像计算期望收益率那样用各个证券的风险或标准差的加权平均数来计算。要计算证券投资组合的风险，首先要了解证券投资组合的风险构成。

证券投资组合的风险可以分为两种性质完全不同的风险：非系统性风险和系统性风险。

1）非系统性风险

非系统性风险又叫可分散风险或公司特别风险，是指某些因素对单个证券造成经济损失的可能性，如公司在市场竞争中的失败等。这种风险，可通过证券持有的多样化来抵消，即多买几家公司的股票，其中某些公司股票的收益上升，另一些股票的收益下降，从而将风险抵消。因而，这种风险称为可分散风险。至于风险能被分散掉的程度，则取决于投资组合中不同资产预期报酬之间的相关程度。

对现实证券市场的研究表明，尽管各证券之间存在着一种正相关关系，但两种证券的收益之间从来不可能达到完全的正相关。若我们随机抽取两种股票，则平均而言，其相关系数 r 为 $+0.6$；而且大部分成对股票间的相关系数 r 在 $+0.5$ 与 $+0.7$ 之间，即部分正相关。在这种情况下，把两种股票组合成证券组合能在不降低投资者期望收益率的条件下，减少证券投资的风险，但不能全部消除风险。不过，如果股票种类较多，则能分散掉大部分风险，而当股票种类足够多时，几乎能把所有的非系统性风险分散掉。

2）系统性风险

系统性风险又称不可分散风险或市场风险，指的是由于某些因素给市场上所有的证券都带来经济损失的可能性。例如，宏观经济状况的变化、国家税法的变化、国家财政政策和货币政策的变化、世界能源状况的改变以及战争等不可抗力因素的影响，都会使证券预期收益率发生变化。这些风险将影响到所有的证券，因此，不能通过证券组合分散掉。对投资者而言，这种风险是无法消除的，故称为不可分散风险。对一个风险充分分散的证券组合来说，重要的是该组合总的风险的大小，而不是每一证券的个别风险的大小。当一个投资者在考虑是否要在已有的证券组合中加入新的证券时，所考虑的重点也是这一证券对证券组合的总的风险（即系统性风险）的贡献，而不是其个别风险的大小。

不可分散风险的程度通常用 β 系数来计量。β 系数反映的是个别证券相对于市场上全部证券的平均收益的变动程度。市场收益是指所有证券组成的市场投资组合的收益。从理论上讲，市场投资组合是由所有风险性证券组成的，它的收益率是无法确定的；但在实务中，就证券投资来说，通常以一些具有代表性的证券指数作为市场投资组合，再根据证券指数中个别证券的收益率来估计市场投资组合的收益率，再采用一定的方法来估算系数 β，用公式表示就是：

$$\beta = \frac{个别证券的系统性风险}{市场上全部证券的系统性风险}$$

如 β 系数为 0.5，表明该证券的系统性风险只相当于总系统风险的一半。换句话说，如果整个市场证券收益率的平均水平上升 10%，则该证券的收益率只上升 5%；而如果整个市场证券收益率的平均水平下降 10%，则该证券的收益率只下降 5%。如果一证券的 β 系数为 2，表明该证券的系统性风险相当于总系统性风险的两倍，如果整个市场证券收益率的平均水平上升 10%，则该证券的收益率将上升 20%；而如果整个市场证券收益率的平均水平下降 10%，则该证券的收益率也将下降 20%。

β 系数作为证券系统性风险的量度，在投资分析中有着重要的意义，但由于其实际计算过程相当复杂，同时需要大量的数据支持，因此它通常由专业投资服务机构定期计算并公布，以供投资者决策之用。

作为整体的证券市场的 β 系数为 1，如果某种股票的风险情况与整个证券市场的风险情况一致，则这种股票的 β 系数等于 1；如果某种股票的 β 系数大于 1，说明其风险大于整个证券市场的风险；如果某种股票的 β 系数小于 1，说明其风险小于整个证券市场的风险。

以上是个别证券 β 系数的计算方法。投资组合的 β 系数又如何计算呢？投资组合的 β 系数是个别证券 β 系数的加权平均数，权数为各种证券在投资组合中所占的比重。其计算公式为：

$$\beta_P = \sum_{i=1}^{n} W_i \cdot \beta_i$$

式中：β_p——证券投资组合的 β 系数；

$\quad W_i$——第 i 项证券在投资组合总体中所占的比重；

$\quad \beta_i$——第 i 项证券的 β 系数；

$\quad n$——投资组合中证券的种类数。

至此，可把上面的分析总结如下：

（1）一种股票的风险是由两部分组成的，即可分散风险和不可分散风险。

（2）可分散风险可通过证券投资组合来削减。如图 4-2 所示，可分散风险随证券投资组合中股票数量的增加而逐渐减少。

（3）股票的不可分散风险由市场变动所产生，它对所有股票都有影响，不能通过证券投资组合消除，不可分散风险是通过 β 系数来测量的。

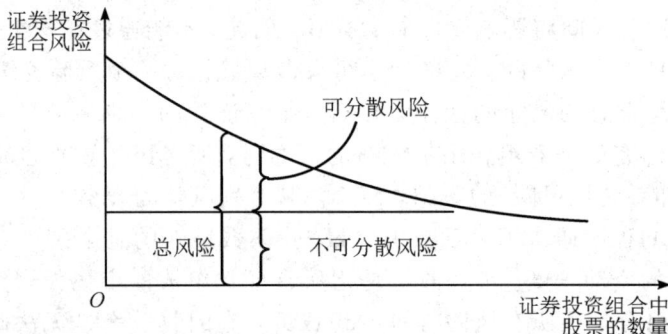

图 4-2　证券投资组合风险示意图

（三）证券投资组合的风险收益

投资者进行证券组合投资与进行单项投资一样，都要求对承担的风险进行补偿，股票的风险越大，要求的收益就越高。但是，与单项投资不同，证券组合投资要求补偿的风险只是不可分散风险，而不要求对可分散风险进行补偿。如果有可分散风险的补偿存在，善于科学地进行投资组合的投资者将购买这部分股票，并抬高其价格，其最后的收益率也只反映不可分散的风险。因此，证券投资组合的风险收益是投资者因承担不可分散风险而要求的、超过时间价值的那部分额外收益。可用下列公式计算：

$$R_p = \beta_p \cdot (K_m - K_F)$$

式中：R_p——证券投资组合的风险收益率；

$\quad \beta_p$——证券投资组合的 β 系数；

$\quad K_m$——所有股票的平均收益率，也就是由市场上所有股票组成的证券投资组合的收益率，简称市场收益率；

$\quad K_F$——无风险收益率，通常以短期国债的利率近似替代。

【例 4-17】　某企业投资于 A、B、C 三种股票，构成投资组合，经测算，它们的 β 系数分别为 1、0.50、1.50。A、B、C 三种股票在投资组合中所占的比重分别为 20%、30%、50%。股票市场平均报酬率为 16%，无风险收益率为 12%。该企业拟投资总额为 100 万元。试计算这种投资组合的风险收益率和风险收益额。

（1）投资组合的 β 系数为：

$$\beta_p = 20\% \times 1 + 30\% \times 0.50 + 50\% \times 1.50 = 1.10$$

（2）该投资组合的风险收益率为：
$$R_p = 1.10 \times (16\% - 12\%) = 4.40\%$$

（3）该投资组合的风险收益额为：
$$风险收益额 = 100 \times 4.40\% = 4.40（万元）$$

从以上计算可以看出，在其他因素不变的情况下，风险收益率的大小主要取决于证券投资组合的 β 系数，β 系数越大，风险收益率就越大；反之，亦然。

【例 4 - 18】 续例 4 - 17，该企业为了降低风险，出售部分风险较高的 C 股票，买进部分 B 股票，使 A、B、C 三种股票在证券组合中的比重变为 20%、50%、30%，试计算此时的风险收益率。

$$\beta_p = 20\% \times 1 + 50\% \times 0.50 + 30\% \times 1.50 = 0.90$$
$$R_p = 0.90 \times (16\% - 12\%) = 3.60\%$$
$$风险收益额 = 100 \times 3.60\% = 3.60（万元）$$

由以上计算可见，调整各种证券在证券投资组合中的比重，可改变证券投资组合的风险系数、风险收益率和风险收益额。

（四）证券投资组合的必要收益率

上述风险收益率的计算是在假设证券投资组合中所有的资产均为风险性资产的情况下，只考虑因承担不可分散风险而要求的、超过时间价值的那部分额外收益。事实上，市场上可供选择的投资工具很多，除风险性资产外，还有大量的无风险性资产，如政府债券等。因此，计算证券投资组合的风险收益率必须全面考虑风险与收益的关系。

资本资产定价模型（Capital Assets Pricing Model，CAPM）是现代西方财务管理中揭示多元化投资组合中资产风险与所要求的收益之间关系的一个重要模型。

资本资产定价模型为：
$$R = R_f + \beta(R_m - R_f)$$

式中：R——某资产的必要收益率；

β——该资产的系统风险系数；

R_f——无风险收益率，通常以短期国债的利率来近似替代；

R_m——市场组合收益率，通常用股票价格指数收益率的平均值或所有股票的平均收益率来代替。

【例 4 - 19】 某公司股票的 β 系数为 1.20，无风险收益率为 8%，市场资产组合的平均收益率为 14%。根据资本资产定价模型，计算出这一股票的必要收益率。

$$R = 8\% + 1.20 \times (14\% - 8\%) = 15.20\%$$

即该企业股票的收益率达到或超过 15.20% 时，投资方才肯进行投资；如果低于 15.20%，投资方不会购买该股票。

计算出了股票的必要收益率，就不难确定股票的价值。假设该股票为固定成长股，成长率 $g = 5.20\%$，预期 1 年后的股利是 2 元，则该股票的价值为：

$$V = \frac{d_1}{R - g} = \frac{2}{15.20\% - 5.20\%} = 20（元）$$

即在股票市场上，如果该股票的价格低于 20 元，投资者就可以购买；否则，不宜购进该股票。

（五）证券投资组合策略

证券投资组合应根据投资组合策略的要求进行组合测试，证券投资组合的主要策略如下：

1. 保守型投资组合策略

选择这种策略的投资者对风险相对比较厌恶，不愿承担高风险。这种组合策略要求尽量模拟证券市场现状（包括证券的种类和各证券所占的比重），将尽可能多的证券包括进来，以便分散掉全部的非系统风险，从而得到与市场平均收益率相近的投资收益率。

2. 冒险型投资组合策略

选择这种策略的投资者认为，只要选择适当的投资组合，就能击败市场或超越市场，从而取得远远高于市场平均收益水平的投资收益。这种组合策略要求尽可能多选择一些成长性较好的股票，而少选择低风险低收益的股票，这样就有可能使投资组合的收益高于证券市场的平均收益。这种组合的收益高，同时风险也高于证券市场的平均风险。

3. 适中型投资组合策略

选择适中型组合策略的投资者通常选择一些风险不大、效益较好的公司的股票。这些股票虽然不是高成长的股票，但却能给投资者带来稳定的股利收益。选择这种策略的投资者认为，有价证券的价格特别是股票的价格主要受发行公司的经营业绩影响，只要公司的经济效益好，股票的价格终究会体现其优良的业绩，所以在进行股票投资时，要全面深入地进行证券投资分析，选择一些品质优良的股票组成证券投资组合，这样既可以获得较高的投资收益，又不会承担太大的投资风险。

（六）证券投资组合方法

1. 投资组合的三分法

比较流行的投资组合三分法是：三分之一的资金存入银行以备不时之需；三分之一的资金投资于债券、股票等有价证券；三分之一的资金投资于房地产等不动产。同样，投资于有价证券的资金也要进行三分，即三分之一投资于风险较大的有发展前景的成长性股票，三分之一投资于安全性较高的债券或优先股等有价证券，三分之一投资于中等风险的有价证券。

2. 按风险等级和报酬高低进行投资组合

证券的风险大小可以分为不同的等级，证券收益也有高低之分。投资者可以测定自己期望的投资收益率和所能承担的风险程度，然后在市场中选择相应风险和收益的证券组合。一般来说，在选择证券进行投资组合时，同等风险的证券应尽可能选择报酬高的，同等报酬的证券应尽可能选择风险低的，并且要选择一些风险呈负相关的证券进行投资组合。

3. 选择不同的行业、区域和市场的证券作为投资组合

这种投资组合的做法如下：尽可能选择足够数量的证券进行投资组合，这样可以分散掉大部分可分散风险；选择证券的行业也应分散，不可集中投资于同一个行业的证券；选择证券的区域也应尽可能分散，这是为了避免因地区市场衰退而使投资遭受重大损失；将资金分散投资于不同的证券市场，这样可以防范同一证券市场的可分散风险。

4. 选择不同期限的投资进行组合

这种投资组合要求投资者根据未来的现金流量来安排各种不同投资期限的证券，进行长、中、短期相结合的投资组合。同时，投资者可以根据可用资金的期限来安排投资，长期不用的资金可以进行长期投资，以获取较大的投资收益；近期可能要使用的资金，最好投资于风险较小、易于变现的有价证券。

拓展阅读

小米的多元化投资战略助力企业腾飞

21世纪以来，全球经济化的进程依然在不断加快，互联网时代也发展得更为成熟。由于目前的经济态势是风险和机遇同时存在，所以公司所处的内外部环境也时刻在变化。为了顺应行业变化和抓住发展机会，越来越多的企业选择多元化道路。因为多元化战略不仅为企业带来更多收益，还可以帮企业把资金风险分散一部分，进而缓冲在经济浪潮下的压力。小米集团就是多元化投资战略的受益者之一。

北京小米科技有限公司（简称"小米公司"）于2010年创立，是一家集智能硬件研发和电子软件开发及智能手机等生态链建设于一体的科技型互联网公司，其经营和销售的主要业务涵盖智能手机、智能家电、IoT平台以及互联网服务等领域。

作为国内第一波成长起来的互联网巨头企业，小米公司早已从最初的智能手机厂商，成长为拥有庞大的小米生态链的商业帝国，产业涉及智能硬件、家居生活、游戏文娱等多个领域。而小米公司在多元化布局上有一个明显特点，那就是"粮草未动，投资先行"，多元化投资战略取得的成就令人叹为观止。小米公司首先于2018年成功上市，成为首家采用双重股权结构在香港上市的企业。2019年6月，小米公司入选2019福布斯中国最具创新力企业榜。2019年10月，入选2019福布斯全球数字经济100强榜第56位。2019年12月，在人民日报"中国品牌发展指数"100榜单排名30位。2021年3月30日，小米公司在港交所发布公告，正式宣布进入造车领域。2022年8月，在世界500强企业中排名第266位，大幅提升72名。这一系列成就，多元化战略投资功不可没。

那小米公司到底投资了多少家企业？据公开信息披露，早在2022年第一季度，小米就已在全球投资总计超过420家企业，涉及智能制造、半导体、新能源、互联网金融、互联网教育、医疗健康等多个领域。最高投资金额达到80亿元。正是这种多元化投资战略，帮助小米公司打造了一个健康的企业生态链，降低了企业市场开拓成本，分散了经营风险，提高了企业竞争力。2023年3月30日，小米公司在港交所发布公告，拟成立一家全资子公司，负责智能电动汽车业务。首期投资为100亿元人民币，预计未来10年投资额100亿美元。由此可见，小米公司的多元化投资之路不会停歇。

小米公司的多元化投资战略带来给我们的启示是：

（1）企业的投资战略要以培养核心竞争力为出发点

对于一家企业而言，无论处于何种市场环境当中，最终能够决定企业经营寿命与长期获利能力的因素往往都是企业的内生因素，而这些内生因素也会切实影响企业在市场中的竞争能力，影响市场的竞争态势。在这些内生因素中，最被管理层和投资者看重的是企业的核心竞争力，如果一个企业拥有了极具优势的核心竞争力，那么它就更有可能在激烈的市场竞争中获得竞争优势，从而进一步实现用户的获取与市场份额的提升，反之则可能因为竞争劣势而难以获得丰厚的利润以支撑企业的长远发展。

（2）企业的投资战略要密切结合企业实际

　　大多数企业在成长的过程中都不可避免地会受到同行业龙头企业的影响，而这种影响往往会导致决策层试图通过复制龙头企业发展路径以获得同样的成功。但决策层也必须注意到，企业面临的市场环境与时代背景都已经有新的变化，如果一味地复制龙头企业的成长路径，最终可能并不会得到同样的成功果实。因此，企业投资战略的制定不能以范本为基础，而应该以企业的实际为基础。

　　（3）企业的投资战略应该有层次性，并且注重联动效应的形成

　　企业的投资战略作为一种职能战略，应当以企业的总体战略为基础，以实现总体战略为目标，不断通过投资活动辅助企业总体战略的实现。这一目标的实现要求企业在制定投资战略时应当具备层次性，应当通过有序地实施投资战略、开展投资活动，帮助企业在各个业务板块之间建立互利关系。

　　（4）企业的投资战略要及时跟随市场变化进行部署

　　对于投资战略的部署，必须紧紧联系不断变化的市场环境，并且要适应市场环境的变化，不能逆市场变化而动，这一点在小米公司的新零售投资战略上表现得较为明显。

　　资料来源：经济视界.小米公司投资战略案例的启示，对该启示，有什么好办法吗？
（baidu.com）（2022-04-13）.

思政启示

　　投资管理是企业财务管理的重要内容，投资决策的正确与否影响着企业经营的成败，企业要加强对投资决策的把控，防范好投资风险，注重投资的合法性、效益性，在追逐投资效益的同时，要兼顾社会效益，承担应该承担的社会责任。每个人的人生中也有许多时候面临重要的抉择和判断，如企业投资一样，此时就需要我们拿出严格谨慎的态度，做出理性且正确的决断，切不可投机取巧，而是踏踏实实地走好人生的每一步。

项 目 小 结

　　本项目主要介绍了项目投资管理和证券投资管理的有关内容。

　　项目投资是一种以特定投资项目为对象，直接与新建项目或更新改造项目有关的长期投资行为。从性质上看，它是企业直接的、生产性的对内实物投资，通常包括固定资产投资、无形资产投资等。

　　现金流量是由一项长期投资项目所引起的，在未来一定期间所发生的现金收支。现金净流量又称净现金流量，是指在项目计算期内现金流入量与同年现金流出量之间的差额，通常按年计算。

　　评价某一项目是否可行，可以采用相关的指标进行。静态投资回收期是指收回初始投资额所需要的时间，即以投资项目净现金流量抵偿原始总投资所需要的全部时间，该指标一般以年为主。净现值是指在项目计算期内，按照设定的折现率计算投产后现金净流量的现值之和与原始投资额的现值之差。净现值是反映投资项目在建设和生产服务年限内获利能力的动态指标。内含报酬率又称内部收益率，指项目投资实际可望达到的收益率。内含

报酬率是使净现值为零时的折现率或现金流入量现值与现金流出量现值相等时的贴现率。

证券投资是指企业通过投资股票、债券、基金等有价证券以及这些有价证券的衍生品，以获取差价、利息及资本利得的投资行为。其目的是未来获取投资收益，分散投资风险，稳定客户关系，提高资产流动性。

债券是发行者按承诺条款还本付息的债务凭证。在债券上标明了票面面值、利息率、付息期、还本期，债券应该支付的利息额等于债券面值乘以票面利息率，应该偿还的借款金额等于票面面值。

股票是股份公司为了筹集自有资金而发行的代表所有权的有价证券。企业进行股票投资的目的主要有两种：一是获取投资收益，即作为股票持有者，持有股票期间可获得一定的股息红利，或是通过低买高卖获取价差收入，特别是短期投资者，这一目的表现得更加明显；二是对股票发行公司控股，即通过购买某一企业的大量股票达到控制该企业的目的。

证券投资组合是证券投资的重要武器，它可以帮助投资者全面捕捉获利机会，降低投资风险。证券投资组合最常见的策略有保守型、冒险型、适中型三种。

知 识 结 构 图

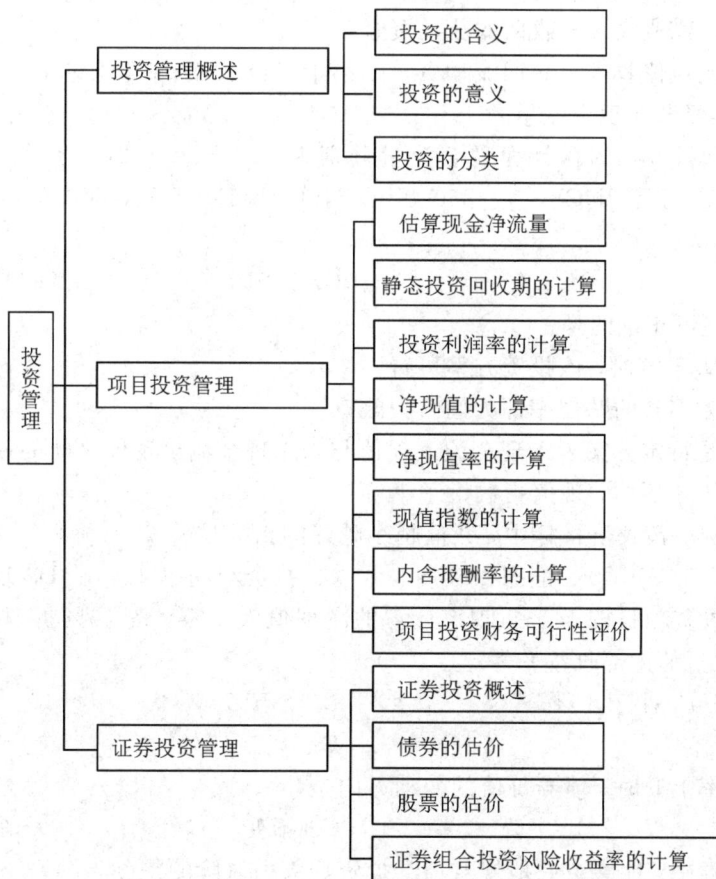

项 目 训 练

一、单项选择题

1. 将企业投资区分为直接投资和间接投资的分类标准是（　　）。

A. 按投资活动与企业本身的生产经营活动的关系

B. 按投资活动对企业未来生产经营前景的影响

C. 按投资对象的存在形态和性质

D. 按投资项目之间的相互关联关系

2. 在项目投资决策中，完整的项目计算期是指（　　）。

A. 建设期　　　　　　　　　　　　B. 生产经营期

C. 建设期＋达产期　　　　　　　　D. 建设期＋生产经营期

3. 某投资项目原始投资额为 200 万元，使用寿命 10 年，已知该项目第 10 年的经营净现金流量为 30 万元，期满处置固定资产残值收入 10 万元，回收流动资金共 10 万元，则该投资项目第 10 年的净现金流量包括（　　）。

A. 固定资产残值收入

B. 固定资产残值收入＋收回的流动资金

C. 固定资产残值收入＋收回流动资金＋第 10 年经营净现金流量

D. 第 10 年经营净现金流量

4. 某投资项目各年的预计净现金流量分别为：$NCF_0 = -200$ 万元，$NCF_1 = -50$ 万元，$NCF_{2-3} = 100$ 万元，$NCF_{4\sim11} = 250$ 万元，$NFC_{12} = 150$ 万元，则该项目的静态投资回收期为（　　）年。

A. 2　　　　　　B. 2.5　　　　　　C. 3.2　　　　　　D. 4

5. 下列表述不正确的是（　　）。

A. 净现值大于零时，该投资方案可行

B. 净现值为零时的贴现率即为内含报酬率

C. 净现值是特定方案未来现金流入现值与未来现金流出现值之间的差额

D. 净现值大于零时，现值指数大于 1

6. 下列投资决策评价指标中，数值越小越好的指标是（　　）。

A. 净现值　　　　B. 静态回收期　　　　C. 投资利润率　　　　D. 现值指数

7. 已知某投资项目按 14％折现率计算的净现值大于零，按 16％折现率计算的净现值小于零，则该项目的内部收益率肯定（　　）。

A. 大于 14％，小于 16％　　　　　　B. 小于 14％

C. 等于 15％　　　　　　　　　　　　D. 大于 16％

8. 市场利率上升时，债券价值的变动方向是（　　）。

A. 上升　　　　　B. 下降　　　　　C. 不变　　　　　　D. 随机变化

9. 下列证券中，能够更好地规避证券投资购买力风险的是（　　）。

A. 普通股　　　　　B. 优先股　　　　　C. 公司债券　　　　　D. 国库券

10. 某投资者购买 A 公司股票，并且准备长期持有，要求的最低收益率为 11%，该公司本年的股利为 0.6/股，预计未来股利年增长率为 5%，则该股票的内在价值是（　　　）元/股。

A. 10　　　　　　　B. 10.5　　　　　　C. 11.5　　　　　　D. 12

二、多项选择题

1. 企业需要通过投资配置资产，才能形成生产能力，取得未来经济利益，下列有关投资意义的表述，正确的有（　　　）。

A. 投资是企业生存与发展的基本前提

B. 投资是获取利润的基本前提

C. 投资是企业选择最优资本结构的重要手段

D. 投资是企业风险控制的重要手段

2. 维持性投资也可以称为战术性投资，下列属于维持性投资的有（　　　）。

A. 更新替换旧设备的决策　　　　　　　B. 配套流动资金投资

C. 生产技术革新的决策　　　　　　　　D. 开发新产品决策

3. 计算净现值时，可以采用（　　　）作为贴现率。

A. 资金成本　　　　　　　　　　　　　B. 企业要求的最低投资报酬率

C. 资金的机会成本　　　　　　　　　　D. 债务利息率

4. 净现值法与现值指数法的共同之处在于（　　　）。

A. 都是相对指标，反映投资的效率

B. 都必须按预定的贴现率折算现金流量的现值

C. 都不能反映投资方案的实际投资收益率

D. 对于同一方案两者的评价结果相同

5. 内含报酬率法的优点有（　　　）。

A. 考虑了资金时间价值

B. 可以反映出投资项目的真实报酬率

C. 计算比较简单

D. 反映投资项目的资金投入与总产出之间的关系

6. 若 NPV<0，则下列关系式中正确的有（　　　）。

A. NPVR>0　　　　　　　　　　　　　B. NPVR<0

C. PI<1　　　　　　　　　　　　　　　D. IRR<必要报酬率

7. 不考虑投资风险，某债券值得投资，可以通过（　　　）断定。

A. 债券的内在价值大于市场价格

B. 债券的预期收益率大于投资者要求的报酬率

C. 债券的本利之和超过买价

D. 债券没有违约的可能

8. 不准备永久性持有的股票的未来现金流入主要包括（　　　）。

A. 股票现价　　　　　　　　　　　　　B. 出售时得到的价格收入

C. 每期预期股利　　　　　　　　　　　D. 已发放股利

9. 下列指标中属于动态指标的有( )。

A. NPVR B. PI C. ROI D. IRR

10. 债券 A 和 B 是两支刚发行的每年付息一次的债券,两债券的面值和票面利率相同,票面利率均高于市场利率,A 债券期限 5 年,B 债券期限 10 年,以下说法中,正确的有( )。

A. 债券 A 的债券价值低

B. 债券 A 的债券价值高

C. 市场利率与票面利率差额大的债券价值低

D. 市场利率与票面利率差额大的债券价值高

三、判断题

1. 企业的投资活动涉及企业的未来经营发展方向和规模等重大问题,投资管理属于企业的程序化管理。 ( )

2. 在投资项目可行性研究中,应首先进行财务可行性评价,再进行技术可行性分析,如果项目具备财务可行性和技术可行性,就可以作出该项目应当投资的决策。 ( )

3. 投资利润率和静态投资回收期这两个静态指标的优点是计算简单、容易掌握,但是都没有考虑资金时间价值。 ( )

4. 对同一项目,静态回收期与净现值的可行性评价结果应该完全一致。 ( )

5. 内含报酬率指标的计算结果与项目预定的贴现率高低有直接关系。 ( )

6. 某方案按 10% 的贴现率计算的净现值大于零,则该方案的内含报酬率大于 10%。 ( )

7. 对于债券投资收益评价时,应以债券价值和到期收益率作为评价债券收益的标准。 ( )

8. 冒险型投资组合策略要求尽量模拟证券市场现状(包括证券的种类和各证券所占的比重),将尽可能多的证券包括进来,以便分散掉全部的非系统风险。 ( )

9. 当股票价值大于当前股票价格时,股票不值得投资。 ( )

10. 股票投资风险比债券投资风险低,其要求的投资收益也较低。 ( )

三、简答题

1. 企业投资可以分成哪几种类型?

2. 什么是现金流量?它包括哪些内容?

3. 如何进行独立方案的对比和优选?

4. 债券投资有何特点?

四、计算题

1. 长征公司拟建一项固定资产,需投资 30 000 元,采用直线法折旧,使用寿命 5 年,5 年后有残值收入 5 000 元,5 年中每年销售收入为 17 000 元,付现成本第一年为 5 000 元,以后逐年增加修理费 200 元,另需垫支营运资金 3 000 元。假设所得税税率为 25%。

要求:计算各年的现金净流量。

2. 某企业准备购入一台设备以扩大生产能力,价款为 220 000 元,使用寿命 5 年,采用直线法折旧,5 年后净残值为 20 000 元,使用该设备每年能为公司增加税后净利润 26 000 元。假设资金成本为 12%,基准投资利润率为 10%。

要求：（1）计算各年的现金净流量。

（2）计算该项目的静态投资回收期。

（3）计算该项目的投资利润率。

（4）评价项目的财务可行性。

3. 某企业引进一条新的生产流水线，预计投资 210 万元，于第一年年初一次性投产，使用期限 5 年，期满残值 10 万元，每年可使企业实现营业收入 150 万元，同时每年付现经营成本 50 万元。折旧采用直线法计提，企业要求的最低报酬率为 10%，所得税税率为 25%。

要求：（1）计算该项目各年的净现金流量。

（2）计算该项目的净现值。

（3）计算该项目的净现值率。

（4）计算该项目的现值指数。

（5）评价该项目的财务可行性。

4. 海华公司拟利用一笔长期资金购买股票，现有 A 公司与 B 公司两家股票可供选择，海华公司只想对其中一家公司进行投资。已知 A 公司股票现行市价为每股 8 元，上年每股股利为 0.10 元，预计以后每年以 6% 的增长率增长；B 公司股票现行市价为每股 6 元，上年每股股利为 0.50 元，公司坚持固定股利政策。海华公司要求的投资必要收益率为 8%。

要求：（1）分别计算 A、B 公司的股票价值。

（2）为海华公司作出股票投资决策。

项目五　营运资金管理

素质目标

1. 培养科学统筹意识；
2. 树立成本控制观念；
3. 培养未雨绸缪的预防意识；
4. 培养廉洁自律的品质。

职业能力目标

1. 理解营运资金的含义及其持有意义；
2. 了解最佳现金持有量的意义及现金日常管理方法；
3. 了解信用政策的内涵及其作用；
4. 了解经济订货批量模型及其意义。

典型工作任务

1. 结合企业具体情况设计执行最佳的营运资金政策；
2. 用多种方法确定企业的最佳现金持有量和日常管理方法；
3. 制定合理的信用政策；
4. 用经济订货批量模型确定企业存货数量。

案例导入

远东股份 2021 年上半年报告期内实现营业收入 90.46 亿元，同比增长 14.45%；归母净利润为 3.02 亿元，同比增长 129.25%。从细分业务来看，远东股份下辖智能缆网、智能电池、智慧机场三大业务领域，其中远东股份借以起家的智能缆网业务依然为业绩支柱，2021 年上半年实现营收 78.56 亿元，同比微增，不过净利润为 3.13 亿元，同比下降 17.52%，或受去年以来铜价上涨的影响，智能电池业务实现营业收入 3.32 亿元，同比增长 239.78%，净利润－1.73 亿元，同比增长 30.98%；智慧机场业务实现营业收入 4.77 亿元，同比增长 14.37%，实现净利润 0.49 亿元，同比降低 17.39%。在运营能力方面，2021 年上半年，公司应收账款及票据规模为 40.1 亿元，同比上升 14.4%，环比上升 4.4%。公司应收账款周转率（含应收票据）为 2.2，高于行业平均水平。公司存货规模为 25.6 亿元，同比下降 19.4%，环比上升 16.4%。公司存货周转率为 3.5，高于行业平均水平。

请思考：远东股份 2021 年上半年业绩大增的可能原因是什么？公司为什么要重视营运资金管理？营运资金管理包括哪些方面？如何加强营运资金管理？

任务一 营运资金管理概述

任务描述

理解营运资金的概念，熟悉营运资金的特点，能够根据企业实际情况理解营运资金管理的目的和基本要求。

一、营运资金的含义

营运资金有广义和狭义之分。广义的营运资金又称总营运资金，是指一个企业投放在流动资产上的资金。其具体包括现金、有价证券、应收账款、存货等占用的资金。这是一个具体的概念，主要用来研究企业资产的流动性和周转状况。而这些具体的营运资金控制、持有状况等的管理，是企业日常财务管理中的重要部分。狭义的营运资金是流动资产

营运资金的
含义及特点

与流动负债的差额。这是一个抽象的概念，并不特指某项资产，但它是判断和分析企业流动资金运作状况和财务风险程度的重要依据，这个概念主要在研究企业的偿债能力和财务风险时使用。

因此，企业营运资金的持有状况和管理水平直接关系到企业的盈利水平和财务风险两个方面。营运资金的内容包括流动资产的管理和流动负债的管理。

二、营运资金的特点

要想有效地管理企业的营运资金，就必须认真研究营运资金的特点，以便在企业营运资金运作过程中采取有针对性的措施。营运资金一般有以下特点：

（1）营运资金周转期短。

企业占用在营运资金上的资金，周转速度较快，周转期较短，通常是在一年或一个营业周期内收回。因此，企业在营运资金的供应上，可以根据这一特点，采用短期的筹资方式来解决，如短期银行借款、商业信用等。

（2）营运资金形态波动大。

营运资金的实物形态除了按货币资产、储备资产、生产资产、成品资产、结算资产之间的顺序转化外，其占用的数量也会随着企业内外经营条件的变化而变化，时高时低，波动很大。因此，企业在流动资产管理上，必须对各项流动资产合理配置，并根据波动情况，随时调整其数量。

（3）营运资金变现性强。

一般情况下，营运资金中的大部分资产具有较强的变现能力。在企业出现紧急状况时，相比长期资产，更容易变现而获得现金，以满足企业生产经营中的急需用款。

（4）营运资金来源多而灵活。

营运资金的来源渠道多，其筹集的形式也多，期限的选择较为灵活。

三、营运资金管理的基本要求

（一）保证合理的资金需求

企业应认真分析生产经营状况，合理确定营运资金的需要数量。企业营运资金的需求数量与企业生产经营活动有直接关系。一般情况下，当企业产销两旺时，流动资产会不断增加，流动负债也会相应增加；而当企业产销量不断减少时，流动资产和流动负债也会相应减少。营运资金的管理必须把满足正常合理的资金需求作为首要任务。

（二）提高资金使用效率

加速资金周转是提高资金使用效率的主要手段之一。提高营运资金使用效率的关键就是采取有力措施，缩短营业周期，加速变现过程，加快营运资金周转。因此，企业要千方百计地加速存货、应收账款等流动资产的周转，以便用有限的资金，服务于更大的产业规模，为企业取得更好的经济效益提供条件。

（三）节约资金使用成本

在营运资金管理中，必须正确处理保证生产经营需要和节约资金使用成本二者之间的关系。要在保证生产经营需要的前提下，遵守勤俭节约的原则，尽力降低资金使用成本。一方面，要挖掘资金潜力，盘活全部资金，精打细算地使用资金；另一方面，积极拓展融资渠道，合理配置资源，筹措低成本资金，服务于生产经营。

（四）保持足够的短期偿债能力

偿债能力的高低是企业财务风险高低的标志之一。合理安排流动资产与流动负债的比例关系，保持流动资产结构与流动负债结构的适配性，保证企业有足够的短期偿债能力是营运资金管理的重要原则之一。流动资产、流动负债及二者之间的关系能较好地反映企业的短期偿债能力。流动负债是在短期内需要偿还的债务，而流动资产是在短期内可以转化为现金的资产。因此，如果一个企业的流动资产比较多，流动负债比较少，说明企业的短期偿债能力较强；反之，则说明企业短期偿债能力较弱。但如果企业的流动资产太多，流动负债太少，也不是正常现象，这可能是流动资产闲置或流动负债利用不足所致。

> ★ 思考与讨论：
>
> 以零营运资金为目标，对企业的营运资金实行"零营运资金管理"的方法，已成为20世纪90年代以来企业财务管理中一项卓有成效的方法。"零营运资金管理"是指通过减少在流动资产上的投资，使营运资金占企业总营业额的比重趋于最小，便于企业把更多的资金投入收益较高的固定资产或长期投资上；通过大量举借短期负债来满足营运资金需求，降低企业的资金成本。请问，"零营运资金管理"的方法对企业的营运资金管理有何启示？

任务二　现　金　管　理

任务描述

理解企业现金持有的动机和成本，熟悉现金管理的具体内容，能够根据企业实际现金管理要求，进行相关成本分析，确定最佳现金持有量，进行现金日常管理。

一、现金持有的动机与成本

现金是可以立即投入流动的交换媒介。它的首要特点是普遍的可接受性，即它可以有效地立即用来购买商品、劳务或偿还债务。因此，现金是企业中流动性最强的资产。

属于现金内容的项目，包括企业的库存现金、各种形式的银行存款和银行本票、银行汇票。

（一）持有现金的动机

1. 交易动机

交易动机是指企业为满足生产经营活动中的各种支付需要（如购买原材料、支付工资、偿还利息、支付现金股利等）而持有现金的动机。由于企业在生产经营活动中不可能始终保持现金收入与现金支出相等，因此保持一定的现金余额以应付各种日常开支是必要的。通常情况下，企业的销售量越大，所要保持的现金余额也越大。

2. 预防动机

预防动机是指企业保持一定的现金余额以应付意外的现金需求的持有动机。企业生产经营活动中正常现金需要可通过资金预测和计划来估算，但许多意外事件的发生会影响和改变企业的正常现金需要量。例如，自然灾害、生产事故、客户款项不能如期支付以及国家政策的某些突然变化等，都会打破企业原先预计的现金收支平衡。因此，企业需要保持一定的额外现金余额来应付可能发生的意外情况。一般来讲，企业保持的用于预防动机的现金余额的数量取决于以下几个因素：

（1）现金收支预测的可靠程度；

（2）企业的临时借款能力；

（3）企业其他流动资产（如有价证券等）的变现能力；

（4）企业对意外事件发生的可能性的判断和风险承受能力。

3. 投机动机

企业持有现金的另一个可能的动机是投机，即通过在证券市场上的炒作或原材料市场的投机买卖来获取投机收益。比如，当企业预计原材料价格将有较大幅度的上升时，可利用手中多余的现金以目前较低价格购入原材料，使将来价格上升时少受影响。投机动机只是企业确定现金余额所需考虑的次要因素之一，其持有数量往往与企业在金融市场上的投资机会和企业对待风险的态度有关。

(二) 持有现金的成本

持有现金的成本是指持有现金付出的各种代价，具体如下：

1. 机会成本

机会成本是指因持有现金而丧失的再投资收益，一般可用企业投资收益率来表示。假设某企业的投资收益率为10%，年平均持有现金50万元，则该企业每年现金的机会成本为5(50×10%)万元。机会成本与现金持有量正相关，即现金持有量越多，机会成本越高。机会成本一般与现金持有量成正比。

2. 管理成本

管理成本是指企业为管理现金而发生的管理费用，如管理人员工资和安全措施费等。管理成本具有固定成本的性质，它与现金持有量之间无明显的比例关系。

3. 转换成本

转换成本是指现金与有价证券转换过程中所发生的固定成本，如经纪人佣金、税金和其他管理成本，一般只与交易的次数有关，而与现金持有量的多少无关。

4. 短缺成本

短缺成本是指企业因现金短缺而遭受的损失。例如，不能按时支付购料款而造成的信用损失；不能按期缴纳税款而被罚滞纳金等。短缺成本随现金持有量的增加而下降，即与现金持有量负相关。

二、现金管理的目的与内容

(一) 现金管理的目的

现金管理的目的是在保证企业生产经营所需现金的同时，节约使用现金，并从暂时闲置的现金中获得最多的收益。现金管理应力求做到既保证企业交易所需资金，降低风险，又不使企业有过多的闲置资金，以增加收益。

现金管理的焦点是其盈利性和安全性之间的矛盾。从企业盈利角度考虑，应尽可能少地持有现金，力求避免资金闲置和资金利用率低而给企业造成潜在损失，即要求尽力降低现金持有的机会成本。但从企业安全性角度看，企业应尽可能地保持较充足的资金储备，避免各种资金短缺成本的发生，保证企业生产经营活动的正常运转，这是企业存在和发展的前提。所以企业的现金管理就是要处理好现金机会成本和短缺成本之间的关系。对由于现金不足和现金多余给企业造成的影响作出权衡，使其矛盾在良好的现金管理措施下得以化解。

(二) 现金管理的内容

现金管理的内容具体如下：

1. 最佳现金持有量的确定

从理论上讲，最合理的现金持有量，是既能使企业在现金存量上花费的代价最低，即机会成本最小，又能确保企业现金需求的最佳持有量。这是现金管理的重点。

2. 编制现金预算

定期编制现金预算，合理安排现金收支，及时反映企业现金的余缺情况，是现金管理的又一重要内容。

3. 现金的日常管理

企业应建立和完善现金收支的管理制度，运用科学的管理手段，提高现金使用效率。

三、确定最佳现金持有量

最佳现金持有量就是指使持有现金所花费的代价最小，又不影响企业的正常生产经营需要的现金持有量。它的确定主要有成本分析模式和存货模式两种方法。

最佳现金持有量的确定方法

（一）成本分析模式

成本分析模式是根据企业持有现金的机会成本、管理成本和短缺成本，来确定最佳现金持有量的方法。其计算公式为：

$$现金总成本＝机会成本＋管理成本＋短缺成本$$

机会成本是指因持有现金而丧失的再投资收益，一般可用企业投资收益率来表示。假设某企业的投资收益率为10％，年平均持有现金50万元，则该企业每年现金的机会成本为$5×(50×10％)$万元。机会成本与现金持有量正相关，即现金持有越多，机会成本越高。

管理成本是指企业为管理现金而发生的管理费用，如管理人员工资和安全措施费等。管理成本具有固定成本的性质，它与现金持有量之间无明显的比例关系。

短缺成本是指企业因现金短缺而遭受的损失，如不能按时支付购料款而造成的信用损失，不能按期缴纳税款而被罚滞纳金等。短缺成本随现金持有量的增加而下降，即与现金持有量负相关。

成本分析模式通过对机会成本、管理成本和短缺成本的分析，找出三种成本之和最低时的现金持有量，此时的现金持有量就是最佳现金持有量。总成本、机会成本、管理成本、短缺成本和现金持有量的关系如图5-1所示。

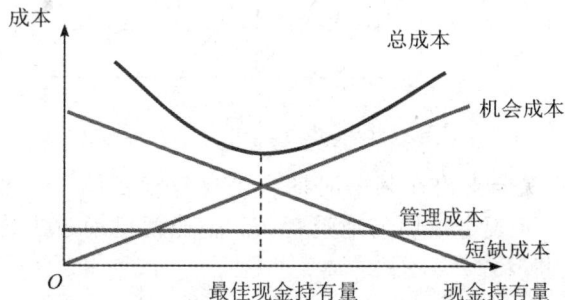

图5-1　总成本、机会成本、管理成本、短缺成本和现金持有量的关系

【例5-1】　某企业有4种现金持有方案，各方案有关成本资料如表5-1所示。要求计算该企业的最佳现金持有量。

表 5-1　各方案相关成本资料表

项　目	方　案			
	甲	乙	丙	丁
现金持有量/元	60 000	120 000	180 000	240 000
机会成本率/%	10	10	10	10
短缺成本/元	22 400	12 950	4 500	0

根据所给资料计算各方案的相关总成本：

$$TC_甲 = 60\ 000 \times 10\% + 22\ 400 = 28\ 400（元）$$
$$TC_乙 = 120\ 000 \times 10\% + 12\ 950 = 24\ 950（元）$$
$$TC_丙 = 180\ 000 \times 10\% + 4\ 500 = 22\ 500（元）$$
$$TC_丁 = 240\ 000 \times 10\% + 0 = 24\ 000（元）$$

可见，丙方案的现金总成本最低，因此丙方案即持有 180 000 元现金最好。

成本分析模式适用范围广泛，尤其适用于现金收支波动较大的企业，但是持有现金的短缺成本较难准确预测。

（二）存货模式

存货模式是将现金看作企业的一种特殊存货，按照存货管理中的经济批量法的原理，确定企业现金最佳持有量的方法。这一模式最早是由美国经济学家鲍莫（W. J. Baumol）于 1952 年首先提出的，故又称"鲍莫模型"。

采用存货模式测算最佳现金持有量是建立在下列假设基础上的：

（1）企业未来年度的现金需求总量可以预测；

（2）可通过出售短期有价证券来获得所需现金；

（3）现金支出是均匀的，而且每当现金余额接近于零时，短期证券可随时转换为现金。

下面用图 5-2 加以说明。

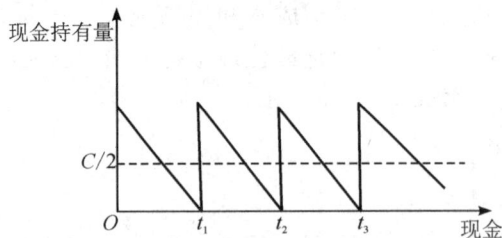

图 5-2　最佳现金持有量——存货模式

在图 5-2 中，企业现金支出在某一时期内是比较稳定的，C 为企业最高的现金持有量，在每隔时间 t 后，C 元现金被均匀地消耗掉，企业便可通过出售短期有价证券获得 C 元现金来补足，如此不断反复。

存货模式的目的是要计算出能使现金管理总成本最小的 C 值。在此模式中，现金管理总成本包括以下两个方面：

1. 现金持有成本

现金持有成本是指持有现金所放弃的收益，即持有现金就不能获得有价证券的利息收益。现金持有成本又称机会成本,它与现金持有量成正比。

2. 现金转换成本

现金转换成本是指现金与有价证券转换过程中所发生的固定成本,如经纪人佣金、税金和其他管理成本。现金转换成本一般只与交易的次数有关,而与现金持有量的多少无关。

如果现金持有量大,则持有成本较高,但由于转换次数减少,所以转换成本可降低;反之,现金持有量小,则持有成本较低,但转换成本又会上升。最佳现金持有量就是使两种成本之和最低时的现金持有量。

总成本、持有成本和转换成本三者关系式如下:

$$现金管理相关总成本＝持有机会成本＋转换成本$$

或

$$TC=\frac{C}{2}R+\frac{T}{C}F$$

式中:TC——现金管理总成本;

C——现金持有量;

R——短期有价证券的利率;

F——每次的转换成本;

T——一定时期现金总需求量。

上式中,当 TC 最小时所对应的 C^* 就是最佳现金持有量,可以用导数法求出 C^* 值,其计算公式为:

$$最佳现金持有量\ C^*=\sqrt{\frac{2TF}{R}}$$

将上式带入总成本计算可得,最低现金管理总成本为:

$$TC=\sqrt{2TFR}$$

总成本、持有成本和转换成本三者关系如图 5-3 所示。

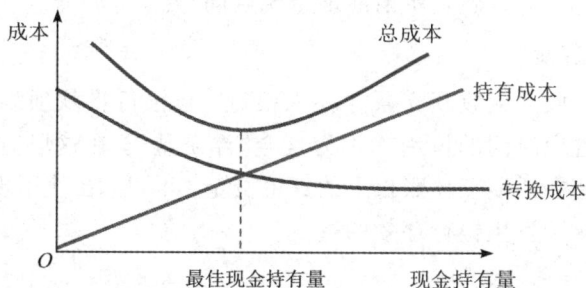

图 5-3 总成本、持有成本和转换成本的关系

从图 5-3 可以看出,持有现金的机会成本与证券变现的转换成本相等时,现金管理的相关总成本最低。

【例 5-2】 长征公司现金收支平稳,预计全年需要现金 360 万元,现金与有价证券的转换成本为每次 400 元,有价证券的年利率为 5%。请计算该公司的最佳现金持有量及最佳现金持有量下的全年现金管理总成本、全年现金转换次数、全年现金转换成本和全年现金持有成本。

$$C^* = \sqrt{\frac{2 \times 3\,600\,000 \times 400}{5\%}} = 240\,000 \text{（元）}$$

$$TC = \sqrt{2 \times 3\,600\,000 \times 400 \times 5\%} = 12\,000 \text{（元）}$$

即该公司每年最佳现金持有量为 240 000 元,最低现金管理相关总成本为 12 000 元。

同时,当最佳现金持有量为 240 000 元时,每年发生的现金转换次数、转换成本和持有现金的机会成本为:

$$现金转换次数 = \frac{3\,600\,000}{240\,000} = 15 \text{（次）}$$

$$转换成本 = \frac{3\,600\,000}{240\,000} \times 400 = 6\,000 \text{（元）}$$

$$持有机会成本 = \frac{240\,000}{2} \times 5\% = 6\,000 \text{（元）}$$

存货模式是一种简单、直观的确定最佳现金持有量的方法,优点是计算结果比较精确,但它是以现金支出均匀发生、现金持有成本和转换成本易于预测为前提条件的,当企业现金收支波动较大时,这种方法的应用就受到了限制。

四、现金的日常管理

企业在确定最佳现金持有量之后,还应采取各种措施,加强现金的日常管理。现金日常管理的目的在于加速现金周转,提高现金使用效率。为达到这一目的,企业既要加速现金收回,又要严格控制现金支出。现金日常管理的基本内容主要包括以下几个方面:

1. 力争现金流量同步

如果企业能尽量使现金流入与现金流出发生的时间趋于一致,就可以使所持有的交易性现金余额降到最低水平,这就是所谓的现金流量同步。

2. 使用现金"浮游量"

从企业开出支票,收票人收到支票并存入银行,至银行将款项划出企业账户,中间需要一段时间,现金在这段时间的占用就称为现金"浮游量"。在这段时间里,尽管企业已经开出支票,却仍可动用在活期存款账户上的这笔资金。不过,在使用现金浮游量时,一定要控制好使用时间,否则会发生银行存款的透支。

3. 加速收款

加速收款主要是指缩短应收账款的时间。发生应收账款会增加企业资金的占用,但它可以扩大销售规模、增加销售收入,因此又是必要的。如何在利用应收账款吸引顾客与缩短收款时间之间找到适当的平衡点是问题的关键,需要实施妥善的收账策略。

4. 推迟应付款的支付

推迟应付款的支付是指企业在不影响自己信誉的前提下,尽可能地推迟应付款的支付期,充分运用供货方所提供的信用优惠。例如,当企业急需现金时,可以放弃供货方的折扣优惠,在信用期的最后一天支付款项。当然,这要在权衡折扣优惠与急需现金之间的利弊得失后确定。

★ **思考与讨论**：如何帮助中小微企业提升现金管理水平？

任务三　应收账款管理

📋 任务描述

理解企业存在应收账款的原因，了解持有应收账款的成本，能够结合企业实际情况，分析利弊，制定合理的应收账款信用政策，进行企业应收账款日常管理。

应收账款是指企业因对外赊销产品、材料和提供劳务等而应向购货或接受劳务的单位收取的款项，包括应收账款、其他应收款和应收票据。

一、应收账款的功能

应收账款的功能主要体现在以下三个方面：

1. 增加销售

随着企业面对的经营环境越来越复杂，为了增加销售，获取更多的利润，企业一般会采取赊销的政策，而这就必须对应收账款进行投入。

2. 扩大市场占有率或开拓新市场

生产企业为了扩大市场占有率或开拓新的市场领域，一般会采用较优惠的信用条件推进销售，以提高竞争力。当企业力图占领某一市场领域时，就可能把有利的信用条件当作工具来增加产品市场份额。

3. 减少存货

在某些商品的销售淡季，企业的产成品存货积压较多，企业持有产成品存货，要支付管理费、财产税和保险费等成本费用；相反，企业持有应收账款则无须支付上述费用。这些企业在淡季一般会采用较优惠的信用条件进行销售，以便把存货转化为应收账款，降低各种费用的支出。

二、持有应收账款的成本

1. 管理成本

应收账款的管理成本是指企业对应收账款进行管理而耗费的开支，是应收账款成本的重要组成部分。管理成本主要包括调查顾客信用情况的费用、收集信息的费用、催收账款的费用和账簿的记录费用等。

2. 机会成本

应收账款的机会成本是指将资金投资于应收账款而不能进行其他投资所丧失的收益。

这一成本的大小通常与企业维持赊销业务所需要的资金数量、资金成本率有关。其计算公式为：

$$应收账款的机会成本＝应收账款平均占用额×资金成本率$$

$$应收账款平均余额＝\frac{年赊销额}{360}×平均收账天数$$

$$应收账款平均占用额＝应收账款平均余额×变动成本率$$

即　应收账款的机会成本＝日赊销额×应收账款平均收现期×变动成本率×资本成本率

【例 5-3】　某公司年销售额为 9 000 万元，其中 80％的销售收入为赊销，企业应收账款平均收账期为 30 天，公司变动成本率为 60％，资金成本率为 8％，预计的坏账损失率为 2‰。请计算公司应收账款产生的机会成本。

$$应收账款平均余额＝\frac{9\ 000}{360}×80％×30＝600（万元）$$

$$应收账款平均占用额＝600×60％＝360（万元）$$

$$应收账款的机会成本＝360×8％＝28.8（万元）$$

3. 坏账成本

坏账成本是指某种原因导致的应收账款不能收回而给企业造成的损失，这一成本与应收账款数量成正比。

$$坏账成本＝年赊销额×预计坏账损失率$$

三、应收账款的信用政策

应收账款的信用政策，又称应收账款的管理政策，是指企业为了对应收账款进行规划与控制而制定的基本原则与行为规范，是企业财务政策的一个重要组成部分。企业要管好用好应收账款，必须事先制定科学合理的信用政策。信用政策包括信用标准、信用条件和收账政策三部分内容。

应收账款的
信用政策

（一）信用标准

信用标准是指客户获得企业的商业信用所应具备的最低条件，通常以预期的坏账损失率表示。如果企业信用标准过高，将使许多客户因信用品质达不到设定的标准而被拒之门外，尽管其结果有利于降低违约风险及收账费用，但也会影响企业市场竞争能力的提高和销售收入的扩大。相反，如果企业采取较低的信用标准，虽然有利于企业扩大销售，提高市场竞争力和占有率，但同时也会导致坏账损失风险加大和收账费用增加。

1. 信用标准的定性分析

（1）**同行业竞争对手的情况**。面对竞争对手，企业要想在竞争中立于不败之地，必须有较高的市场占有率。在制定信用标准时，可参考定价策略的思路：如果对手很强，则制定较低的信用标准，以吸引客户，扩大销售；反之，则制定较高的信用标准。

（2）**企业承担违约风险的能力**。企业承担违约风险能力的强弱，对信用标准的选择有很大的影响。如果企业实力较强，承担风险能力强，就可以制定较低的信用标准，以争取客户；如果企业实力一般，承担风险能力较弱，则应选择较严格的信用标准，以降低企业将要面临的客户违约风险。

（3）**客户的信用程度。**企业要想对申请赊购的客户的信用程度作出正确的评价，首先应对其信用状况进行分析，一般包括五个方面，即品质（Character）、能力（Capacity）、资本（Capital）、抵押（Collateral）和条件（Conditions），简称"5C"系统。

品质是指个人申请人或企业申请人（一般为管理者）的诚实度和正直表现。品质反映了个人或企业在过去的还款中所体现的还款意图和愿望。

能力反映的是企业或个人在其债务到期时可以用于偿债的当前和未来的财务资源，可以使用流动比率和现金流预测等方法评价申请人的还款能力。

资本是指如果企业或个人当前的现金流不足以还债，他们在短期和长期内可供使用的财务资源。

抵押是指当企业或个人不能满足还款条款时，可以用作债务担保的资产或其他担保物。

条件是指影响申请者还款能力和还款意愿的经济环境。

企业应对申请人的这些条件进行评价，以决定是否给其提供信用。

2. 信用标准的定量分析

信用标准的定性分析不够明确和具体，还必须从定量角度对客户的信用进行描述。企业进行商业信用的定量分析可以从考察信用申请人的财务报表开始，通常使用比率分析法评价顾客的财务状况，如表 5-2 所示。

表 5-2　信用的定量分析方法

考核指标类别	具体指标
流动性和营运资本比率	流动比率、速动比率以及现金对负债总额比率
债务管理和支付比率	利息保障倍数、长期债务对资本比率、带息债务对资产总额比率及负债总额对资产总额比率
盈利能力	销售回报率、总资产回报率和净资产收益率

（二）信用条件

当我们根据信用标准决定给予客户信用优惠时，就需要考虑具体的信用条件。信用条件是指企业要求客户支付赊销款项的条件，包括信用期限、现金折扣及折扣期限等。信用条件的基本表示方式如"2/10，$n/30$"，即客户在发票开出后的 10 日内付款，可以享受 2% 的现金折扣；如果放弃现金折扣优惠，则全部款项必须在 30 日内付清。在此，30 天为信用期限，10 天为折扣期限，2% 为现金折扣率。

1. 信用期限决策

（1）**信用期限的含义。**信用期限是企业为客户规定的最长付款时间，即企业允许客户从购货到付款之间的时间间隔。

（2）**决策要点。**通常延长信用期限，可以在一定程度上扩大销售，但信用期限过长会给企业带来成本的增加：一是使平均收账期延长，占用在应收账款上的资金相应增加，引起机会成本的增加；二是引起坏账成本和管理成本的增加。

企业是否给客户延长信用期限主要看延长信用期限增加的销售利润是否超过增加的成本费用。

【例 5 - 4】 某公司由于目前的收账政策过于严厉，不利于扩大销售，且收账费用较高，正在研究修改现行的信用期限。现有甲和乙两个放宽信用期限后的收账政策备选方案，有关数据如表 5 - 3 所示。

表 5 - 3 公司收账政策与备选方案

项　目	现行收账政策	甲方案	乙方案
年销售额/(万元/年)	2 400	2 600	2 700
收账费用/(万元/年)	40	20	10
所有账户的平均收账期	2 个月	3 个月	4 个月
所有账户的坏账损失率	2％	2.5％	3％

已知 A 公司的销售毛利率为 20％，变动成本率为 80％，应收账款投资要求的最低报酬率为 15％。坏账损失率是指预计年度坏账损失和销售额的百分比。假设不考虑所得税的影响。要求：通过计算分析，回答是否改变现行的收账政策；如果要改变，应选择甲方案还是乙方案。

分析如表 5 - 4 所示。

表 5 - 4 公司不同收账政策下边际收益计算分析表　　　单位：万元

项　目	现行收账政策	甲方案	乙方案
销售额	2 400	2 600	2 700
毛利	2 400×20％＝480	2 600×20％＝520	2 700×20％＝540
应收账款的平均余额	2 400÷360×60＝400	2 600÷360×90＝650	2 700÷360×120＝900
应收账款机会成本	400×80％×15％＝48	650×80％×15％＝78	900×80％×15％＝108
坏账损失	2 400×2％＝48	2 600×2.5％＝65	2 700×3％＝81
收账费用	40	20	10
边际收益	344	357	341

表 5 - 4 的计算分析表明，公司应改变现行的收账政策，并且选择甲方案。

2. 现金折扣和折扣期限决策

（1）**现金折扣的含义。** 现金折扣是企业为了鼓励客户尽早（在规定的期限内）付款而给予的价格扣减。现金折扣包括两方面的内容：一是折扣期限，即在多长时间内给予折扣；二是折扣率，即在折扣期内给予客户多少折扣。如，"2/10，$n/30$" 表示赊销期限为 30 天，如客户在 10 天内付款，则可享受 2％ 的折扣。

现金折扣
决策分析

（2）**决策要点。** 现金折扣实际上是对现金收入的扣减，企业决定是否提供以及提供多大程度的现金折扣，着重考虑的是提供折扣后所得收益是否大于提供现金折扣的成本。在信用条件优化选择中，现金折扣条款能降低机会成本、管理成本和坏账

成本，但同时也需付出一定的代价，即现金折扣成本。

信用条件优化的要点是：增加的销售利润能否超过增加的机会成本、管理成本、坏账成本和折扣成本之和。

【例 5 - 5】 某公司原采用 30 天按发票金额（即无现金折扣）付款的信用政策，年销售收入 9 000 万元，80％的销售额为赊销，年收账费用为 5 000 元，可能发生的坏账按赊销额 2‰测算，变动成本率 60％，应收账款投资要求的最低报酬率为 8％。假设为了吸引顾客尽早付款，提出了"1/10、N/30"的现金折扣条件，估计会有 50％的顾客享受现金折扣，年收账费用下降到 4 000 元，可能发生的坏账按未享受现金折扣政策赊销额 2.5‰测算，计算分析是否采用现金折扣政策。

企业改变现金折扣政策分析决策预算如表 5 - 5 所示。

表 5 - 5　企业改变现金折扣政策分析决策预算表　　　　单位：万元

项　　目	信用条件（N/30）	信用条件（1/10，N/30）
销售收入	9 000	9 000
边际贡献	9 000×40％＝3 600	9 000×40％＝3 600
现金折扣成本	0	9 000×80％×50％×1％＝36
应收账款机会成本	（9 000×80％）÷360×30×60％×8％＝28.8	20×20×60％×8％＝19.2
收账费用	0.5	0.4
坏账损失	9 000×80％×2‰＝14.4	9 000×80％×50％×2.5‰＝9
净收益	3 556.3	3 535.4

信用条件变更为（1/10，N/30）后：

应收账款收现期＝10×50％＋30×50％＝20（天）

应收账款平均余额＝（9 000×80％）÷360×20＝400（万元）

应收账款平均占用额＝400×60％＝240（万元）

应收账款机会成本＝240×8％＝19.2（万元）

表 5 - 5 的计算分析表明，公司采用现金折扣后净收益减少了 20.9 万元，因此，公司不应采用现金折扣政策，应继续保持原有信用条件。

（三）收账政策

1. 收账政策含义

收账政策是指企业向客户收取逾期未付款项的收账策略与措施。企业的信用政策影响坏账损失，为了避免或减少坏账损失，提高收款的效率，企业应制定收款政策。一般来说，企业为了扩大产品销售，增强竞争能力，常对客户的逾期未付款项规定一个允许拖欠的期限，超过规定的期限，企业就将进行各种形式的催收。

2. 决策要点

企业制定的收账政策过宽，会导致逾期未付款的客户拖延时间更长，对企业不利；收账政策过严，催收过急，有可能伤害无意拖欠的顾客，影响企业未来的销售和利润。因此，企业在制定收账政策时必须十分谨慎，做到宽严适度。

企业无论采用何种方式对拖欠款催收，都要付出一定的代价，即收账费用。一般来说，随着收账费用的增加，坏账损失会逐渐减少，但收账费用不是越多越好，因为收账费用增加到一定数额后，坏账损失不再减少，说明在市场经济条件下不可能避免坏账。投入多少收账费用，要在权衡增加的收账费用和减少的坏账损失后作出决定。

四、应收账款日常管理

企业在制定信用政策后，对于已经发生的应收账款，还应进一步加强日常管理工作，及时发现问题，采取有力措施进行分析、控制。管理措施主要包括调查客户信用状况、分析应收账款账龄、组织应收账款回收和建立坏账准备。

（一）调查客户信用状况

调查客户信用状况是指通过收集有关信息资料，对客户的偿债能力和主观愿望作出判断和估计，以便企业作出正确、合理的信用政策。信用调查的方法主要有两类。

1. 直接调查

这是企业调查人员通过对客户当面采访、询问、观看、记录等方式获取信用资料的一种方法。这种方法的优点是保证收集资料的准确性和及时性，但若不能得到被调查客户的诚意合作，会使调查资料不完整或部分失真。

2. 间接调查

这是企业通过信用评估机构、商业银行的信用部门和财务咨询公司等取得信用资料，了解客户信用情况的一种调查方法。这些信用资料主要来源于：

（1）财务报表。这是信用资料的主要来源，它包括资产负债表、利润表、现金流量表及有关说明。通过对客户的流动性、支付能力和经营业绩等方面的分析，企业基本上可以掌握客户的财务状况和盈利水平。

（2）信用评估机构。许多国家都有信用评估的专门机构，这些机构的评估方法先进，调查细致，程序合理，可信度较高。

（3）银行。银行是信用资料的一个重要来源，每个银行都设有信用部，并为其客户提供服务。企业可以通过银行了解客户的一些信用情况。

（4）其他。财税部门、消费者协会、工商管理部门、证券交易部门等，都可以作为了解客户信用状况的渠道。

（二）分析应收账款账龄

企业已发生的应收账款的时间有长有短，对于已经超过信用期限的应收账款要特别关注。一般来说，逾期拖欠时间越长，款项催收越困难，形成坏账的可能性越大。因此，企业应定期对应收账款账龄进行分析，密切关注应收账款的回收情况，以加强应收账款的监督和控制。

企业应收账款账龄分析工作，主要是通过定期编制应收账款账龄分析表来进行的。所谓应收账款的账龄结构，是指各账龄应收账款的余额占应收账款总余额的比重。应收账款账龄分析表如表 5-6 所示。

表 5 - 6　应收账款账龄分析表

应收账款账龄	账户数量	金额/万元	比　重
信用期内	100	80	42.11%
超过信用期 1 个月内	50	40	21.05%
超过信用期 2 个月内	40	30	15.79%
超过信用期 3 个月内	30	20	10.53%
超过信用期半年内	20	10	5.26%
超过信用期 1 年内	10	5	2.63%
超过信用期 1 年以上	15	5	2.63%
合　计	265	190	100%

从应收账款账龄分析表可以看出企业的应收账款在信用期内及超过信用期各时间档次的金额及比重，即账龄结构。一般来讲，拖欠时间越长，收回的难度越大，也越可能形成坏账。通过对账龄结构进行分析，做好信用记录，可以研究与制定新的信用政策和收账政策。

(三) 组织应收账款回收

应收账款回收主要包括两个方面。

1. 确定合理的收账程序

催收账款的程序一般是：信函通知、电话催收、派员面谈、法律行动。当顾客拖欠账款时，要先给顾客一封有礼貌的通知信件；接着，可寄出一封措辞较直接的信件；进一步则可通过电话催收；如再无效，企业的收账员可直接与顾客面谈，协商解决；如果谈判不成，就只好交给企业的律师采取法律行动。

2. 确定合理的讨债方法

客户拖欠货款的原因可能比较多，但可概括为两大类：无力偿付和故意拖欠。

当客户无力偿付时，要进行具体分析：如果客户确实遇到暂时困难，经过努力可以东山再起，企业可帮助顾客渡过难关，以便收回较多的账款；如果客户遇到严重困难，已达到破产界限，无法恢复，则应及时向法院起诉，以期在破产清算时得到债权的部分清偿。

故意拖欠是指客户虽然有能力付款，但为了无偿使用或其他目的，想方设法不付款，这时则需要确定合理的讨债方法，以达到收回货款的目的。常见的方法有讲理法、疲劳战术法、激将法、软硬兼施法等。

(四) 建立坏账准备

无论企业采取怎样严格的信用政策，只要存在商业信用行为，坏账损失就是无法避免的。一般来说，确定坏账损失的标准主要有两条：

(1) 因债务人破产或者死亡，以其破产财产或者遗产清偿后，仍然不能收回的应收账款。

(2) 债务人逾期未履行偿债义务，且具有明显特征表明无法收回。

企业的应收账款只要符合上述任何一个条件，就应作为坏账损失处理。为了适应市场经济的需要，增强风险意识，企业应遵循谨慎性原则，对坏账损失的可能性预先进行估计，并建立坏账准备金制度。提取坏账准备金，不仅可以增强企业抵御坏账风险的能力，也有利于企业的资金周转，提高经济效益。

★ **思考与讨论**：有一句商业格言说得好："客户既是企业最大的财富来源，也是企业最大的风险来源，只有那些有偿付能力的客户才是重要客户。"在经营活动中，应对客户进行严格管理，使客户真正成为财务的来源，失控的客户管理会给企业带来很大的风险。结合应收账款管理，你对此有何理解？

任务四　存　货　管　理

任务描述

理解企业存货的概念和功能，能够分析企业与存货相关的成本，确定合理的存货控制方法，确定最优存货量。

存货是指企业在生产经营过程中为销售或者耗用而储备的物资，包括材料、燃料、低值易耗品、在产品、半成品、产成品、协作件、商品等。存货管理水平的高低直接影响着企业的生产经营能否顺利进行，并最终影响企业的收益、风险等状况。因此，存货管理是财务管理的一项重要内容。

存货管理的目标，就是要尽力在各种存货成本与存货效益之间作出权衡，在充分发挥存货功能的基础上，降低存货成本，实现两者的最佳组合。

一、存货的功能

1. 保证正常生产经营活动

生产过程中需要的原材料是生产中的物质基础。为了保证生产的顺利进行，必须适当地储备生产所需的存货，从而有效防止停工待料事件的发生，维持生产的连续性。

2. 有利于销售

一定数量的存货储备能够增强企业在生产和销售方面的机动性和适应市场变化的能力。当企业市场需求量增加时，如果产品储备不足就有可能失去销售良机，所以保持一定量的存货是有利于市场销售的。

3. 便于维持均衡生产，降低产品成本

有些企业产品属于季节性产品或者需求波动较大的产品，为实现均衡生产，降低产品成本，就必须适当储备一定量的半成品或保持一定的原材料存货，否则，如果根据需求状况组织生产，有可能生产能力得不到充分利用，或者超负荷生产，这都会造成产品成本的上升。

4. 降低存货取得成本

很多企业为扩大销售规模，对购货方提供较优厚的商业折扣待遇，即购货达到一定数

量时，便在价格上给予相应的折扣优惠。企业采取批量集中进货，可获得较多的商业折扣。此外，通过增加每次购货数量，减少购货次数，可以降低采购费用支出。

5. 防范意外，减少损失

企业在采购、运输、生产和销售过程中，都可能发生意外事件，保持必要的存货保险储备，可以避免和减少意外事件带来的损失。

二、存货成本

(一)取得成本

取得成本是指为取得某种存货而支出的成本，通常用"TC_a"来表示。它又可分为订货成本和购置成本。

1. 订货成本

订货成本是指取得存货订单的成本，如办公费、邮资、电报和电话等费用支出。订货成本有一部分与订货次数无关，如常设机构的基本开支等，称为订货的固定成本，用 F_1 表示；另一部分与订货次数有关，如邮资和差旅费等，称之为订货的变动成本，每次订货的变动成本用 K 表示；订货次数等于存货年需求量 D 与每次进货量 Q 之商。订货成本的计算公式为：

$$订货成本 = F_1 + \frac{D}{Q}K$$

2. 购置成本

购置成本是指存货本身的价值，一般用数量与单价的乘积来确定。如果年需求量用 D 表示，单价用 U 表示，则购置成本为 DU。

订货成本与购置成本之和，便为存货的取得成本，通常用 TC_a 表示。

$$TC_a = F_1 + \frac{D}{Q}K + DU$$

(二)储存成本

储存成本是指为保存存货而发生的成本，包括存货占用资金所应计的利息(即机会成本)、仓储成本、保险费用、存货破损和变质损失等，通常用 TC_c 表示。

储存成本可分为固定成本和变动成本。固定成本与存货数量的多少无关，如仓库折旧、仓库职工的工资等，通常用 F_2 表示。变动成本与存货的数量有关，如存货资金的应计利息、存货的破损和变质损失、存货的保险费用等，其单位变动成本可用 K_c 表示。因此，储存成本的计算公式为：

$$TC_c = F_2 + K_c \frac{Q}{2}$$

(三)缺货成本

缺货成本是指由于存货供应中断而造成的损失，包括材料供应中断造成的停工损失、产成品库存缺货造成的拖欠发货损失和丧失销售机会的损失等。缺货成本用 TC_s 表示。

如果以 TC 表示与存货相关的成本，则：

$$\mathrm{TC}=\mathrm{TC_a}+\mathrm{TC_c}+\mathrm{TC_s}=F_1+\frac{D}{Q}K+DU+F_2+K_c\frac{Q}{2}+\mathrm{TC_s}$$

企业存货的最优化，就是使上式中的 TC 值最小。

三、最优存货量的确定

如何取得存货、管理存货，使存货在使用和周转过程中相关成本最小，效益最大，这就是存货控制要解决的问题。存货的控制方法有多种，以下介绍经济批量基本模型及其拓展应用。

（一）经济批量基本模型

经济批量是指能够使一定时期存货的相关总成本达到最小时的进货数量。通过上述对存货成本的分析可知，在不考虑数量折扣的情况下，决定存货经济批量的成本因素主要包括变动性订货成本（简称订货成本）、变动性储存成本（简称储存成本）及允许缺货时的缺货成本。不同的成本项目与进货批量呈现着不同的变动关系。减

经济批量（进货）
基本模型的应用

少进货批量，增加进货次数，在使储存成本降低的同时，也会导致进货费用与缺货成本的提高。相反，增加进货批量，减少进货次数，尽管有利于降低进货费用与缺货成本，但同时会造成储存成本的提高。因此，如何协调各项成本之间的关系，使其总和保持最低水平，是企业组织进货过程需解决的主要问题。

经济批量模型的分析研究有若干基本假设，主要是：

（1）企业一定时期的进货总量可以较为准确地预测。

（2）存货的耗用或者销售比较均匀。

（3）存货的价格稳定，且不存在数量折扣，进货日期完全由企业自行决定，且每当存货量降为零时，下一批存货均能马上到位。

（4）仓储条件及所需现金不受限制。

（5）不允许出现缺货情形。

（6）所需存货市场供应充足，不会因买不到所需存货而影响其他方面。由于企业不允许缺货，即每当存货数量降至零时，下一批订货会随即购入，故不存在缺货成本。

此时与存货订购批量、批次直接相关的就是进货费用和储存成本两项。则有：

存货相关总成本＝相关进货费用＋相关储存成本

设存货相关总成本为 TC，存货年需用量为 D，每次订货的变动性订货成本为 K，每次订货量为 Q，存货年单位变动性储存成本为 K_c，则：

$$\mathrm{TC}=\frac{D}{Q}K+\frac{Q}{2}K_c$$

显然，每次订货量少，则储存成本小，但必然会导致订货次数增多，引起订货成本增大；反之，每次订货量多，则储存成本大，但可使订货次数减少，订货成本降低。可见，每次订货量太多或太少都不好。存货控制就是要寻求最优的订货量 Q，使全年存货相关总成本达到最小值。这个 Q 就是经济订货量，或称经济批量。通过求导数的方法可以得到：

$$最优经济批量\ Q=\sqrt{\frac{2DK}{K_c}}$$

$$最低相关总成本\ TC=\sqrt{2DKK_c}$$

最优订货批量出现在订货成本和储存成本之和最小，也即订货成本和储存成本相等时，如图 5-4 所示。

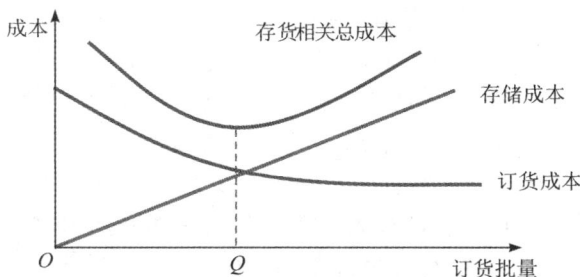

图 5-4 订货批量与存货总成本的关系图

【例 5-6】 某公司每年耗用甲材料 14 400 千克，该材料采购成本为 10 元/千克，年度储存成本为 2 元/千克，平均每次进货费用为 400 元。请计算本年度甲材料的经济进货批量。

$$甲材料的经济进货批量=\sqrt{\frac{2\times14\ 400\times400}{2}}=2\ 400\ （千克）$$

（二）经济订货批量模型的拓展应用

经济订货批量（也称经济进货批量）的基本模型是在前述各假设条件下建立的，但现实生活中能够满足这些假设条件的情况十分罕见。为使模型更接近于实际情况，具有较高的可用性，需逐一放宽假设，同时改进模型。一般情况下，企业很难做到在存货库存下降到零时再马上补足。为了保证生产和销售的正常进行，企业必须在上一批存货耗尽前提前订货，那么，究竟在上一批存货库存下降到多少时，就应该订购下一批存货呢？这就是再订货点的确定问题。此外，企业生产经营过程中经常会出现一些不确定的例外情况，很难做到存货的均衡耗用和各批订货之间的完美衔接。为了保证企业生产经营的正常进行，避免由于存货用量突然增大或到货延期所产生的缺货损失，企业还需要多储备一些存货供应急之用，这就需要建立保险储备。

1. 再订货点

再订货点是指发出订货指令时尚余的存货数量。它的大小取决于存货每天正常耗用量的多少和订货提前期的长短。其中，订货提前期就是从发出订单到货物验收入库所需要的时间，即

$$再订货点=每天平均正常用量\times订货提前期$$

【例 5-7】 某企业 B 材料的每天正常耗用量为 10 千克，订货提前期为 15 天。请计算该企业的再订货点。

$$再订货点=10\times15=150\ （千克）$$

即当 B 材料的库存量下降到 150 千克时，就应当再次订货，等到下批订货到达时，原有材料正好用完。

2. 保险储备

企业按照某一订货批量（如经济订购批量）和再订货点发出订单后，如果存货用量突然增大或到货延迟，就会发生缺货或供应中断。为了防止由此造成的损失，就需要在正常存

货储备的基础上，多储备一些存货以备应急之用，即需要建立保险储备。

保险储备或称安全存量，是指为防止耗用突然增加或交货误期等而建立的储备。

$$保险储备量＝（预计每天最大用量－平均每天正常用量）×订货提前期$$

若有保险储备时，再订货点将提高为：

$$再订货点＝平均每天正常用量×订货提前期＋保险储备$$

【例 5 - 8】 某公司全年需要耗用乙材料 10 800 千克，该材料的单位采购价格为 20 元，每千克材料年储存平均成本为 5 元，平均每次订货成本为 120 元。乙材料的日均正常用量为 30 千克，订货提前期为 15 天，预计乙材料的每天最大用量为 40 千克，试确定乙材料的无保险储备时的再订货点，以及保险储备及设置保险储备时的再订货点。

$$乙材料再订货点＝30×15＝450（千克）$$

$$乙材料的保险储备量＝（40－30）×15＝150（千克）$$

$$设置保险储备时，乙材料的再订货点＝30×15＋150＝600（千克）$$

需要注意的是，保险储备的存在虽然可以减少缺货成本，但增加了存货的平均库存量，增加了储存成本。企业在进行相应决策时，应该在缺货成本与储存成本之间进行权衡，选择使总成本最低的保险储备量和再订货点。

四、存货的日常控制

存货日常控制是指在日常生产经营活动中，根据存货计划和生产经营活动的实际要求，对各种存货的使用和周转状况进行组织、调节和监督，将存货数量保持在一个合理的水平上。企业根据生产经营的需要，编制存货控制计划，对各种存货做到定时采购，定量储备，定期清点盘查，以减少存货占用资金，避免存货的长期积压，保障存货的安全完整。

（一）ABC 分类法

ABC 分类法是根据一定的标准，按照重要性，将企业存货划分为 A、B、C 三类，采取有区别、分主次的办法和措施对各类存货进行相应的控制和管理的方法。

1. ABC 分类法的划分标准

ABC 分类法的划分标准主要有两个：一是金额标准；二是品种数量标准。其中，金额标准是最基本的，品种数量标准仅作为参考。A 类存货的特点是金额巨大，但品种数量较少；B 类存货金额一般，品种数量相对较多；C 类存货品种数量繁多，但价值金额却很小。一般而言，三类存货的金额比与品种数量比大致如下：

A 类存货：品种大约占全部存货的 10%，金额占存货总额的 70% 左右。

B 类存货：品种大约占全部存货的 20%，资金占存货总额的 20% 左右。

C 类存货：品种大约占全部存货的 70%，资金占存货总额的 10% 左右。

2. 对三类存货的控制方法

为了对 A、B、C 三类存货进行有效控制，在上述分类的基础上，应根据具体情况分清主次、抓住重点、区别对待，用不同的要求和措施控制不同类别的材料。

1）A 类存货

A 类存货品种数量虽少，但占用的成本金额多，是日常控制的重点，必须按照经济批量法计算每个品种或每个类别的经济订货量和订货次数，使日常存量达到最优水平。

采用定期订货控制法，建立一套科学完善的盘存制度，应用周期检查控制法，及时准确掌握实际库存量、未来需要量、提前期、订货点等各种情况，以保证日常控制工作的正常进行。此外，还应注意该类存货的市场价格变动趋势，做好市场预测与分析，适当调整订货量，使每次订货量符合实际需要。

2）B 类存货

B 类存货的品种数量和成本金额介于 A 类和 C 类之间，对其控制不必像 A 类那样严格，也不宜过于放任，仍然需要制定一套相应的管理制度。例如，按大类确定订购数量和储备定额，根据 B 类存货的不同情况采取灵活的库存控制方法。对占用金额较大的存货或多用途的存货可计算其经济订货量，实行周期检查法；对占用金额较小且市场可随时购买的一般性存货，则按计划实行准时存货控制方法。

3）C 类存货

C 类存货的品种数量较多而占用的成本金额较少，对其采取一般控制，不要求专门计算存货量，可根据企业具体情况，规定最大储存量和最小储存量，也可适当增加每次订货量。C 类材料的日常控制可采用分档控制法。

（二）适时制库存控制系统

适时制库存控制系统，又称零库存管理或看板管理系统，是指当时制造企业在生产过程中需要原料或零件时，供应商将原料或零件送来，而每当产品生产出来后就被客户拉走。这样，制造企业的存货持有水平就可以大大下降，企业的物资供应、生产和销售形成连续的同步运动过程，大大提高了企业运营管理效率。适时制库存控制系统的基本原理是：只有在使用之前才从供应商处进货，从而将原材料或配件的库存数量减到最小；只有在出现需求或接到订单时才开始生产，从而避免产成品的库存。适时制库存控制系统要求企业在生产经营的需要与材料物资的供应之间实现同步，使物资传送与作业加工速度处于同一节拍，最终将存货降到最小限度，甚至零库存。适时制库存控制系统的优点是：降低库存成本；减少从订货到交货的加工等待时间，提高生产效率；降低废品率、再加工和担保成本。但适时制库存控制系统要求企业内外部全面协调与配合，一旦供应链被破坏，或企业不能在很短的时间内根据客户需求调整生产，企业生产经营的稳定性将会受到影响，经营风险加大。此外，为了保证能够按合同约定频繁小量配送，供应商可能被要求进行额外加价，企业因此丧失了从其他供应商那里获得更低价格的机会收益。

拓展阅读

从獐子岛"绝收"事件看资金管理的重要性

合理管理资金对于企业来说十分重要。如果把企业比喻成人体，那么企业的营运资金就像是人体内不断流动的血液一样，每时每刻都在支持着身体各个器官的正常运转。对企业而言，营运资金是血液，是企业有序运作的关键。为了防止企业出现"血气不足"或"血液黏稠"的不良现象，合格的企业管理者应该利用营运资金本身的特点并结合科学的管理方法对其进行有效管理。营运资金具有流动性最大、变换性最强、周转期最短等诸多特性。因此，营运资金的周转情况可以直观地反映企业日常资金的流动情况及运营情况，对企业的生存与发展有较大的影响。

国内最大的综合性海洋产品企业——獐子岛股份有限公司，于2014年10月30日晚间发出公告，称因北黄海遭到几十年一遇的异常冷水团，公司即将进入收获期的虾夷贝类绝收。在这批"虾夷扇贝"播种的2011年到2012年间，獐子岛公司的负债率已明显上升，之后负债率更是不断上升。这次被称为"黑天鹅事件"的异常冷水团导致公司2014年第三季度业绩大幅度降低，由预计盈利转变为亏损约8亿元，全年大幅亏损。

海洋渔业是一个对资金需求量较大的行业，而其经营同样也易受到海洋自然灾害的影响。然而獐子岛公司在资金方面不但没有对现金进行有效的管理和控制，还大规模地扩张投资，而公司的运营基本上以筹资活动来维持。此外，獐子岛融资活动并不多样，而是一味地依赖短期债务，并没有合理地规划自己的融资途径和手段。长期恶性循环，也必然导致企业财务成本的上升和资金链的断裂。

獐子岛公司事件带给我们的启示是：任何一家企业只有重视对资金的科学管理，合理控制资产负债率，控制营运风险，降低财务风险，才能行稳致远。

思政启示

对于企业而言，营运资金周转速度及平均占用额直接影响企业效益，同时营运资金也是衡量一个企业短期偿债能力的重要指标，是企业得以生存的血液，一旦发生问题企业就难以生存，更谈不上发展，也就无法实现财务管理的目标。在现实经济活动中，作为财务工作从业者，首先要深刻体会财务工作的严谨性、专业性和规范性，秉持爱岗敬业的优秀职业素质，合理为企业营运资金运营做出决策和规划；其次，要遵守谨慎性原则，防范坏账的产生，强化诚实守信的职业准则，协助做好客户信用政策的制定工作，增强未雨绸缪的忧患意识，确定最佳经济订货量，从而真正实现营运资金在企业中血液的作用。

项 目 小 结

本项目主要介绍了营运资金管理中现金管理、应收账款管理及存货管理的有关内容。

营运资金有广义和狭义之分。广义的营运资金又称总营运资金，是指一个企业投放在流动资产上的资金。狭义的营运资金是流动资产与流动负债的差额。企业营运资金的持有状况和管理水平直接关系到企业的盈利水平和财务风险两个方面。营运资金的内容包括流动资产的管理和流动负债的管理。一般来说，营运资金管理的目的是通过管理活动的实施，保证企业具有足够的流动性，并同时努力提高企业的盈利能力。营运资金具有周转期短、形态波动大、变现性强与营运资金来源多而灵活的特点。

企业持有现金的目的包括交易动机、预防动机和投机动机。持有现金的成本是指持有现金付出的各种代价，具体包括机会成本、管理成本、转换成本和短缺成本。最佳现金持有量可以通过成本分析模式，即根据企业持有现金的机会成本、管理成本和短缺成本来确定；也可以通过存货模式，将现金看作企业的一种特殊存货，按照存货管理中的经济批量法的原理来确定。企业在确定了最佳现金持有量后，还应采取各种措施，加强现金的日常管理，尽快加速账款的回收和现金的周转，尽量延缓现金支出的时间，充分利用闲置现金，以提高现金的使用效益。

应收账款主要有以下功能：增加销售、扩大市场占有率或开拓新市场以及减少存货。持有应收账款的成本包括管理成本、机会成本和坏账成本。企业应收账款管理的重点，就是要根据企业的实际情况和客户不同的信誉情况制定合理的信用政策，这是企业信用管理的重要内容。信用政策由信用标准、信用期限和现金折扣政策三部分组成。企业在制定信用政策后，对已经发生的应收账款还应进一步加强日常管理工作，及时发现问题，采取有力措施进行分析、控制。管理措施主要包括调查客户信用状况、分析应收账款账龄、组织应收账款回收和建立坏账准备。

存货的功能是指存货在生产经营过程中的作用，具体表现为：保证正常生产经营活动、适应市场变化要求、便于均衡组织生产和降低进货成本。存货的成本包括取得成本、储存成本与缺货成本。企业存货的最优化关键在于确定经济订货批量。经济订货批量是指一定时期储存成本和订货成本之和最低时（不考虑缺货成本）的采购批量。再订货点就是订购下一批存货时本批存货的储存量。为了防止由此造成的损失，企业需要在正常存货储备的基础上，多储备一些存货以备应急之用，即需要建立保险储备。

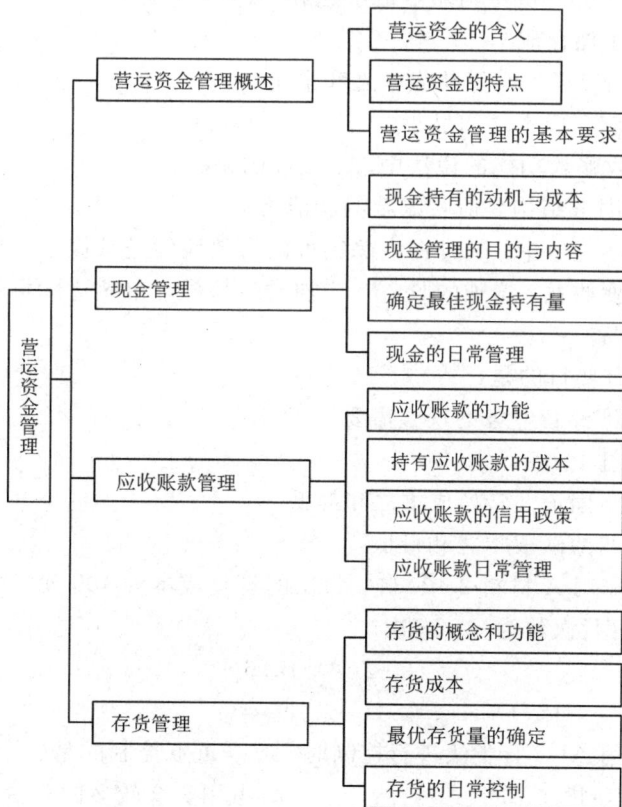

知识结构图

项 目 训 练

一、单项选择题

1. 现金作为一种资产,它的(　　　)。

A. 流动性强,盈利性也强 　　　　B. 流动性强,盈利性差

C. 流动性差,盈利性强 　　　　　D. 流动性差,盈利性也差

2. 假设某企业的投资收益率为10%,年平均持有现金50万元,则该企业每年持有现金的机会成本为(　　　)万元。

A. 10 　　　　　　　　　　　　B. 5

C. 3 　　　　　　　　　　　　　D. 2

3. 在使用存货模式进行最佳现金持有量的决策时,假设持有现金的机会成本率为8%,与最佳现金持有量对应的交易成本为2 000元,则企业的最佳现金持有量为(　　　)元。

A. 30 000 　　　　　　　　　　B. 40 000

C. 50 000 　　　　　　　　　　D. 无法计算

4. 在允许缺货的模型下,经济进货批量是使(　　　)的进货批量。

A. 进货成本等于储存成本与短缺成本之和

B. 进货费用等于储存成本

C. 进货费用、储存成本与短缺成本之和最小

D. 进货成本与储存成本之和最小

5. 下列关于应收账款功能的说法中,不正确的是(　　　)。

A. 改善企业的财务结构是应收账款的功能之一

B. 在激烈的市场竞争中,通过提供赊销可以有效地促进销售

C. 可以增加企业收益,增加的收益＝增加的销售量×单位边际贡献

D. 可以减少存货

6. 现金管理的首要目的是(　　　)。

A. 保证日常生产经营业务的现金需要

B. 获得最大利益

C. 使机会成本与固定性转换成本之和最低

D. 使机会成本与短缺成本之和最低

7. 某企业全年需用A材料2 400吨,每次的订货成本为400元,每吨材料年储备成本12元,则每年最佳订货次数为(　　　)次。

A. 12 　　　　　　　　　　　　B. 6

C. 3 　　　　　　　　　　　　　D. 4

8. 在对存货采用ABC分类法进行控制时,应当重点控制的是(　　　)。

A. 数量较大的存货 　　　　　　B. 占用资金较多的存货

  C. 品种多的存货   D. 价格昂贵的存货

  9. 某企业预计全年现金需要量为 400 万元，现金与有价证券每实现一次转换需 400 元，有价证券年收益率为 8%，则最佳现金持有量为( )元。

  A. 16 000   B. 8 000

  C. 4 000   D. 2 000

  10. 为了满足未来现金流量的不确定性需要而持有现金的动机属于( )。

  A. 交易动机   B. 投机动机

  C. 预防动机   D. 投资动机

二、多项选择题

  1. 下列关于营运资金特点的说法中，正确的有( )。

  A. 营运资金的来源具有多样性

  B. 营运资金的数量具有波动性

  C. 营运资金的周转具有短期性

  D. 营运资金的实物形态具有不变性和易变现性

  2. 企业每次订货量少，会导致的后果是( )。

  A. 储存成本较大   B. 订货次数增多

  C. 订货成本增大   D. 储存成本较小

  3. 企业对客户进行资信评估应当考虑的因素主要包括( )。

  A. 信用品质   B. 偿付能力

  C. 资本和抵押品   D. 经济状况

  4. 如果企业把信用标准定得过高，则会( )。

  A. 降低违约风险   B. 降低收账费用

  C. 降低销售规模   D. 降低企业市场竞争能力

  5. 在确定经济订货量时，下列表述中正确的有( )。

  A. 随每次进货批量的变动，进货费用和储存成本呈反方向变化

  B. 储存成本的高低与每次进货批量成正比

  C. 订货成本的高低与每次进货批量成反比

  D. 年变动储存成本与年变动进货费用相等时的采购批量，即为经济订货量

  6. 存货的缺货成本包括( )。

  A. 停工损失   B. 产成品缺货造成的拖欠发货损失

  C. 丧失销售机会的损失   D. 存货占用资金的应计利息

  7. 假设某企业预测的年度赊销额为 3 000 000 元，应收账款平均收账天数为 60 天，变动成本率为 60%，资金成本率为 10%。下列说法中正确的有( )。

  A. 应收账款平均余额为 500 000 元

  B. 维持赊销业务所需的资金为 300 000 元

  C. 维持赊销业务所需的资金为 30 000 元

  D. 应收账款的机会成本为 30 000 元

  8. 企业持有现金总额通常小于交易、预防、投机三种动机各自所需现金持有量的简单相加，其原因有( )。

A. 现金可在各动机中调剂使用

B. 企业存在可随时借入的信贷资金

C. 满足各种动机所需现金的存在形态可以多样化

D. 现金与有价证券可以互相转换

9. 企业持有应收账款发生的成本包括(   )。

A. 坏账成本   B. 管理成本

C. 机会成本   D. 现金折扣

10. 营运资金管理应该遵循的原则包括(   )。

A. 满足合理的资金需求   B. 保证一定的盈利能力

C. 保持足够的长期偿债能力   D. 节约资金使用成本

三、判断题

1. 供应商在信用条件中规定有现金折扣,目的主要是扩大销售收入。   (   )

2. 由于现金的收益能力较差,企业不宜保留过多的现金。   (   )

3. 企业为交易性动机而储存的现金不包括应付职工薪酬。   (   )

4. 企业现金持有量越多越有利。   (   )

5. 企业所持有的现金余额应大于或等于各种动机所需现金余额之和。   (   )

6. 企业的管理成本和现金持有量呈正相关。   (   )

7. 现金折扣是企业为了鼓励客户提前还款而给予的价格优惠,是信用条件的组成因素。   (   )

8. 应收账款的坏账成本在数量上等于赊销收入与坏账损失率的乘积。   (   )

9. 存货管理的目标是以最低的存货成本保证企业生产经营的顺利进行。   (   )

10. 在利用存货模式计算最佳现金持有量时,一般不考虑机会成本。   (   )

四、计算分析题

1. 某企业每年现金需求总量为 5 200 000 元,每次现金转换的成本为 1 000 元,持有现金的再投资报酬率约为 10%。计算该企业的最佳现金持有量。

2. 某公司存货周转期为 160 天,应收账款周转期为 90 天,应付账款周转期为 100 天,则该公司现金周转期为多少天?

3. 某企业预计下年度赊销收入为 1 800 万元,应收账款周转天数为 90 天,变动成本率为 60%,资本成本为 10%,则应收账款的机会成本是多少万元?

4. 某公司产品的变动成本率为 60%,一直采用赊销方式销售产品,信用条件为"n/60"。如果继续采用"n/60"的信用条件,预计下一年赊销收入净额为 1 000 万元,坏账损失为 20 万元,收账费用为 12 万元。

为扩大产品的销售量,公司拟将信用条件变更为"n/90"。在其他条件不变的情况下,预计下一年年赊销收入净额为 1 100 万元,坏账损失为 25 万元,收账费用为 15 万元。假定风险投资最低报酬率为 10%,1 年按 360 天计算,所有客户均于信用期满付款。要求:

(1) 计算信用条件改变后该公司收益的增加额。

(2) 计算信用条件改变后该公司应收账款成本增加额。

(3) 为该公司作出是否应改变信用条件的决策并说明理由。

5. 某公司是一家制造企业，全年需要 A 机器 360 000 台，均衡耗用。每次的订货费用为 160 元，每台 A 机器进价为 900 元，持有费率为 80 元。根据经验，从发出订单到进入可使用状态一般需要 5 天，保险储备量为 2 000 台。要求：

（1）计算经济订货批量。

（2）计算全年最佳订货次数。

（3）计算最低存货成本。

（4）计算再订货点。

项目六　收益分配管理

○ **素质目标**

1. 树立公平合理、依法分配的观念；
2. 培养契约精神；
3. 树立全局观，兼顾各方利益；
4. 树立可持续发展理念。

○ **职业能力目标**

1. 理解收益分配的概念及原则；
2. 明确企业税后利润分配的程序；
3. 理解股利分配理论；
4. 掌握股利政策的类型；
5. 理解股利分配应考虑的因素。

○ **典型工作任务**

1. 根据企业的类型和特点选择正确的股利分配政策；
2. 为企业设计合理的收益分配方案。

案例导入

　　智华股份有限公司是一家专业从事通信设备研发、生产、销售的中小型技术企业。公司自 1999 年成立，2012 年挂牌上市，经营利润一直稳定增长，经营现金流稳定，负债比率较低，资信等级长期维持在 A 级以上，公司现金红利支付率一直在 70％以上，每股现金红利稳中有升，这种情况延续了 8 年。2020 年公司亏损，但每股仍然派发现金红利 0.6 元。2021 年，面对通信设备市场日益加剧的竞争环境，公司决定继续采用扩张战略，并制定了未来 5 年 1.5 个亿的投资计划，但公司感到需要减少非投资方面的现金流出，增强财务能力和流动性，保持 A 级以上的资信等级，降低财务风险，增强留存收益和内部融资能力。而公司近期的发展并不能立即大幅度提升每股收益，继续维持高的现金红利支付率的经营压力很大。为了以积极主动的态度来应对日益变化的竞争环境，保证公司长远发展目标，2021 年 5 月初，公司考虑在其季报中宣布削减 30％的现金红利，此举可以使公司减少 900 万元的现金支出。尽管相对于公司未来五年 1.5 亿元的资本支出计划来说，这笔钱似乎杯水车薪，但有助于公司减轻之后的经营压力，增加股利政策方面的灵活性，使现金红利在之后几年中有较大的上升空间。但大幅度削减现金红利不可避免地会导致公司股票价格大幅下跌，动摇投资者的信心，进而影响公司与既有的稳定投资者的关系。历史经验也证实了这种负面影响。公司尚未宣布红利政策，股票价格已下跌 6%。

请思考：企业股利政策的选择受哪些因素影响？股利政策变动可能会带来哪些后果？

收益分配是企业财务管理的重要内容之一，不少学者提出"财务首先便是一种分配行为""企业财务本质就是财务主体对企业财力的分配活动及其所形成的分配关系"。如何从财务管理视角对企业收益进行科学合理的分配，使企业既能为员工提供最佳激励机制又能保障投资者的收益，同时兼顾企业未来发展的需求，从而促进企业长期稳定的发展，是收益分配管理的意义所在。

任务一　收益分配管理概述

任务描述

理解收益分配的概念及原则，明确企业税后利润分配的程序，能根据企业税后利润分配程序编制企业利润分配表。

一、收益分配的概念

企业的本质就是由不同的利益主体如股东、经营者、债权人、员工、供应商组成的系列契约关系的总和。不同的利益主体将自己拥有的资源投入企业，目的就是从企业的生产经营中获得收益。因此，收益分配就是对企业在生产经营过程中的经营成果在相关的利益主体之间进行分配的一种活动。收益分配包括如下两个要素：

（一）收益分配对象

收益分配对象是指企业在生产经营中的经营成果，即企业收益。

在实践中，收益的分配对象有广义和狭义之分。狭义的分配对象是指企业的税后利润，也即收益分配主要探讨企业税后利润如何在股东和企业之间分配，即股利政策的制定。西方财务管理采取的就是这种狭义的概念。广义的分配对象是指企业在一定时期内实现的总收入在扣除必要的生产资料成本后的余额，即企业在生产经营活动中新创造的价值。从会计核算的角度来看，广义的分配对象等同于企业的薪息税前利润，即支付工薪、利息和所得税之前的利润。显然，以广义的分配对象为口径，收益分配主要研究的是企业的薪息税前利润如何在股东、员工、政府、债权人等相关利益主体之间进行分配。

尽管收益的分配对象有狭义和广义之分，但从企业价值构成的角度来看，企业在一定时期内生产的新产品的价值可以表示成三个部分：一是生产资料价值的转移部分 c；二是劳动者为自己的劳动所创造的价值 v；三是劳动者为社会创造的价值 m。$c+v+m$ 构成企业产品的总价值，$v+m$ 则构成新创造的价值。一个企业要想维持正常的生产经营活动，必须把 c 部分全部补偿到生产领域中去，即补偿在上一轮生产过程中已经消耗的生产资料。因此，能够独立于生产过程进行分配的对象只能是企业新创造的价值，即企业薪息税前利

润 $v+m$。广义的收益分配对象，可以使我们更加全面、深入地研究企业分配问题。因此，本书采用广义的分配对象概念。

（二）收益分配主体

参与收益分配的主体是指对参与企业经营成果分配的社会集团或个人的科学划分。既然企业是由不同的利益主体为共同创造财富、分配财富而达成的一系列契约关系，那么参与收益分配的主体也应该为公司的生产经营活动提供相应的资源或服务。

就广义的分配对象而言，参与收益分配的主体主要包括：

1. 货币资本的提供者——股东、债权人

企业要进行生产，必须有一定的货币资本。根据货币资本提供者对风险的态度不同，企业的货币资本提供者可以分为债权人和股东两类。其中规避风险的货币资本提供者成为债权人，定期获取约定的利息，即拥有对企业的合同索取权；敢于冒风险的货币资本提供者则成为股东，从企业净利润中通过股利的方式获取不确定的收益，即拥有剩余索取权，并通过选举董事会成员、对企业重大决策进行投票等方式拥有对企业的最终控制权。

2. 人力资本提供者——员工

员工作为人力资本这一重要生产要素的提供者，在企业财富创造中发挥着重要作用。离开了员工的劳动，货币资本只能是一堆死的东西，它本身不能创造财富。因此，员工无疑是参与分配的最重要的主体。

3. 间接生产要素提供者——国家

除上述直接生产要素的提供者，参与企业收益分配的主体还应包括间接生产要素的提供者，即国家。这是因为，国家作为社会经济的宏观调控者和社会行政管理者，为企业的正常生产经营活动创造了必要的条件，可以视为间接生产要素的提供者。国家作为利益主体参与企业收益分配可以更好地行使社会管理者的职能，是合乎情理的。

二、收益分配的原则

任何一种实践活动都必须遵循一定的原则，收益分配也不例外。收益分配原则是收益分配活动中所必须遵循的行为规范，其目的是规范企业分配行为，协调股东、员工、债权人和政府之间的关系。

（一）依法分配原则

企业的收益分配必须依法守纪。为了规范企业的收益分配行为，维护各利益相关者的合法权益，国家、政府及企业颁布了相关的法律、规章及制度。这些法律、规章及制度规定了企业收益分配的基本要求、一般程序和重要比例，企业应当认真执行，不得违反。它具体包括三个层次：一是国家的法律，如《公司法》《中华人民共和国税法》等都对企业分配提出了相应的规范要求；二是政府的各种规定，如《企业会计准则》等对企业分配提出了相应的要求；三是企业内部的各种制度或规定，如企业奖励制度等也对分配问题提出了相应的要求。

（二）积累与分配并重原则

正确处理积累与分配关系，积累优先，增强企业发展后劲。企业的收益分配必须坚持积累与分配并重的原则。企业通过经营活动赚取收益，既要保证企业简单再生产的持续进行，又要不断积累企业扩大再生产的财力基础。恰当处理分配与积累之间的关系，留存一部分净收益以供未来分配之需，能够增强企业抵抗风险的能力，同时，也可以提高企业经营的稳定性与安全性。

（三）投资与收益对等原则

根据投资主体的投资份额进行收益的分配。企业进行收益分配应当体现"谁投资谁受益"、收益大小与投资比例对等的原则。这是正确处理投资者利益关系的关键。企业在向投资者分配收益时，应本着平等一致的原则，按照投资者投资额的比例进行分配，不允许任何一方随意多分多占，以从根本上实现收益分配中的公开、公平和公正，保护投资者的利益。

（四）兼顾各方利益原则

企业正常有序的经营建立在国家、投资者、经营者、债权人、职工等多方利益关系人共同参与的基础之上。企业的收益分配必须兼顾各方面的利益。正确处理各方之间的关系，协调各方矛盾，对企业的生存、发展是至关重要的。企业在进行收益分配时，应当统筹兼顾，维护各利益相关者的合法权益。

三、企业税后利润的分配程序

按照现行《公司法》的相关规定，企业缴纳所得税后的净利润应遵循如下分配程序：

（一）弥补以前年度亏损

按照现行制度规定，企业的法定公积金不足以弥补以前年度亏损的，可用当年利润弥补。

（二）提取法定公积金

法定公积金按照净利润的 10% 提取，但当法定公积金达到注册资本的 50% 时，可不再提取。法定公积金可用于弥补亏损、扩大公司生产经营或转增股本。

（三）提取任意公积金

企业从净利润中提取法定公积金后，经股东会或股东大会决议，还可以从净利润中提取任意公积金。任意公积金的提取比例和用途由股东会或股东大会决定。

（四）支付普通股股利

公司弥补亏损和提取公积金后的净利润，可按普通股股东持有的股份比例分配。

【例 6-1】　长征公司 2022 年的有关资料如下：

(1) 当年实现净利润 6 000 000 元；

(2) 年初的未分配利润为 500 000 元；

(3) 经股东大会决定，法定盈余公积金、任意公积金的提取比例均为 10%；

(4) 支付 4 000 000 股普通股股利，每股 1 元。

根据上述资料，请列出长征公司 2022 年的利润分配表。

长征公司 2022 年的利润分配如表 6-1 所示。

表 6-1　长征公司 2022 年利润分配表　　　　　单位：元

项　目	行次	本年实际
一、净利润	1	6 000 000
加：年初未分配利润	2	500 000
二、可供分配的利润	3	6 500 000
减：提取法定公积金	4	600 000
三、可供投资者分配的利润	5	5 900 000
减：提取任意公积金	6	600 000
支付普通股股利	7	4 000 000
四、未分配利润	8	1 300 000

★ **思考与讨论**：利润分配的先后顺序能否改变？将"支付股东股利"放在利润分配的最后，体现了何种分配理念？

任务二　收益分配方式及分配政策

任务描述

了解员工参与企业分配的方式，理解股利分配理论及收益分配的影响因素，掌握股利政策的类型，能辨析不同股利政策的优缺点，帮助企业做出股利政策的正确选择。

一、企业与员工之间的分配

员工参与企业分配的方式包括工资分配制度、奖金分配制度和利润分享制度。

（一）工资分配制度

工资分配制度是员工参与企业分配的一种最基本的方式。在工资分配制度下，员工工资主要体现不同行业、不同工种以及同一工种内部的技术复杂程度、操作熟练程度和责任大小的差别，它按照事先规定的劳动报酬和报酬标准，计量每个员工的实际劳动量和应得的工资，把劳动与报酬有机地结合起来。目前企业广泛采用的工资制度包括计时工资制、计件工资制、岗位等级工资制以及职能等级工资制等形式。从工资分配的实际情况来看，在短期内，工资一般具有相对固定性，即工资一般与企业的业绩无关，它是由劳动力市场的供求状况和员工与企业的谈判情况来决定的。从长期来看，基本工资一般具有刚性，表现为基本工资一般呈上升趋势。

（二）奖金分配制度

奖金是企业对员工超额劳动部分或劳动绩效突出部分所支付的奖励性报酬，是企业为了鼓励员工提高劳动效率和工作质量付给员工的货币奖励。奖金分配制度在现代企业分配中很普遍，奖金已经成为企业员工参与分配的一种重要形式。

奖金形式多种多样，但根据奖金的发放依据，可以分为三类：

（1）与个人劳动量直接挂钩的奖金。这种奖金以员工个人劳动量的多少为分配依据，在无法计量劳动数量时，则以员工工作的努力程度为分配依据。

（2）与企业经营业绩直接相关的奖金。这种奖金以生产或工作中多项考核指标为分配条件，其特点是对员工的劳动贡献和劳动成绩的各个主要方面进行全面评价。这种奖金与员工个人的劳动量大小没有直接关系，但企业经营业绩的好坏是全体员工共同努力的结果，因此它与员工个人劳动间接相关。实际工作中的年终奖或季度奖等都属于此种奖金制度。

（3）其他形式的奖金。除了上述两项奖金以外的奖金，都可视为其他形式的奖金。具体形式包括节约奖、安全奖、超额奖、质量奖、发明创造奖等。奖金分配制度是贯彻按劳分配的一种劳动报酬形式。

（三）利润分享制度

利润分享制度在西方从萌芽到发展经历了几个世纪，从 20 世纪 60 年代以来，普通员工参与利润分享开始流行，并在西方发达国家得到普遍推广。所谓利润分享，是指直接从企业利润中提取一定比例的利润支付给员工。与奖金不同的是，利润分红直接来源于企业的经营成果（即利润），与利润的多少密切挂钩。因此，利润分享制度是企业员工与股东共同分享企业利润的一种分配方式。

> ★ **思考与讨论**：对中小微企业而言，如何制定企业与员工的分配制度更为科学合理？

二、企业与股东之间的分配

企业与股东之间分配的是股利，股利是企业利润分配的一部分，因而属于公司税后净利润分配。股东从公司所分配的利润称为红利、股利或股息。分配利润是公司股东最重要的权利。学者们就股利分配对公司价值的影响提出了股利分配理论。

股利分配理论是指人们对股利分配的客观规律的科学认识与总结，其核心问题是股利政策与公司价值的关系问题。人们对股利分配与公司价值的关系，有两种不同的观点。

（一）股利无关理论

股利无关理论认为，在一定的条件限制下，股利政策不会对公司的价值或股票的价格产生任何影响，投资者不关心公司股利的分配。公司的市场价值，由公司所选择的投资决策的获利能力和风险组合所决定，而与公司的利润分配政策无关。

股利无关理论建立在以下假设的基础上：① 股票市场是强式信息透明的有效市场，市场信息对任何投资者都是均等的，没有任何股东可以影响股票价格；② 个人或企业不征收所得税；③ 股票的发行和交易不收取发行和手续费；④ 投资决策与股利决策彼此独立，投资决策不受股利分配影响；⑤ 股东无股利和资本增值的偏好；⑥ 市场对企业的未来判断非常正确。

根据股利无关理论的假设，企业价值完全由企业的盈利能力决定。

（二）股利相关理论

股利相关理论认为，企业的股利政策会影响股票价格和公司价值。其主要观点有以下几种：

1. "一鸟在手"理论

该理论认为，由于企业在经营过程中存在着诸多的不确定性因素，股东会认为现实的现金股利要比未来的资本利得更为可靠，因而更偏好于确定的股利收益。因此，资本利得好像林中之鸟，虽然看上去很多，但却不一定抓得到，而现金股利则好像在手之鸟，是股东有把握按时、按量得到的现实收益。根据"一鸟在手"理论所体现的收益与风险的选择偏好，股东更偏好现金股利而非资本利得，倾向于选择股利支付率高的股票。该理论认为，当公司支付较高的股利时，公司的股票价格会随之上升，公司价值将得到提高。

2. 信号传递理论

该理论认为，在信息不对称的情况下，公司可以通过股利政策向市场传递有关公司未来获利能力的信息，从而影响公司的股价。对于市场上的投资者来讲，股利政策的差异或许是反映公司预期获利能力的有价值的信号。一般来讲，预期未来获利能力强的公司，往往愿意通过相对较高的股利支付水平吸引更多的投资者。如果公司连续保持较为稳定的股利支付水平，那么投资者会对公司未来的盈利能力与现金流量抱乐观的预期。如果公司的股利支付水平突然发生变动，那么股票市价也会对这种变动产生反应。

3. 代理理论

该理论认为，股利政策有助于减缓管理者与股东之间的代理冲突，即股利政策是协调股东与管理者之间代理关系的一种约束机制。这种约束机制体现在以下两个方面：从投资角度看，股利的支付减少了管理者对自由现金流量的支配权，这在一定程度上可以抑制公司管理者的过度投资或在职消费行为，从而保护外部投资者的利益；从融资角度看，企业现金股利发放，减少了内部融资，导致公司进入资本市场寻求外部融资，从而公司将接受资本市场上更多的、更严格的监督，通过资本市场的监督减少了代理成本。因此，高水平的股利政策降低了企业的代理成本，但同时增加了外部融资成本，理想的股利政策应当使两种成本之和最小。

4. 所得税差异理论

该理论认为，由于普遍存在的税率和纳税时间的差异，资本利得收入比股利收入更有助于实现收益最大化目标，公司应当采用低股利政策。一般来说，对资本利得收入征收的税率低于对股利收入征收的税率，即使两者没有税率上的差异，由于投资者对资本利得收入的纳税时间选择更具有弹性，投资者仍可以享受延迟纳税带来的收益差异。当采取低股利和推迟股利支付政策时，才能使企业价值最大化。

三、收益分配的影响因素

企业的收益分配受法律因素、公司因素、股东因素和债务契约与通货膨胀因素等影响。

（一）法律因素

为了保护债权人和股东的利益，法律、法规就公司的利润分配作出了如下规定：

（1）资本保全约束。不能用资本（包括实收资本或股本和资本公积）发放股利，维持企业资本的完整性，保持企业发展基础，保障债权人的利益。

（2）资本积累约束。公司必须按照一定的比例和基数提取各种公积金，股利只能从企业可供分配利润中支付。可供分配利润是指公司当期的净利润按照规定提取各种公积金后的余额和以前累积的未分配利润。利润分配应采取"无利不分"的原则，企业出现年度亏损时不进行利润分配。

（3）超额累积利润约束。由于资本利得与股利收入的税率不一致，当公司为了避税而使盈余的保留大大超过公司目前及未来的投资需要时，将被加征额外的税款。

（4）偿债能力约束。要求公司考虑现金股利分配对偿债能力的影响，确定在分配后仍能保持较强的偿债能力，以维持公司的信誉和借贷能力，从而保证公司的正常资金周转。

（二）公司因素

公司基于短期经营和长期发展的考虑，在确定利润分配政策时，需要关注以下因素：

（1）现金流量。保证企业正常的经营活动对现金的需求是确定收益分配政策最重要的限制因素。

（2）资产的流动性。保持一定的资产流动性是企业正常运转的必备条件，企业应注意现金股利的支付，减少其现金持有量，降低资产流动性的影响。

（3）盈利的稳定性。股利支付水平的高低与公司的盈利稳定性呈正相关。

（4）投资机会。如果公司的投资机会多，对资金的需求量大，那么它就很可能会考虑采用低股利支付水平的分配政策；相反，如果公司的投资机会少，对资金的需求量小，那它就很可能倾向于采用较高的股利支付水平。此外，如果公司将留存收益用于再投资所得收益低于股东个人单独将股利收入投资于其他投资机会所得的收益，公司就不应多留收益，而应多发放股利，这样有利于股东价值的最大化。

（5）资金成本。如果公司有较强的筹资能力，随时能筹集到所需资金，那么公司会具有较强的股利支付能力。另外，留存收益是企业内部筹资的一种重要方式，它同发行新股或举债相比，不仅不需花费筹资费用，还增加了公司权益资本的比例，降低了财务风险，便于低成本取得债务资本。

（6）其他因素。股利政策会受到其他因素的影响。例如，不同发展阶段、不同行业的公司股利支付比例会有差异，这就要求公司在进行政策选择时要考虑发展阶段及所处行业状况。比如，公司可能有意多发放股利使股价上升，使已发行的可转换债券尽快地实现转换等。

（三）股东因素

股东在控制权、收入和税赋方面的考虑也会对公司的利润分配政策产生影响。

（1）控制权。股利政策是股东维持控制地位的工具。企业支付较高的股利导致留存收益减少，当企业为有利可图的投资机会筹集所需资金时，发行新股的可能性增大，新股东加入必然稀释公司的控制权。所以，股东会倾向于较低的股利支付水平，以便从内部的留存收益中取得所需资金。

（2）追求稳定的收入。如果股东依赖现金股利维持生活，他们会要求企业支付稳定的股利，反对过多的留存收益。

（3）规避所得税因素。由于股利收入的税率要高于资本利得的税率，一些高股利收入的股东出于避税的考虑而倾向于较低的股利支付水平。

（四）债务契约与通货膨胀因素

（1）债务契约。公司发行的债券和贷款合同，一般要载明限制股利分配的条款，防止过度分配影响偿债能力，以契约形式限制股利的主要有：① 规定每股股利的最高限额；② 只能用贷款新增的留存收益分配股利，不能动用贷款前的利润分配；③ 规定公司的流动比率、利息保障倍数低于一定标准不分配现金股利等。

（2）通货膨胀。通货膨胀会导致货币购买力水平下降，导致固定资产重置资金不足。此时，企业不得不考虑留用一定的利润，以便弥补由购买力下降造成的固定资产重置资金缺口。因此，在通货膨胀时期，企业一般会采取偏紧的收益分配政策。

四、股利分配政策

股利分配政策是指企业在不违反国家有关法律、法规的前提下，根据本企业具体情况制定的分配策略。股利分配政策须符合公司财务和发展目标，又保持相对稳定。可供选择的股利分配政策有以下几种：

股利分配政策

（一）剩余股利政策

剩余股利政策是指公司在有良好的投资机会时，根据目标资本结构，测算出投资所需的权益资本额，先从盈余中留用，然后将剩余的盈余作为股利来分配，即净利润首先满足公司的资金需求，如果还有剩余，就派发股利；如果没有，则不派发股利。剩余股利政策的理论依据是股利无关理论，公司价值与投资相关。采用剩余股利政策时，公司要遵循以下四个步骤：

（1）设定目标资本结构，在此资本结构下，公司的加权平均资本成本将达到最低水平。

（2）确定公司的最佳资本预算，并根据公司的目标资本结构预计资金需求中所需增加的权益资本数额。

（3）最大限度地使用留存收益来满足资金需求中所需增加的权益资本数额。

（4）留存收益在满足公司权益资本增加需求后，若还有剩余再用来发放股利。

【例 6-2】 长征公司 2022 年税后净利润为 300 万元，2023 年的投资计划需要资金 200 万元，公司的目标资本结构为权益资本占 60%、债务资本占 40%。公司采用剩余股利政策，请计算 2022 年公司可发放的股利额。

公司投资所需的权益资本数额＝200×60%＝120（万元）

公司可以发放的股利额＝300－120＝180（万元）

假设该公司当年流通在外的普通股为 500 万股，则每股股利＝$\dfrac{180}{500}$＝0.36（元）。

剩余股利政策的优点：留存收益优先保证投资的需要，有助于降低再投资的资金成本，保持最佳的资本结构，实现企业价值的长期最大化。

剩余股利政策的缺点：完全执行剩余股利政策，股利发放额会每年随着投资机会和盈利水平的波动而波动。在盈利水平不变的前提下，股利发放额与投资机会呈反方向变动。剩余股利政策不利于投资者安排收入与支出，也不利于公司树立良好形象。公司初创阶段可选择剩余股利政策。

（二）固定或稳定增长的股利政策

固定或稳定增长的股利政策是指公司将每年派发的股利额固定在某一特定水平，或是在此基础上维持固定比率逐年稳定增长。公司只有在确信未来盈余不会发生逆转时才会宣布实施固定或稳定增长的股利政策。这一股利政策，应首先确定股利分配额，而且该分配额一般不随资金需求的变动而变动。

【例 6 - 3】 长征公司近几年盈利能力稳定，且在未来几年仍能保存稳定的盈利能力。2022 年税后净利润为 400 万元，2023 年的项目投资计划需要资金 300 万元，公司的目标资本结构为权益资本占 60％、债务资本占 40％。公司股本 500 万股，近几年和未来 5 年采取固定股利政策，每股股利 0.40 元。计算公司 2022 年发放的股利额及 2023 年项目投资所需的自有资金及负债资金。

2022 年公司发放的股利额＝500×0.40＝200（万元）

公司留存的收益＝400－200＝200（万元）

2023 年项目投资所需的自有资金＝300×60％＝180（万元）

2023 年项目投资所需的负债资金＝300×40％＝120（万元）

根据上述计算结果可知，长征公司的留存收益能满足项目投资自有资金的需求。

固定或稳定增长的股利政策的优点：① 由于股利政策本身的信息含量，稳定的股利向市场传递着公司正常发展的信息，有利于树立公司的良好形象，增强投资者对公司的信心，稳定股票的价格；② 稳定的股利额有助于投资者安排股利收入和支出，有利于吸引打算进行长期投资并对股利有很高依赖性的股东。

固定或稳定增长的股利政策的缺点：股利的支付与企业的盈利相脱节，即不论公司盈利多少，均要支付固定的或按固定比率增长的股利，这可能会导致企业资金紧缺，财务状况恶化。此外，在企业无利可分的情况下，若依然实施固定或稳定增长的股利政策，也是违反《公司法》的行为。

因此，采用固定或稳定增长的股利政策，要求公司对未来的盈利和支付能力能够作出准确的判断。一般来说，公司确定的固定股利额不宜太高，以免陷入无力支付的被动局面。经营比较稳定或正处于成长期的企业，在特定时期内可选择采用固定或稳定增长的股利政策。

（三）固定股利支付率政策

固定股利支付率政策是指公司将每年净利润的某一固定百分比作为股利分派给股东。这一百分比通常称为股利支付率。股利支付率一经确定，一般不得随意变更。在这一股利政策下，只要公司的税后利润一经计算确定，所派发的股利也就相应确定了。

【例 6 - 4】 长征公司长期以来用固定股利支付率政策进行股利分配，股利支付率为

30%，2022年税后净利润为800万元。2023年公司的项目投资计划为700万元，公司的目标资本结构为权益资本占60%、债务资本占40%。计算公司2022年发放的股利额及2023年项目投资所需的自有资金。

$$2022年公司股利支付额＝800×30\%＝240（万元）$$
$$留存收益＝800×70\%＝560（万元）$$
$$2023年项目投资所需的自有资金＝700×60\%＝420（万元）$$

根据上述计算结果可知，公司采用固定股利支付率政策，2022年公司应发放股利240万元。2023年项目的自有资金需求为420万元，公司的留存收益能够满足项目投资的需要。

固定股利支付率政策的优点：① 采用固定股利支付率政策，股利与公司盈余紧密地结合，体现了"多盈多分、少盈少分、无盈不分"的股利分配原则；② 由于公司的获利能力在年度间是经常变动的，因此，每年的股利也会随公司收益的变动而变动。采用固定股利支付率政策，公司每年按固定的比例从税后利润中支付现金股利，从企业支付能力的角度看，是一种稳定的股利政策。

固定股利支付率政策的缺点：① 传递的信息容易成为公司的不利因素，多数公司每年的收益很难保持稳定不变，导致年度间的股利额波动较大，由于股利的信号传递作用，波动的股利很容易给投资者带来经营状况不稳定、投资风险较大的不良印象；② 容易使公司面临较大的财务压力，这是因为公司实现的盈利多，并不能代表公司有足够的现金流来支付较多的股利额；③ 合适的固定股利支付率的确定难度比较大，由于公司每年面临的投资机会、筹资渠道都不同，而这些都可以影响到公司的股利分派，所以，一成不变地奉行固定股利支付率政策的公司在实际中并不多见。处于稳定发展且财务状况也较稳定的公司，可选择固定股利支付率政策。

（四）低正常股利加额外股利政策

低正常股利加额外股利政策是指公司事先设定一个较低的正常股利额，每年除了按正常股利额向股东发放股利外，还在公司盈余较多、资金较为充裕的年份向股东发放额外股利。但是，额外股利并不固定。低正常股利加额外股利政策的理论依据是"一鸟在手"理论和股利信号传递理论。

低正常股利加额外股利政策的优点：① 赋予公司较大的灵活性，使公司在股利发放上留有余地，并具有较大的财务弹性，公司可根据每年的具体情况，选择不同的股利发放水平，以稳定和提高股价，进而实现公司价值的最大化；② 使那些依靠股利度日的股东，每年至少可以得到虽然较低但比较稳定的股利收入，从而吸引住这部分股东。

低正常股利加额外股利政策的缺点：① 由于年份之间公司盈利的波动使额外股利不断变化，造成各年分派的股利不同，容易给投资者收益不稳定的感觉；② 当公司在较长时间持续发放额外股利后，可能会被股东误认为"正常股利"，一旦取消，可能会使股东认为这是公司财务状况恶化的表现，进而导致股价下跌。

相对来说，对那些盈利随着经济周期而波动较大的公司或者盈利与现金流量不是很稳定的企业而言，低正常股利加额外股利政策也许是一种不错的选择。

不同发展阶段的公司股利政策如表6-2所示。

表 6 – 2 不同发展阶段的公司股利政策

公司发展阶段	特 点	可选择的股利政策
公司初创阶段	公司经营风险高，有投资需求且融资能力差	剩余股利政策
公司快速发展阶段	公司发展快，投资需求大	低正常股利加额外股利政策
公司稳定增长阶段	公司业务稳定增长，投资需求减少，净现金流入量增加，每股净收益呈上升趋势	固定或稳定增长的股利政策
公司成熟阶段	公司盈利水平稳定，通常积累了一定的留存收益和资金	固定股利支付率政策
公司衰退阶段	公司业务锐减，获利能力和现金获得能力下降	剩余股利政策

★ **思考与讨论**：中小微企业该如何做好收益分配工作？

任务三　股利分配方案实施

任务描述

　　掌握股利分配方案的确定内容，了解股利支付的形式及股利发放的日程安排，理解股票分割与股票回购的概念及意义，帮助企业做好收益分配管理。

一、股利分配方案的确定

　　企业股利分配方案的确定，主要考虑以下四个方面的内容：

（一）选择股利政策

　　公司应当综合考虑面临的各种影响因素，遵循收益分配的原则，选择适合公司实际情况的股利政策，以保证实现公司的预期目标。

股利分配方案及
股利发放日程

（二）确定股利支付水平

　　确定公司支付水平时应考虑：① 企业所处的成长周期；② 企业的投资机会；③ 企业的筹资机会与筹资能力；④ 企业的资本结构；⑤ 股东偏好；⑥ 通胀因素；⑦ 股利的信号功能；⑧ 借款协议与法律限制因素等。

（三）确定股利支付形式

　　股利支付形式可以分为以下四种类型：

　　（1）现金股利。现金股利是股利支付最常见的方式。公司发放现金股利除了要有足够的留存收益外，还要有足够的现金，而现金充足与否往往会成为公司发放现金股利的主要制约因素。

　　（2）财产股利。以现金以外的其他资产支付的股利，主要是以公司所拥有的其他公司的有价证券，如债券、股票等作为股利支付给股东。

（3）负债股利。以负债方式支付的股利，通常以公司的应付票据支付给股东，有时也以发放公司债券的方式支付股利。

财产股利和负债股利实际上是现金股利的替代，但这两种股利支付形式在我国公司实务中很少使用。

（4）股票股利。这是公司以增发股票的方式所支付的股利，我国实务中通常也称其为"红股"。股票股利对公司来说，并没有现金流出企业，也不会导致公司的财产减少，而只是将公司的留存收益和资本公积转化为股本。但股票股利会增加流通在外的股票数量，同时降低股票的每股价值。它不改变公司股东权益总额，但会改变股东权益的构成。

（四）确定股利发放日期

股利发放必须遵循一定的程序，也即股利发放需要按照规定的日程来进行。

二、股利发放的日程安排

公司在选择了股利政策、确定了股利支付水平和方式后，应当进行股利的发放。公司股利的发放必须遵循相关要求，按照日程安排来进行。一般情况下，股利的发放需要按照下列日程来进行：

（一）预案公布日

上市公司分派股利时，首先要由董事会制定分红预案，包括本次分红的数量、分红的方式，股东大会召开的时间、地点及表决方式等。以上内容由公司董事会向社会公开发布。

（二）股利宣布日

董事会制定的分红预案经过股东大会讨论。只有讨论通过之后，才能公布正式分红方案及实施的时间。

（三）股权登记日

由公司在宣布分红方案时确定的一个具体日期。凡是在此指定日期收盘之前取得了公司股票，成为公司在册股东的投资者，都可以享受公司分派的股利。在此日之后取得股票的股东则无权享受已宣布的股利。

（四）除息日

在除息日，股票的所有权和领取股息的权利分离，股利权利不再从属于股票，所以在这一天购入公司股票的投资者不能享有已宣布发放的股利。另外，由于失去了"除息"的权利，除息日的股价会下跌，下跌的幅度约等于分派的股息。

（五）股利发放日

公司按照公布的分红方案向股权登记日在册的股东实际支付股利的日期。

【例6-5】 某公司于2023年4月10日公布了上年度的股利分配方案，其发布的公告如下："2023年4月9日在深圳召开的股东大会，通过了2023年4月2日董事会关于每股分派0.4元的股息分配方案。股权登记日为4月25日，除息日是4月26日，股东可以在5月10日至25日之间通过深圳交易所按交易方式领取股息。特此公告。"请根据该公告确定股东参与股利分配的时间。

该公司的股利支付程序如图 6-1 所示。

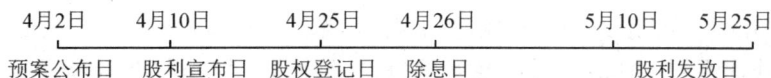

4月2日	4月10日	4月25日	4月26日	5月10日	5月25日
预案公布日	股利宣布日	股权登记日	除息日	股利发放日	

图 6-1 股利分配的日期

三、股票分割与股票回购

(一) 股票分割

1. 股票分割的含义

股票分割

股票分割是指将面值较高的股票分割为几股面值较低的股票。例如,将原来每股面值为 10 元的普通股分割为 2 股面值为 5 元的普通股。通过股票分割,公司股票面值降低,同时公司股票总数增加,股票的市场价格也会相应下降。因此,股票分割既不会增加公司价值,也不会增加股东财富。

一般来说,公司进行股票分割主要有以下两种动机:

(1) 通过股票分割使股票价格降低。有些公司股票价格过高,中小投资者由于资金量的限制不愿意购买高价股票,这样会使高价股的流动性受到影响。为了使股票价格下降,公司就可以采用股票分割的办法,股票分割后,公司股票数量增加,股价降低,股票在市场上的交易会更加活跃。

(2) 通过股票分割向投资者传递公司信息。与分配股利一样,股票分割也可以向投资者传递公司未来经营业绩变化的信息。一般来说,处于成长阶段的中小公司,由于业绩的快速增长,股价会不断上涨,此时公司进行股票分割,实际上表明公司未来的业绩仍然会保持良好的增长趋势,这种信息的传递也会引起股票价格上涨。

【例 6-6】 兴达公司是一家小型科技公司,目前公司普通股股数 5 000 万股,每股面值 10 元。由于公司正处于快速成长时期,每年盈利的增长都高于行业平均水平,股票上市 3 年来股价不断上涨,已由 3 年前上市时的 14 元/股上涨到目前的 46 元/股。由于股价较高且股票数量较少,已经影响股票在市场上的流动性,因此该公司董事会决定进行股票分割,计划按照 1:2 的比例将 1 股分割为 2 股。请计算股票分割后股票的面值、股票数量、股票价格分别为多少?

$$股票面值 = 10 \div 2 = 5(元)$$
$$股票数量 = 5\ 000 \times 2 = 10\ 000(万股)$$
$$股票价格 = 46 \div 2 = 23(元/股)$$

通过股票分割,每股面值降到 5 元,股价降到 23 元/股,这样就可吸引更多的投资者购买该公司股票,而股东所持有的股票数量也会增加 1 倍。

2. 股票分割与股票股利的比较

对于公司来说,进行股票分割与发放股票股利都属于股本扩张政策,二者都会使公司股票数量增加,股票价格降低,并且都不会增加公司价值和股东财富。从这些方面来看,股票分割与股票股利十分相似,但二者也存在以下差异:

(1) 股票分割降低了股票面值,而发放股票股利不会改变股票面值。这主要是因为股票

分割是股本重新分拆，将原来的股本细分为更多的股份，因而每股面值会相应成比例降低，而股票股利是公司以股票的形式用实现的净利润向股东无偿分派股利，股票面值不会降低。

（2）会计处理不同。股票分割不会影响资产负债表中股东权益各项目金额的变化，只是股票面值降低，股票股数增加，股本金额不会变化，资本公积金和留用利润的金额也不会变化。发放股票股利，公司应将股东权益中留用利润的金额按照发放股票股利面值总数转为股本，因而股本金额相应增加，而留用利润相应减少。

我国股份公司发行的普通股一般面值为 1 元，所以通常不进行股票分割。在实践中，我国公司常采用资本公积转增股本和发放股票股利的方式进行股本扩张，基本能达到与股票分割同样的目的。

（二）股票回购

1. 股票回购的含义

股票回购是股份公司出资购回一定数额的本公司发行在外的股票，将其作为库藏股或进行注销的行为。20 世纪 70 年代，美国政府对公司分配现金红利施加了限制，导致一些公司采用股票回购方式向股东分配利润。此后，股票回购成为公司一种特殊的利润分配形式。公司回购的股票可以注销，以减少公司的股本总额；也可以作为库藏股，仍属于发行在外的股份，但不参与每股收益的计算和收益分配，将来可以出售或者用于实施股权激励计划。

股票回购常被看作对股东的一种特殊回报方式，但与发放现金股利还是存在差异的。公司通过股票回购减少了流通在外的普通股股数，从而使每股利润增加，股票价格也随之上涨，可为股东带来资本利得收益。如果不存在个人所得税和交易成本，股票回购和发放现金股利对股东财富的影响并无差异，但是，通常情况下，资本利得所得税税率要低于股利所得税税率，这样公司回购股票可以为股东规避部分税负，为股东带来税收利益。但是，现金股利毕竟是公司对股东一种长期稳定的回报方式，而股票回购不能经常采用，只在公司拥有大量闲置现金的情况下才偶尔为之。

2. 股票回购的动机

公司进行股票回购的主要动机在理论上有多种解释，信号理论、税差理论、代理理论和公司控制权市场理论等主流财务理论都对股票回购动机作出了各自的解释。

1）传递股价被低估信号的动机

由于外部投资者与公司管理层之间存在信息不对称，二者对股票价值的认识可能会存在较大差异，当资本市场低迷时，公司的股价就有可能被低估。如果管理层认为本公司股票被严重低估，公司就可以通过股票回购行为来传递这种信号，从而促使公司股价上涨。实际上，公司的股票回购公告发布之后，通常会令股票价格上涨。

2）股东避税的动机

前已述及，由于资本利得与现金股利存在税率差异，现金股利的税率通常高于资本利得的税率，公司为了减少股东缴纳的个人所得税，可以用股票回购的方式代替发放现金股利，从而为股东带来税收利益。

3）减少公司自由现金流量的动机

在公司存在过多的自由现金流量时，公司可以通过股票回购的方式将现金分配给股东。股票回购可以使公司流通在外的股票数量减少，由于每股利润增加，在市盈率不变的情况下，股价会上涨，股东所持有的股票总市值会增加，这等于向股东分配了现金。此外，由于公司的自由现金流量减少，也降低了公司的代理成本。

4）反收购的动机

当公司的股票被低估时，就有可能成为被收购的目标，从而对现有股东的控制权产生威胁。为了维持原有股东对公司的控制权，预防或抵制恶意收购，公司可以通过股票回购方式，减少流通在外的股票股数，提高股票价格。实证研究表明，公司成为被收购目标的风险越大，就越有可能回购股票。

3. 股票回购的方式

公司进行股票回购主要可以通过以下四种方式进行：

1）公开市场回购

公开市场回购是指上市公司在证券市场上按照股票市场价格回购本公司的股票。通常公司回购股票时都会有一个最高限价，对回购股票的数量也有明确的限定。通过公开市场回购的方式回购股票，很容易导致股票价格上涨，从而增加回购成本。一般来说，在公司回购股票的目标已经达到的情况下，就可以停止回购。

2）要约回购

要约回购是指公司通过公开向股东发出回购股票的要约来实现股票回购计划。要约回购价格一般高于市场价格。在公司公告要约回购之后的限定期限内，股东可自愿决定是否按要约价格将持有的股票出售给公司。如果股东愿意出售的股数多于公司计划回购的股数，公司可以自行决定购买部分或全部股票。通常，在公司回购股票的数量较大时，可采用要约回购方式。

3）协议回购

协议回购是指公司与特定的股东私下签订购买协议回购其持有的股票。协议回购方式通常作为公开市场回购方式的补充。采用这种方式，公司必须公开披露股票回购的目的、数量等信息，并保证回购价格公平，以避免公司向特定股东进行利益输送，侵害其他股东的利益。协议回购方式回购股票的价格通常低于当前市场价格，并且回购股票的数量较大，通常作为大宗交易在场外进行。

4）转换回购

转换回购是指公司用债券或者优先股代替现金回购普通股股票的回购方式。采取转换回购方式，公司不必支付大量的现金，对于现金流量并不充足的公司而言，这是一种可选的回购方式，而且采用这种回购方式还可以起到调整资本结构的作用。但是，由于债券或优先股的流动性比普通股差，采用转换回购方式时，可能需要支付一定的溢价，因而提高了股票回购成本。

✍ **拓展阅读**

阿里巴巴的股权激励

作为全球领先的科技公司，阿里巴巴集团在数字时代发挥着重要作用。阿里巴巴集团由马云于1999年创立，起初是一个B2B电子商务平台，如今已经发展成一家多元化的科技巨头，涵盖了电子商务、金融科技、物流、云计算、人工智能等众多领域。阿里巴巴飞速发展的机制保障之一就是其股权激励政策，也被称为"金手铐"。

阿里巴巴的股权激励政策不仅帮助公司留住了核心人才，而且稳定了现金流。建立自己的长效激励制度一直是不少创业者思考的问题，阿里巴巴集团很早就发展了自己的股权激励制度，经过马云等阿里高层的发展和研究完善，阿里巴巴集团制订了一个"受限制股份单位计划"，这个制度很像创投模式中的 Vesting（股权兑现）条款，员工逐年取得期权，这样有利于保持团队的稳定性、员工的积极性，也能为阿里巴巴的收购大局提供筹码。

在阿里巴巴集团的股权结构中，管理层、雇员及其他投资者持股合计占比超过 40%。根据阿里巴巴网络的招股资料，授予员工及管理层的股权报酬包括了受限制股份单位计划、购股权计划和股份奖励计划三种。阿里巴巴集团成立以来，曾采用四项股权奖励计划授出股权报酬，包括阿里巴巴集团 1999 年购股权计划、2004 年购股权计划、2005 年购股权计划及 2007 年股份奖励计划。阿里巴巴的员工每年都可以得到至少一份受限制股份单位奖励，每一份奖励的具体数量可能因职位、贡献的不同而存在差异。

"在阿里内部有一个共识——现金奖金是对过去表现的认可，受限制股份单位计划则是对未来的预期，是公司认为你将来能做出更大贡献才授予你的。"

当然，据阿里内部人士说，阿里目前员工众多，如果以陆续行权的价格来计算的话，那阿里自成立以来给员工及高管开出的红利，将是一个天文数字。但不可否认的是，阿里股权激励制度的实施，为公司和员工提供了一个共同发展的机会，同时也为公司的发展注入了新的动力和支持。通过股权激励制度，阿里巴巴公司向员工传递了一种信念和价值观，即只有与公司的共同发展相结合，才能实现自身的价值和发展。相信在阿里巴巴集团的不断努力下，股权激励制度将会不断完善和发展，为公司和员工的共同发展提供更多的机会和可能性。

思政启示

企业对利润的分配不仅仅会对企业筹资以及投资决策产生影响，同时会对国家、投资者、债权人、职工等多方利益相关者产生影响，直接关系到企业的近期利益与长期的发展，更是企业局部利益以及整体利益相协调的重要因素。因此，对于利润的分配应当兼顾大局，公平、公正、公开。其实，做企业和做人是一样的，我们在日常的工作和生活中也要时刻遵纪守法，对人对事公平公正，以大局为重，不计个人得失，方能行稳致远。

项 目 小 结

本项目主要介绍了收益分配方式、收益分配政策及收益分配方案的确定等有关内容。

收益分配就是界定企业在生产经营过程中的经营成果如何在相关的利益主体之间进行分配的一种行为。收益分配需遵循一定的原则，主要包括依法分配原则、积累与分配并重原则、投资与收益对等原则、兼顾各方利益原则。

企业税后利润的分配程序为：弥补以前年度亏损，提取法定公积金，提取任意公积金，支付普通股股利。收益分配方式主要包括企业与员工之间的分配及企业与股东之间的分配。

股利分配理论是指人们对股利分配的客观规律的科学认识与总结，其核心问题是股利政策与公司价值的关系问题。人们对股利分配与公司价值的关系，有两种不同的观点：股利无关理论和股利相关理论。股利相关理论认为企业的股利政策会影响股票价格和公司价值。其主要观点有"一鸟在手"理论、信号传递理论、代理理论及所得税差异理论。

股利分配政策是指企业在不违反国家有关法律、法规的前提下，根据本企业具体情况制定的分配策略。可供选择的股利分配政策有剩余股利政策、固定或稳定增长的股利政策、固定股利支付率政策及低正常股利加额外股利政策。

股利支付形式可分现金股利、财产股利、负债股利及股票股利四种类型。股利的日程安排为预案公布日、股利宣布日、股权登记日、除息日和股利发放日。

股票分割是指将一股股票拆分成多股股票的行为。股票分割一般只会增加发行在外的股票总数，但不会改变公司的资本结构。

股票回购是指上市公司出资将其发行在外的普通股以一定的价格购买回来予以注销或作为库存股的一种资本运作方式。

知 识 结 构 图

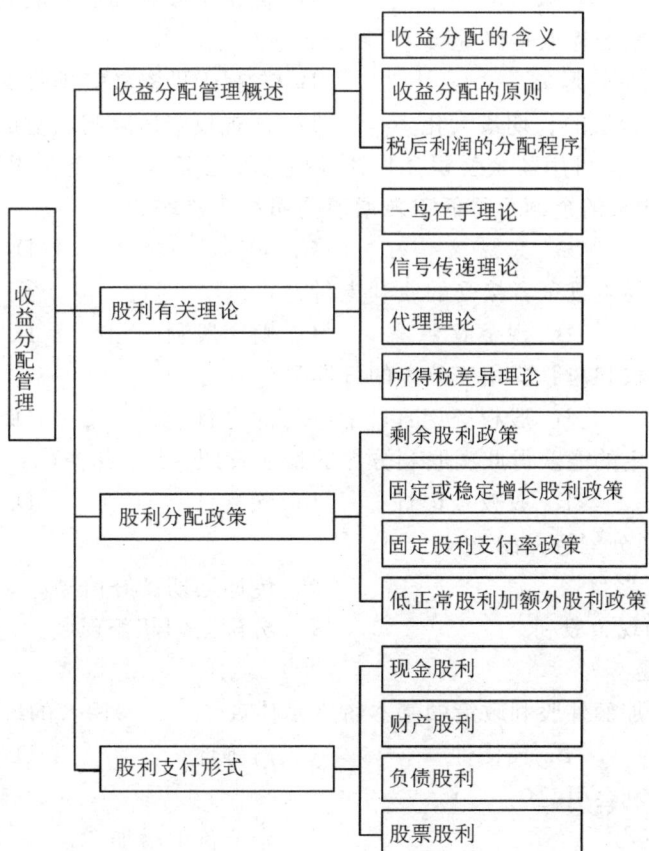

项 目 训 练

一、单项选择题

1. （　　）认为，在信息不对称的情况下，公司可以通过股利政策向市场传递有关公司未来获利能力的信息，从而影响公司的股价。

A. 一鸟在手理论　　　　　　　　　　B. 信号传递理论

C. 代理理论　　　　　　　　　　　　D. 所得税差异理论

2. 在股利政策中，灵活性较大的方式是（　　）。

A. 剩余股利政策　　　　　　　　　　B. 固定或稳定增长的股利政策

C. 固定股利支付率政策　　　　　　　D. 低正常股利加额外股利政策

3. 利润分配应遵循的原则中，正确处理投资者利益关系的关键是（　　）。

A. 依法分配原则　　　　　　　　　　B. 兼顾各方利益原则

C. 分配与积累并重原则　　　　　　　D. 投资与收益对等原则

4. 下列股利政策的依据是股利无关理论的是（　　）。

A. 剩余股利政策　　　　　　　　　　B. 固定或稳定增长的股利政策

C. 固定股利支付率政策　　　　　　　D. 低正常股利加额外股利政策

5. 剩余股利政策的优点是（　　）。

A. 有利于树立良好形象　　　　　　　B. 有利于投资者安排收支

C. 有利于企业价值的长期最大化　　　D. 体现投资风险与收益的对等

6. 根据企业需要，可用盈余公积金弥补亏损或转增资本，但企业用盈余公积金转增资本后，法定盈余公积金的余额不得低于转增前公司注册资本的（　　）。

A. 25%　　　　　B. 30%　　　　　C. 50%　　　　　D. 40%

7. 最常见也最易被投资者接受的股利支付方式是（　　）。

A. 股票股利　　　B. 现金股利　　　C. 财产股利　　　D. 负债股利

8. 领取股利的权利与股票相互分离的日期是（　　）。

A. 股利宣告日　　B. 股权登记日　　C. 除息日　　　　D. 股利发放日

9. 股份公司规定的能获得此次股利分派的最后日期界线，是指（　　）。

A. 股利宣告日　　B. 股权登记日　　C. 除息日　　　　D. 股利发放日

10. 不属于股票分割意义的是（　　）。

A. 降低公司股票价格　　　　　　　　B. 传递远期良好信号

C. 增加股东的现金股利　　　　　　　D. 分配公司超额现金

二、多项选择题

1. 低正常股利加额外股利政策的基本特点是体现了（　　）两者的统一。

A. 现实性　　　　B. 灵活性　　　　C. 对等性　　　　D. 稳定性

2. 发放股票股利会引起（　　）。

A. 公司现金流出　　　　　　　　　　B. 企业价值增加

C. 每股市场价格降低　　　　　　　　　　　D. 所有者权益项目结构发生变化

3. 进行股利分配，必须确定股利分配方案，主要考虑的是（　　）。

A. 选择股利政策的类型　　　　　　　　　B. 确定股利支付的水平

C. 确定股利支付的形式　　　　　　　　　D. 确定股利发放的时间

4. 影响股利分配的公司的自身因素有（　　）。

A. 控制权的稀释　　　B. 未来投资机会　　　C. 筹资能力　　　　　D. 盈利状况

5. 固定股利支付率政策的优点包括（　　）。

A. 使股利与企业盈余紧密结合　　　　　　B. 体现投资风险与收益的对等

C. 有利于稳定股票价格　　　　　　　　　D. 固定的股利支付率确定难度大

6. 影响企业收益分配政策的制定的因素有很多，概括来说，主要有（　　）。

A. 法律因素　　　　B. 公司因素　　　　C. 股东因素　　　　　D. 债主因素

7. 股利支付形式有（　　）。

A. 股票股利　　　　B. 现金股利　　　　C. 财产股利　　　　　D. 负债股利

8. 发放股票股利和股票分割都会导致（　　）。

A. 普通股股数增加　　　　　　　　　　　B. 股东持股比例上升

C. 资产总额增加　　　　　　　　　　　　D. 每股收益下降

9. 在下列公司的发展阶段中，采用剩余股利政策的有（　　）。

A. 公司快速发展阶段　　　　　　　　　　B. 公司初创阶段

C. 公司衰退阶段　　　　　　　　　　　　D. 公司成熟阶段

10. 资本保全约束要求企业发放的股利或投资分红只能来源于企业的（　　）。

A. 原始投资　　　　B. 注册资本　　　　C. 当期利润　　　　　D. 留存收益

三、判断题

1. 根据公司法的规定，法定盈余公积金的提取比例为当年税后利润的10%。（　　）

2. 股东为防止控制权稀释，往往希望公司提高股利支付率。（　　）

3. 在连续通货膨胀的条件下，公司应采取偏紧的股利政策。（　　）

4. 负债资金较多、资金结构不健全的企业在选择筹资渠道时，往往将留用利润作为首选，以降低筹资的外在成本。（　　）

5. "一鸟在手"理论的观点认为，公司分配的股利越多，公司的股票价格越高。（　　）

6. 执行剩余股利政策，股利发放额不受盈利水平影响，而会受投资机会的影响。（　　）

7. 处于成长中的公司多采取低股利政策，陷于经营收缩的公司多采取高股利政策。（　　）

8. 股票回购容易造成资金紧缺，资产流动性变差，影响公司发展后劲。（　　）

9. 在除息日前，股利权从属于股票。从除息日开始，股利权与股票相分离。（　　）

10. 投资与收益对等原则是指企业进行收益分配时应当体现"谁投资谁受益"、收益大小与投资比例相对等的原则。（　　）

四、计算题

1. 海华公司2016年到2022年各年利润情况如表6-3所示。

表 6 - 3　海华公司 2016—2022 年各年利润

年份	2016 年	2017 年	2018 年	2019 年	2020 年	2021 年	2022 年
利润/万元	—40	—10	5	15	20	25	35

假设无纳税调整事项,所得税税率为 25%。

要求:(1)分析 2020 年公司是否应缴纳所得税,以及能否进行利润分配?

(2)分析 2021 年公司是否应缴纳所得税?若缴纳所得税,应缴纳多少?

(3)分析 2022 年公司是否应提取法定盈余公积和公益金?如果按 10% 的比率计提法定盈余公积和公益金,应提取多少?

2. 裕兴公司 2021 年度的税后利润为 1 200 万元,该年分配股利 600 万元,2022 年度税后利润为 1 300 万元,2023 年拟投资 1 000 万元引进一条生产线以扩大生产能力,该公司目标资本结构为自有资金占 70%,借入资金占 30%。

要求:(1)如果该公司执行剩余股利政策,并保持资本结构不变,则 2022 年度该公司可分配多少股利?

(2)如果该公司执行固定股利政策,并保持资本结构不变,则 2023 年度该公司为引进生产线需要从外部筹集多少自有资金?

(3)如果该公司执行固定股利支付率政策,并保持资本结构不变,则 2023 年度该公司为引进生产线需要从外部筹集多少自有资金?

3. 资料:某公司年终利润分配前的股东权益各项目分别为,股本——普通股(每股面值 2 元,200 万股)400 万元,资本公积金 160 万元,未分配利润 840 万元,所有者权益合计 1 400 万元。公司股票的每股现行市价为 35 元。

要求:(1)计划按每 10 股送 1 股的方案发放股票股利,并按发放股票股利后的股数派发每股现金股利 0.2 元,股票股利的金额按现行市价计算。计算完成这一分配方案后的股东权益各项目的金额。

(2)如若按 1 股换 2 股的比例进行股票分割,计算股票分割后的普通股股数和股东权益各项目的金额。

附录 资金时间价值系数表

附表 1 复利终值系数表

期数	1%	2%	3%	4%	5%	6%	7%	8%	9%	10%	11%	12%	13%	14%	15%
1	1.010 0	1.020 0	1.030 0	1.040 0	1.050 0	1.060 0	1.070 0	1.080 0	1.090 0	1.100 0	1.110 0	1.120 0	1.130 0	1.140 0	1.150 0
2	1.020 1	1.040 4	1.060 9	1.081 6	1.102 5	1.123 6	1.144 9	1.166 4	1.188 1	1.210 0	1.232 1	1.254 4	1.276 9	1.299 6	1.322 5
3	1.030 3	1.061 2	1.092 7	1.124 9	1.157 6	1.191 0	1.225 0	1.259 7	1.295 0	1.331 0	1.367 6	1.404 9	1.442 9	1.481 5	1.520 9
4	1.040 6	1.082 4	1.125 5	1.169 9	1.215 5	1.262 5	1.310 8	1.360 5	1.411 6	1.464 1	1.518 1	1.573 5	1.630 5	1.689 0	1.749 0
5	1.051 0	1.104 1	1.159 3	1.216 7	1.276 3	1.338 2	1.402 6	1.469 3	1.538 6	1.610 5	1.685 1	1.762 3	1.842 4	1.925 4	2.011 4
6	1.061 5	1.126 2	1.194 1	1.265 3	1.340 1	1.418 5	1.500 7	1.586 9	1.677 1	1.771 6	1.870 4	1.973 8	2.082 0	2.195 0	2.313 1
7	1.072 1	1.148 7	1.229 9	1.315 9	1.407 1	1.503 6	1.605 8	1.713 8	1.828 0	1.948 7	2.076 2	2.210 7	2.352 6	2.502 3	2.660 0
8	1.082 9	1.171 7	1.266 8	1.368 6	1.477 5	1.593 8	1.718 2	1.850 9	1.992 6	2.143 6	2.304 5	2.476 0	2.658 4	2.852 6	3.059 0
9	1.093 7	1.195 1	1.304 8	1.423 3	1.551 3	1.689 5	1.838 5	1.999 0	2.171 9	2.357 9	2.558 0	2.773 1	3.004 0	3.251 9	3.517 9
10	1.104 6	1.219 0	1.343 9	1.480 2	1.628 9	1.790 8	1.967 2	2.158 9	2.367 4	2.593 7	2.839 4	3.105 8	3.394 6	3.707 2	4.045 6
11	1.115 7	1.243 4	1.384 2	1.539 5	1.710 3	1.898 3	2.104 9	2.331 6	2.580 4	2.853 1	3.151 8	3.478 5	3.835 9	4.226 2	4.652 4
12	1.126 8	1.268 2	1.425 8	1.601 0	1.795 9	2.012 2	2.252 2	2.518 2	2.812 7	3.138 4	3.498 5	3.896 0	4.334 5	4.817 9	5.350 3
13	1.138 1	1.293 6	1.468 5	1.665 1	1.885 6	2.132 9	2.409 8	2.719 6	3.065 8	3.452 3	3.883 3	4.363 5	4.898 0	5.492 4	6.152 8

期数	1%	2%	3%	4%	5%	6%	7%	8%	9%	10%	11%	12%	13%	14%	15%
14	1.149 5	1.319 5	1.512 6	1.731 7	1.979 9	2.260 9	2.578 5	2.937 2	3.341 7	3.797 5	4.310 4	4.887 1	5.534 8	6.261 3	7.075 7
15	1.161 0	1.345 9	1.558 0	1.800 9	2.078 9	2.396 6	2.759 0	3.172 2	3.642 5	4.177 2	4.784 6	5.473 6	6.254 3	7.137 9	8.137 1
16	1.172 6	1.372 8	1.604 7	1.873 0	2.182 9	2.540 4	2.952 2	3.425 9	3.970 3	4.595 0	5.310 9	6.130 4	7.067 3	8.137 2	9.357 6
17	1.184 3	1.400 2	1.652 8	1.947 9	2.292 0	2.692 8	3.158 8	3.700 0	4.327 6	5.054 5	5.895 1	6.866 0	7.986 1	9.276 5	10.761 3
18	1.196 1	1.428 2	1.702 4	2.025 8	2.406 6	2.854 3	3.379 9	3.996 0	4.717 1	5.559 9	6.543 6	7.690 0	9.024 3	10.575 2	12.375 5
19	1.208 1	1.456 8	1.753 5	2.106 8	2.527 0	3.025 6	3.616 5	4.315 7	5.141 7	6.115 9	7.263 3	8.612 8	10.197 4	12.055 7	14.231 8
20	1.220 2	1.485 9	1.806 1	2.191 1	2.653 3	3.207 1	3.869 7	4.661 0	5.604 4	6.727 5	8.062 3	9.646 3	11.523 1	13.743 5	16.366 5
21	1.232 4	1.515 7	1.860 3	2.278 8	2.786 0	3.399 6	4.140 6	5.033 8	6.108 8	7.400 2	8.949 2	10.803 8	13.021 1	15.667 6	18.821 5
22	1.244 7	1.546 0	1.916 1	2.369 9	2.925 3	3.603 5	4.430 4	5.436 5	6.658 6	8.140 3	9.933 6	12.100 3	14.713 8	17.861 0	21.644 7
23	1.257 2	1.576 9	1.973 6	2.464 7	3.071 5	3.819 7	4.740 5	5.871 5	7.257 9	8.954 3	11.026 3	13.552 3	16.626 6	20.361 6	24.891 5
24	1.269 7	1.608 4	2.032 8	2.563 3	3.225 1	4.048 9	5.072 4	6.341 2	7.911 1	9.849 7	12.239 2	15.178 6	18.788 1	23.212 2	28.625 2
25	1.282 4	1.640 6	2.093 8	2.665 8	3.386 4	4.291 9	5.427 4	6.848 5	8.623 1	10.834 7	13.585 5	17.000 1	21.230 5	26.461 9	32.919 0
26	1.295 3	1.673 4	2.156 6	2.772 5	3.555 7	4.549 4	5.807 4	7.396 4	9.399 2	11.918 2	15.079 9	19.040 1	23.990 5	30.166 6	37.856 8
27	1.308 2	1.706 9	2.221 3	2.883 4	3.733 5	4.822 3	6.213 9	7.988 1	10.245 1	13.110 0	16.738 6	21.324 9	27.109 3	34.389 9	43.535 3
28	1.321 3	1.741 0	2.287 9	2.998 7	3.920 1	5.111 7	6.648 8	8.627 1	11.167 1	14.421 0	18.579 9	23.883 9	30.633 5	39.204 5	50.065 6
29	1.334 5	1.775 8	2.356 6	3.118 7	4.116 1	5.418 4	7.114 3	9.317 3	12.172 2	15.863 6	20.623 7	26.749 9	34.615 8	44.693 1	57.575 5
30	1.347 8	1.811 4	2.427 3	3.243 4	4.321 9	5.743 5	7.612 3	10.062 7	13.267 5	17.449 4	22.892 3	29.959 9	39.115 9	50.950 2	66.211 8

续表二

期数	16%	17%	18%	19%	20%	21%	22%	23%	24%	25%	26%	27%	28%	29%	30%
1	1.160 0	1.170 0	1.180 0	1.190 0	1.200 0	1.210 0	1.220 0	1.230 0	1.240 0	1.250 0	1.260 0	1.270 0	1.280 0	1.290 0	1.300 0
2	1.345 6	1.368 9	1.392 4	1.416 1	1.440 0	1.464 1	1.488 4	1.512 9	1.537 6	1.562 5	1.587 6	1.612 9	1.638 4	1.664 1	1.690 0
3	1.560 9	1.601 6	1.643 0	1.685 2	1.728 0	1.771 6	1.815 8	1.860 9	1.906 6	1.953 1	2.000 0	2.048 4	2.097 2	2.146 7	2.197 0
4	1.810 6	1.873 9	1.938 8	2.005 3	2.073 6	2.143 6	2.215 3	2.288 9	2.364 2	2.441 4	2.520 5	2.601 4	2.684 4	2.769 2	2.856 1
5	2.100 3	2.192 4	2.287 8	2.386 4	2.488 3	2.593 7	2.702 7	2.815 3	2.931 6	3.051 8	3.175 8	3.303 8	3.436 0	3.572 3	3.712 9
6	2.436 4	2.565 2	2.699 6	2.839 8	2.986 0	3.138 4	3.297 3	3.462 8	3.635 2	3.814 7	4.001 5	4.195 0	4.398 0	4.608 3	4.826 8
7	2.826 2	3.001 2	3.185 5	3.379 3	3.583 2	3.797 5	4.022 7	4.259 3	4.507 7	4.768 4	5.041 9	5.328 5	5.629 5	5.944 7	6.274 9
8	3.278 4	3.511 5	3.758 9	4.021 4	4.299 8	4.595 0	4.907 7	5.238 9	5.589 5	5.960 5	6.352 5	6.767 5	7.205 8	7.668 6	8.157 3
9	3.803 0	4.108 4	4.435 5	4.785 4	5.159 8	5.559 9	5.987 3	6.443 9	6.931 0	7.450 6	8.004 5	8.594 8	9.223 4	9.892 5	10.604 5
10	4.411 4	4.806 8	5.233 8	5.694 7	6.191 7	6.727 5	7.304 6	7.925 9	8.594 4	9.313 2	10.085 7	10.915 3	11.805 9	12.761 4	13.785 8
11	5.117 3	5.624 0	6.175 9	6.776 7	7.430 1	8.140 3	8.911 7	9.748 9	10.657 1	11.641 5	12.708 0	13.862 1	15.111 6	16.462 2	17.921 6
12	5.936 0	6.580 1	7.287 6	8.064 2	8.916 1	9.849 7	10.872 2	11.991 2	13.214 8	14.551 9	16.012 0	17.605 3	19.342 8	21.236 2	23.298 1
13	6.885 8	7.698 7	8.599 4	9.596 4	10.699 3	11.918 2	13.264 1	14.749 1	16.386 3	18.189 9	20.175 2	22.358 9	24.758 8	27.394 7	30.287 5
14	7.987 5	9.007 5	10.147 2	11.419 8	12.839 2	14.421 0	16.182 6	18.141 4	20.319 1	22.737 4	25.420 7	28.395 7	31.691 3	35.339 1	39.373 8
15	9.265 5	10.538 7	11.973 7	13.589 5	15.407 0	17.449 4	19.742 3	22.314 0	25.195 6	28.421 7	32.030 1	36.062 5	40.564 8	45.587 5	51.185 9
16	10.748 0	12.330 3	14.129 0	16.171 5	18.488 4	21.113 8	24.085 6	27.446 2	31.242 6	35.527 1	40.357 9	45.799 4	51.923 0	58.807 9	66.541 7
17	12.467 7	14.426 5	16.672 2	19.244 1	22.186 1	25.547 7	29.384 4	33.758 8	38.740 8	44.408 9	50.851 0	58.165 2	66.461 4	75.862 1	86.504 2

续表三

期数	16%	17%	18%	19%	20%	21%	22%	23%	24%	25%	26%	27%	28%	29%	30%
18	14.462 5	16.879 0	19.673 3	22.900 5	26.623 3	30.912 7	35.849 0	41.523 3	48.038 6	55.511 2	64.072 2	73.869 8	85.070 6	97.862 2	112.455 4
19	16.776 5	19.748 4	23.214 4	27.251 6	31.948 0	37.404 3	43.735 6	51.073 7	59.567 9	69.388 9	80.731 0	93.814 7	108.890 4	126.242 2	146.192 0
20	19.460 8	23.105 6	27.393 0	32.429 4	38.337 6	45.259 3	53.357 6	62.820 6	73.864 1	86.736 2	101.721 1	119.144 6	139.379 7	162.852 4	190.049 6
21	22.574 5	27.033 6	32.323 8	38.591 0	46.005 1	54.763 7	65.096 3	77.269 4	91.591 5	108.420 2	128.168 5	151.313 7	178.406 0	210.079 6	247.064 5
22	26.186 4	31.629 3	38.142 1	45.923 3	55.206 9	66.264 1	79.417 5	95.041 3	113.573 5	135.525 3	161.492 4	192.168 3	228.359 6	271.002 7	321.183 9
23	30.376 2	37.006 2	45.007 6	54.648 7	66.247 4	80.179 5	96.889 4	116.900 8	140.831 2	169.406 6	203.480 4	244.053 8	292.300 3	349.593 5	417.539 1
24	35.236 4	43.297 3	53.109 0	65.032 0	79.496 8	97.017 2	118.205 0	143.788 0	174.630 6	211.758 2	256.385 3	309.948 3	374.144 4	450.975 6	542.800 8
25	40.874 5	50.657 8	62.668 6	77.388 1	95.396 2	117.390 9	144.210 1	176.859 3	216.542 0	264.697 8	323.045 4	393.634 4	478.904 9	581.758 5	705.641 0
26	47.414 1	59.269 7	73.949 0	92.091 8	114.475 5	142.042 9	175.936 4	217.536 9	268.512 1	330.872 2	407.037 3	499.915 7	612.998 2	750.468 5	917.333 3
27	55.000 4	69.345 5	87.259 3	109.589 3	137.370 6	171.871 9	214.642 4	267.570 4	332.955 0	413.590 3	512.867 0	634.892 9	784.637 7	968.104 4	1 192.533 3
28	63.800 4	81.134 2	102.966 6	130.411 2	164.844 7	207.965 0	261.863 7	329.111 0	412.864 2	516.987 9	646.212 4	806.314 0	1 004.336 0	1 248.854 3	1 550.293 3
29	74.008 5	94.927 1	121.500 5	155.189 3	197.813 6	251.637 6	319.473 7	404.807 7	511.951 6	646.234 9	814.227 6	1 024.018 7	1 285.550 4	1 611.022 5	2 015.381 3
30	85.849 9	111.064 7	143.370 6	184.675 3	237.376 3	304.481 6	389.757 9	497.912 9	634.819 9	807.793 6	1 025.926 7	1 300.503 8	1 645.504 6	2 078.219 6	2 619.995 6

附表 2　复利现值系数表

期数	1%	2%	3%	4%	5%	6%	7%	8%	9%	10%	11%	12%	13%	14%	15%
1	0.990 1	0.980 4	0.970 9	0.961 5	0.952 4	0.943 4	0.934 6	0.925 9	0.917 4	0.909 1	0.900 9	0.892 9	0.885 0	0.877 2	0.869 6
2	0.980 3	0.961 2	0.942 6	0.924 6	0.907 0	0.890 0	0.873 4	0.857 3	0.841 7	0.826 4	0.811 6	0.797 2	0.783 1	0.769 5	0.756 1
3	0.970 6	0.942 3	0.915 1	0.889 0	0.863 8	0.839 6	0.816 3	0.793 8	0.772 2	0.751 3	0.731 2	0.711 8	0.693 1	0.675 0	0.657 5
4	0.961 0	0.923 8	0.888 5	0.854 8	0.822 7	0.792 1	0.762 9	0.735 0	0.708 4	0.683 0	0.658 7	0.635 5	0.613 3	0.592 1	0.571 8
5	0.951 5	0.905 7	0.862 6	0.821 9	0.783 5	0.747 3	0.713 0	0.680 6	0.649 9	0.620 9	0.593 5	0.567 4	0.542 8	0.519 4	0.497 2
6	0.942 0	0.888 0	0.837 5	0.790 3	0.746 2	0.705 0	0.666 3	0.630 2	0.596 3	0.564 5	0.534 6	0.506 6	0.480 3	0.455 6	0.432 3
7	0.932 7	0.870 6	0.813 1	0.759 9	0.710 7	0.665 1	0.622 7	0.583 5	0.547 0	0.513 2	0.481 7	0.452 3	0.425 1	0.399 6	0.375 9
8	0.923 5	0.853 5	0.789 4	0.730 7	0.676 8	0.627 4	0.582 0	0.540 3	0.501 9	0.466 5	0.433 9	0.403 9	0.376 2	0.350 6	0.326 9
9	0.914 3	0.836 8	0.766 4	0.702 6	0.644 6	0.591 9	0.543 9	0.500 2	0.460 4	0.424 1	0.390 9	0.360 6	0.332 9	0.307 5	0.284 3
10	0.905 3	0.820 3	0.744 1	0.675 6	0.613 9	0.558 4	0.508 3	0.463 2	0.422 4	0.385 5	0.352 2	0.322 0	0.294 6	0.269 7	0.247 2
11	0.896 3	0.804 3	0.722 4	0.649 6	0.584 7	0.526 8	0.475 1	0.428 9	0.387 5	0.350 5	0.317 3	0.287 5	0.260 7	0.236 6	0.214 9
12	0.887 4	0.788 5	0.701 4	0.624 6	0.556 8	0.497 0	0.444 0	0.397 1	0.355 5	0.318 6	0.285 8	0.256 7	0.230 7	0.207 6	0.186 9
13	0.878 7	0.773 0	0.681 0	0.600 6	0.530 3	0.468 8	0.415 0	0.367 7	0.326 2	0.289 7	0.257 5	0.229 2	0.204 2	0.182 1	0.162 5
14	0.870 0	0.757 9	0.661 1	0.577 5	0.505 1	0.442 3	0.387 8	0.340 5	0.299 2	0.263 3	0.232 0	0.204 6	0.180 7	0.159 7	0.141 3
15	0.861 3	0.743 0	0.641 9	0.555 3	0.481 0	0.417 3	0.362 4	0.315 2	0.274 5	0.239 4	0.209 0	0.182 7	0.159 9	0.140 1	0.122 9
16	0.852 8	0.728 4	0.623 2	0.533 9	0.458 1	0.393 6	0.338 7	0.291 9	0.251 9	0.217 6	0.188 3	0.163 1	0.141 5	0.122 9	0.106 9
17	0.844 4	0.714 2	0.605 0	0.513 4	0.436 3	0.371 4	0.316 6	0.270 3	0.231 1	0.197 8	0.169 6	0.145 6	0.125 2	0.107 8	0.092 9
18	0.836 0	0.700 2	0.587 4	0.493 6	0.415 5	0.350 3	0.295 9	0.250 2	0.212 0	0.179 9	0.152 8	0.130 0	0.110 8	0.094 6	0.080 8
19	0.827 7	0.686 4	0.570 3	0.474 6	0.395 7	0.330 5	0.276 5	0.231 7	0.194 5	0.163 5	0.137 7	0.116 1	0.098 1	0.082 9	0.070 3
20	0.819 5	0.673 0	0.553 7	0.456 4	0.376 9	0.311 8	0.258 4	0.214 5	0.178 4	0.148 6	0.124 0	0.103 7	0.086 8	0.072 8	0.061 1
21	0.811 4	0.659 8	0.537 5	0.438 8	0.358 9	0.294 2	0.241 5	0.198 7	0.163 7	0.135 1	0.111 7	0.092 6	0.076 8	0.063 8	0.053 1
22	0.803 4	0.646 8	0.521 9	0.422 0	0.341 8	0.277 5	0.225 7	0.183 9	0.150 2	0.122 8	0.100 7	0.082 6	0.068 0	0.056 0	0.046 2
23	0.795 4	0.634 2	0.506 7	0.405 7	0.325 6	0.261 8	0.210 9	0.170 3	0.137 8	0.111 7	0.090 7	0.073 8	0.060 1	0.049 1	0.040 2
24	0.787 6	0.621 7	0.491 9	0.390 1	0.310 1	0.247 0	0.197 1	0.157 7	0.126 4	0.101 5	0.081 7	0.065 9	0.053 2	0.043 1	0.034 9
25	0.779 8	0.609 5	0.477 6	0.375 1	0.295 3	0.233 0	0.184 2	0.146 0	0.116 0	0.092 3	0.073 6	0.058 8	0.047 1	0.037 8	0.030 4
26	0.772 0	0.597 6	0.463 7	0.360 7	0.281 2	0.219 8	0.172 2	0.135 2	0.106 4	0.083 9	0.066 3	0.052 5	0.041 7	0.033 1	0.026 4
27	0.764 4	0.585 9	0.450 2	0.346 8	0.267 8	0.207 4	0.160 9	0.125 2	0.097 6	0.076 3	0.059 7	0.046 9	0.036 9	0.029 1	0.023 0
28	0.756 8	0.574 4	0.437 1	0.333 5	0.255 1	0.195 6	0.150 4	0.115 9	0.089 5	0.069 3	0.053 8	0.041 9	0.032 6	0.025 5	0.020 0
29	0.749 3	0.563 1	0.424 3	0.320 7	0.242 9	0.184 6	0.140 6	0.107 3	0.082 2	0.063 0	0.048 5	0.037 4	0.028 9	0.022 4	0.017 4
30	0.741 9	0.552 1	0.412 0	0.308 3	0.231 4	0.174 1	0.131 4	0.099 4	0.075 4	0.057 3	0.043 7	0.033 4	0.025 6	0.019 6	0.0151

期数	16%	17%	18%	19%	20%	21%	22%	23%	24%	25%	26%	27%	28%	29%	30%
1	0.862 1	0.854 7	0.847 5	0.840 3	0.833 3	0.826 4	0.819 7	0.813 0	0.806 5	0.800 0	0.793 7	0.787 4	0.781 3	0.775 2	0.769 2
2	0.743 2	0.730 5	0.718 2	0.706 2	0.694 4	0.683 0	0.671 9	0.661 0	0.650 4	0.640 0	0.629 9	0.620 0	0.610 4	0.600 9	0.591 7
3	0.640 7	0.624 4	0.608 6	0.593 4	0.578 7	0.564 5	0.550 7	0.537 4	0.524 5	0.512 0	0.499 9	0.488 2	0.476 8	0.465 8	0.455 2
4	0.552 3	0.533 7	0.515 8	0.498 7	0.482 3	0.466 5	0.451 4	0.436 9	0.423 0	0.409 6	0.396 8	0.384 4	0.372 5	0.361 1	0.350 1
5	0.476 1	0.456 1	0.437 1	0.419 0	0.401 9	0.385 5	0.370 0	0.355 2	0.341 1	0.327 7	0.314 9	0.302 7	0.291 0	0.279 9	0.269 3
6	0.410 4	0.389 8	0.370 4	0.352 1	0.334 9	0.318 6	0.303 3	0.288 8	0.275 1	0.262 1	0.249 9	0.238 3	0.227 4	0.217 0	0.207 2
7	0.353 8	0.333 2	0.313 9	0.295 9	0.279 1	0.263 3	0.248 6	0.234 8	0.221 8	0.209 7	0.198 3	0.187 7	0.177 6	0.168 2	0.159 4
8	0.305 0	0.284 8	0.266 0	0.248 7	0.232 6	0.217 6	0.203 8	0.190 9	0.178 9	0.167 8	0.157 4	0.147 8	0.138 8	0.130 4	0.122 6
9	0.263 0	0.243 4	0.225 5	0.209 0	0.193 8	0.179 9	0.167 0	0.155 2	0.144 3	0.134 2	0.124 9	0.116 4	0.108 4	0.101 1	0.094 3
10	0.226 7	0.208 0	0.191 1	0.175 6	0.161 5	0.148 6	0.136 9	0.126 2	0.116 4	0.107 4	0.099 2	0.091 6	0.084 7	0.078 4	0.072 5
11	0.195 4	0.177 8	0.161 9	0.147 6	0.134 6	0.122 8	0.112 2	0.102 6	0.093 8	0.085 9	0.078 7	0.072 1	0.066 2	0.060 7	0.055 8
12	0.168 5	0.152 0	0.137 2	0.124 0	0.112 2	0.101 5	0.092 0	0.083 4	0.075 7	0.068 7	0.062 5	0.056 8	0.051 7	0.047 1	0.042 9
13	0.145 2	0.129 9	0.116 3	0.104 2	0.093 5	0.083 9	0.075 4	0.067 8	0.061 0	0.055 0	0.049 6	0.044 7	0.040 4	0.036 5	0.033 0
14	0.125 2	0.111 0	0.098 5	0.087 6	0.077 9	0.069 3	0.061 8	0.055 1	0.049 2	0.044 0	0.039 3	0.035 2	0.031 6	0.028 3	0.025 4
15	0.107 9	0.094 9	0.083 5	0.073 6	0.064 9	0.057 3	0.050 7	0.044 8	0.039 7	0.035 2	0.031 2	0.027 7	0.024 7	0.021 9	0.019 5
16	0.093 0	0.081 1	0.070 8	0.061 8	0.054 1	0.047 4	0.041 5	0.036 4	0.032 0	0.028 1	0.024 8	0.021 8	0.019 3	0.017 0	0.015 0
17	0.080 2	0.069 3	0.060 0	0.052 0	0.045 1	0.039 1	0.034 0	0.029 6	0.025 8	0.022 5	0.019 7	0.017 2	0.015 0	0.013 2	0.011 6
18	0.069 1	0.059 2	0.050 8	0.043 7	0.037 6	0.032 3	0.027 9	0.024 1	0.020 8	0.018 0	0.015 6	0.013 5	0.011 8	0.010 2	0.008 9
19	0.059 6	0.050 6	0.043 1	0.036 7	0.031 3	0.026 7	0.022 9	0.019 6	0.016 8	0.014 4	0.012 4	0.010 7	0.009 2	0.007 9	0.006 8
20	0.051 4	0.043 3	0.036 5	0.030 8	0.026 1	0.022 1	0.018 7	0.015 9	0.013 5	0.011 5	0.009 8	0.008 4	0.007 2	0.006 1	0.005 3
21	0.044 3	0.037 0	0.030 9	0.025 9	0.021 7	0.018 3	0.015 4	0.012 9	0.010 9	0.009 2	0.007 8	0.006 6	0.005 6	0.004 8	0.004 0
22	0.038 2	0.031 6	0.026 2	0.021 8	0.018 1	0.015 1	0.012 6	0.010 5	0.008 8	0.007 4	0.006 2	0.005 2	0.004 4	0.003 7	0.003 1
23	0.032 9	0.027 0	0.022 2	0.018 3	0.015 1	0.012 5	0.010 3	0.008 6	0.007 1	0.005 9	0.004 9	0.004 1	0.003 4	0.002 9	0.002 4
24	0.028 4	0.023 1	0.018 8	0.015 4	0.012 6	0.010 3	0.008 5	0.007 0	0.005 7	0.004 7	0.003 9	0.003 2	0.002 7	0.002 2	0.001 8
25	0.024 5	0.019 7	0.016 0	0.012 9	0.010 5	0.008 5	0.006 9	0.005 7	0.004 6	0.003 8	0.003 1	0.002 5	0.002 1	0.001 7	0.001 4
26	0.021 1	0.016 9	0.013 5	0.010 9	0.008 7	0.007 0	0.005 7	0.004 6	0.003 7	0.003 0	0.002 5	0.002 0	0.001 6	0.001 3	0.001 1
27	0.018 2	0.014 4	0.011 5	0.009 1	0.007 3	0.005 8	0.004 7	0.003 7	0.003 0	0.002 4	0.001 9	0.001 6	0.001 3	0.001 0	0.000 8
28	0.015 7	0.012 3	0.009 7	0.007 7	0.006 1	0.004 8	0.003 8	0.003 0	0.002 4	0.001 9	0.001 5	0.001 2	0.001 0	0.000 8	0.000 6
29	0.013 5	0.010 5	0.008 2	0.006 4	0.005 1	0.004 0	0.003 1	0.002 5	0.002 0	0.001 5	0.001 2	0.001 0	0.000 8	0.000 6	0.000 5
30	0.011 6	0.009 0	0.007 0	0.005 4	0.004 2	0.003 3	0.002 6	0.002 0	0.001 6	0.001 2	0.001 0	0.000 8	0.000 6	0.000 5	0.000 4

附表 3 年金终值系数表

期数	1%	2%	3%	4%	5%	6%	7%	8%	9%	10%	11%	12%	13%	14%	15%
1	1.000 0	1.000 0	1.000 0	1.000 0	1.000 0	1.000 0	1.000 0	1.000 0	1.000 0	1.000 0	1.000 0	1.000 0	1.000 0	1.000 0	1.000 0
2	2.010 0	2.020 0	2.030 0	2.040 0	2.050 0	2.060 0	2.070 0	2.080 0	2.090 0	2.100 0	2.110 0	2.120 0	2.130 0	2.140 0	2.150 0
3	3.030 1	3.060 4	3.090 9	3.121 6	3.152 5	3.183 6	3.214 9	3.246 4	3.278 1	3.310 0	3.342 1	3.374 4	3.406 9	3.439 6	3.472 5
4	4.060 4	4.121 6	4.183 6	4.246 5	4.310 1	4.374 6	4.439 9	4.506 1	4.573 1	4.641 0	4.709 7	4.779 3	4.849 8	4.921 1	4.993 4
5	5.101 0	5.204 0	5.309 1	5.416 3	5.525 6	5.637 1	5.750 7	5.866 6	5.984 7	6.105 1	6.227 8	6.352 8	6.480 3	6.610 1	6.742 4
6	6.152 0	6.308 1	6.468 4	6.633 0	6.801 9	6.975 3	7.153 3	7.335 9	7.523 3	7.715 6	7.912 9	8.115 2	8.322 7	8.535 5	8.753 7
7	7.213 5	7.434 3	7.662 5	7.898 3	8.142 0	8.393 8	8.654 0	8.922 8	9.200 4	9.487 2	9.783 3	10.089 0	10.404 7	10.730 5	11.066 8
8	8.285 7	8.583 0	8.892 3	9.214 2	9.549 1	9.897 5	10.259 8	10.636 6	11.028 5	11.435 9	11.859 4	12.299 7	12.757 3	13.232 8	13.726 8
9	9.368 5	9.754 6	10.159 1	10.582 8	11.026 6	11.491 3	11.978 0	12.487 6	13.021 0	13.579 5	14.164 0	14.775 7	15.415 7	16.085 3	16.785 8
10	10.462 2	10.949 7	11.463 9	12.006 1	12.577 9	13.180 8	13.816 4	14.486 6	15.192 9	15.937 4	16.722 0	17.548 7	18.419 7	19.337 3	20.303 7
11	11.566 8	12.168 7	12.807 8	13.486 4	14.206 8	14.971 6	15.783 6	16.645 5	17.560 3	18.531 2	19.561 4	20.654 6	21.814 3	23.044 5	24.349 3
12	12.682 5	13.412 1	14.192 0	15.025 8	15.917 1	16.869 9	17.888 5	18.977 1	20.140 7	21.384 3	22.713 2	24.133 1	25.650 2	27.270 7	29.001 7
13	13.809 3	14.680 3	15.617 8	16.626 8	17.713 0	18.882 1	20.140 6	21.495 3	22.953 4	24.522 7	26.211 6	28.029 1	29.984 7	32.088 7	34.351 9
14	14.947 4	15.973 9	17.086 3	18.291 9	19.598 6	21.015 1	22.550 5	24.214 9	26.019 2	27.975 0	30.094 9	32.392 6	34.882 7	37.581 1	40.504 7
15	16.096 9	17.293 4	18.598 9	20.023 6	21.578 6	23.276 0	25.129 0	27.152 1	29.360 9	31.772 5	34.405 4	37.279 7	40.417 5	43.842 4	47.580 4
16	17.257 9	18.639 3	20.156 9	21.824 5	23.657 5	25.672 5	27.888 1	30.324 3	33.003 4	35.949 7	39.189 9	42.753 3	46.671 7	50.980 4	55.717 5
17	18.430 4	20.012 1	21.761 6	23.697 5	25.840 4	28.212 9	30.840 2	33.750 2	36.973 7	40.544 7	44.500 8	48.883 7	53.739 1	59.117 6	65.075 1
18	19.614 7	21.412 3	23.414 4	25.645 4	28.132 4	30.905 7	33.999 0	37.450 2	41.301 3	45.599 2	50.395 9	55.749 7	61.725 1	68.394 1	75.836 4
19	20.810 9	22.840 6	25.116 9	27.671 2	30.539 0	33.760 0	37.379 0	41.446 3	46.018 5	51.159 1	56.939 5	63.439 7	70.749 4	78.969 2	88.211 8
20	22.019 0	24.297 4	26.870 4	29.778 1	33.066 0	36.785 6	40.995 5	45.762 0	51.160 1	57.275 0	64.202 8	72.052 4	80.946 8	91.024 9	102.443 6
21	23.239 2	25.783 3	28.676 5	31.969 2	35.719 3	39.992 7	44.865 2	50.422 9	56.764 5	64.002 5	72.265 1	81.698 7	92.469 9	104.768 4	118.810 1
22	24.471 6	27.299 0	30.536 8	34.248 0	38.505 2	43.392 3	49.005 7	55.456 8	62.873 3	71.402 7	81.214 3	92.502 6	105.491 0	120.436 0	137.631 6
23	25.716 3	28.845 0	32.452 9	36.617 9	41.430 5	46.995 8	53.436 1	60.893 3	69.531 9	79.543 0	91.147 9	104.602 9	120.204 8	138.297 0	159.276 4
24	26.973 5	30.421 9	34.426 5	39.082 6	44.502 0	50.815 6	58.176 7	66.764 8	76.789 8	88.497 3	102.174 2	118.155 2	136.831 5	158.658 6	184.167 8
25	28.243 2	32.030 3	36.459 3	41.645 9	47.727 1	54.864 5	63.249 0	73.105 9	84.700 9	98.347 1	114.413 3	133.333 9	155.619 6	181.870 8	212.793 0
26	29.525 6	33.670 9	38.553 0	44.311 7	51.113 5	59.156 4	68.676 5	79.954 4	93.324 0	109.181 8	127.998 8	150.333 9	176.850 1	208.332 7	245.712 0
27	30.820 9	35.344 3	40.709 6	47.084 2	54.669 1	63.705 8	74.483 8	87.350 8	102.723 1	121.099 9	143.078 6	169.374 0	200.840 6	238.499 3	283.568 8
28	32.129 1	37.051 2	42.930 9	49.967 6	58.402 6	68.528 1	80.697 7	95.338 8	112.968 2	134.209 9	159.817 3	190.698 9	227.949 9	272.889 2	327.104 1
29	33.450 4	38.792 2	45.218 9	52.966 3	62.322 7	73.639 8	87.346 5	103.965 9	124.135 4	148.630 9	178.397 2	214.582 8	258.583 4	312.093 7	377.169 7
30	34.784 9	40.568 1	47.575 4	56.084 9	66.438 8	79.058 2	94.460 8	113.283 2	136.307 5	164.494 0	199.020 9	241.332 7	293.199 2	356.786 8	434.745 1

续表

期数	16%	17%	18%	19%	20%	21%	22%	23%	24%	25%	26%	27%	28%	29%	30%
1	1.000 0	1.000 0	1.000 0	1.000 0	1.000 0	1.000 0	1.000 0	1.000 0	1.000 0	1.000 0	1.000 0	1.000 0	1.000	1.000 0	1.000 0
2	2.160 0	2.170 0	2.180 0	2.190 0	2.200 0	2.210 0	2.220 0	2.230 0	2.240 0	2.250 0	2.260 0	2.270 0	2.280 0	2.290 0	2.300 0
3	3.505 6	3.538 9	3.572 4	3.606 1	3.640 0	3.674 1	3.708 4	3.742 9	3.777 6	3.812 5	3.847 6	3.882 9	3.918 4	3.954 1	3.990 0
4	5.066 5	5.140 5	5.215 4	5.291 3	5.368 0	5.445 7	5.524 2	5.603 8	5.684 2	5.765 6	5.848 0	5.931 3	6.015 6	6.100 8	6.187 0
5	6.877 1	7.014 4	7.154 2	7.296 6	7.441 6	7.589 2	7.739 6	7.892 6	8.048 4	8.207 0	8.368 4	8.532 7	8.699 9	8.870 0	9.043 1
6	8.977 5	9.206 8	9.442 0	9.683 0	9.929 9	10.183 0	10.442 3	10.707 9	10.980 1	11.258 8	11.544 2	11.836 6	12.135 7	12.442 3	12.756 0
7	11.413 9	11.772 0	12.141 5	12.522 7	12.915 9	13.321 4	13.739 6	14.170 8	14.615 3	15.073 5	15.545 8	16.032 4	16.533 6	17.050 6	17.582 8
8	14.240 1	14.773 3	15.327 0	15.902 0	16.499 1	17.118 9	17.762 3	18.430 0	19.122 9	19.841 9	20.587 6	21.361 2	22.163 2	22.995 3	23.857 7
9	17.518 5	18.284 7	19.085 9	19.923 4	20.798 9	21.713 9	22.670 0	23.669 0	24.712 5	25.802 3	26.940 4	28.128 7	29.369 2	30.663 9	32.015 0
10	21.321 5	22.393 1	23.521 3	24.708 9	25.958 7	27.273 8	28.657 4	30.112 8	31.643 4	33.252 9	34.944 9	36.723 5	38.592 6	40.556 4	42.619 5
11	25.732 9	27.199 9	28.755 1	30.403 5	32.150 4	34.001 3	35.962 0	38.038 8	40.237 9	42.566 1	45.030 6	47.638 8	50.398 5	53.317 8	56.405 3
12	30.850 2	32.823 9	34.931 1	37.180 2	39.580 5	42.141 6	44.873 7	47.787 7	50.895 0	54.207 7	57.738 6	61.501 3	65.510 0	69.780 0	74.327 0
13	36.786 2	39.404 0	42.218 7	45.244 5	48.496 6	51.991 3	55.745 9	59.778 9	64.109 7	68.759 6	73.750 6	79.106 6	84.852 9	91.016 1	97.625 0
14	43.672 0	47.102 7	50.818 0	54.840 9	59.195 9	63.909 5	69.010 0	74.528 0	80.496 1	86.949 5	93.925 8	101.465 4	109.611 7	118.410 8	127.912 5
15	51.659 5	56.110 1	60.965 3	66.260 7	72.035 1	78.330 5	85.192 2	92.669 4	100.815 1	109.686 6	119.346 5	129.861 1	141.302 9	153.750 0	167.286 3
16	60.925 0	66.648 8	72.939 0	79.850 2	87.442 1	95.779 9	104.934 5	114.983 4	126.010 8	138.108 5	151.376 6	165.923 6	181.867 7	199.337 4	218.472 2
17	71.673 0	78.979 2	87.068 0	96.021 8	105.930 6	116.893 7	129.020 1	142.429 5	157.253 4	173.635 7	191.734 5	211.723 0	233.790 7	258.145 3	285.013 9
18	84.140 7	93.405 6	103.740 3	115.265 9	128.116 7	142.441 3	158.404 5	176.188 3	195.994 2	218.044 6	242.585 6	269.883 2	300.252 1	334.007 4	371.518 0
19	98.603 2	110.284 6	123.413 5	138.166 4	154.740 0	173.354 0	194.253 5	217.711 6	244.032 8	273.555 8	306.657 7	343.758 0	385.322 7	431.869 6	483.973 4
20	115.379 7	130.032 9	146.628 0	165.418 0	186.688 0	210.758 4	237.989 3	268.785 3	303.600 6	342.944 7	387.388 7	437.572 6	494.213 1	558.111 8	630.165 5
21	134.840 5	153.138 5	174.021 0	197.847 4	225.025 6	256.017 6	291.346 9	331.605 9	377.464 8	429.680 9	489.109 8	556.717 3	633.592 7	720.964 2	820.215 1
22	157.415 0	180.172 1	206.344 8	236.438 5	271.030 7	310.781 3	356.443 2	408.875 3	469.056 3	538.101 1	617.278 3	708.030 9	811.998 7	931.043 8	1 067.279 6
23	183.601 4	211.801 3	244.486 8	282.361 8	326.236 9	377.045 4	435.860 7	503.916 6	582.629 8	673.626 4	778.770 7	900.199 3	1 040.358 3	1 202.046 5	1 388.463 5
24	213.977 6	248.807 6	289.494 5	337.010 5	392.484 2	457.224 9	532.750 1	620.817 4	723.461 0	843.032 9	982.251 1	1 144.253 1	1 332.658 6	1 551.640 0	1 806.002 6
25	249.214 0	292.104 9	342.603 5	402.042 5	471.981 1	554.242 2	650.955 1	764.605 4	898.091 6	1 054.791 2	1 238.636 3	1 454.201 4	1 706.303 0	2 002.615 6	2 348.803 3
26	290.088 3	342.762 7	405.272 1	479.430 6	567.377 3	671.633 0	795.165 3	941.464 7	1 114.633 6	1 319.489 0	1 561.681 7	1 847.835 8	2 185.707 9	2 584.374 1	3 054.444 3
27	337.502 4	402.032 3	479.221 1	571.522 4	681.852 8	813.675 9	971.101 6	1 159.001 6	1 383.145 7	1 650.361 2	1 968.521 2	2 347.751 5	2 798.706 1	3 334.842 6	3 971.777 6
28	392.502 8	471.377 8	566.480 9	681.111 6	819.223 3	985.547 9	1 185.744 0	1 426.571 9	1 716.100 7	2 063.951 5	2 481.586 0	2 982.644 3	3 583.343 8	4 302.947 0	5 164.310 9
29	456.303 2	552.512 1	669.447 5	811.522 8	984.068 0	1 193.512 9	1 447.607 2	1 755.683 5	2 128.964 9	2 580.939 4	3 127.798 3	3 788.958 3	4 587.680 5	5 551.801 6	6 714.604 2
30	530.311 7	647.439 1	790.948 0	966.712 2	1 181.881 6	1 445.150 7	1 767.081 2	2 160.490 7	2 640.916 4	3 227.174 3	3 942.026 0	4 812.977 8	5 873.230 6	7 162.824 1	8 729.985 5

附表 4　年金现值系数表

期数	1%	2%	3%	4%	5%	6%	7%	8%	9%	10%	11%	12%	13%	14%	15%
1	0.990 1	0.980 4	0.970 9	0.961 5	0.952 4	0.943 4	0.934 6	0.925 9	0.917 4	0.909 1	0.900 9	0.892 9	0.885 0	0.877 2	0.869 6
2	1.970 4	1.941 6	1.913 5	1.886 1	1.859 4	1.833 9	1.808 0	1.783 3	1.759 1	1.735 5	1.712 5	1.690 1	1.668 1	1.646 7	1.625 7
3	2.941 0	2.883 9	2.828 6	2.775 1	2.723 2	2.673 0	2.624 3	2.577 1	2.531 3	2.486 9	2.443 7	2.401 8	2.361 2	2.321 6	2.283 2
4	3.902 0	3.807 7	3.717 1	3.629 9	3.546 0	3.465 1	3.387 2	3.312 1	3.239 7	3.169 9	3.102 4	3.037 3	2.974 5	2.913 7	2.855 0
5	4.853 4	4.713 5	4.579 7	4.451 8	4.329 5	4.212 4	4.100 2	3.992 7	3.889 7	3.790 8	3.695 9	3.604 8	3.517 2	3.433 1	3.352 2
6	5.795 5	5.601 4	5.417 2	5.242 1	5.075 7	4.917 3	4.766 5	4.622 9	4.485 9	4.355 3	4.230 5	4.111 4	3.997 5	3.888 7	3.784 5
7	6.728 2	6.472 0	6.230 3	6.002 1	5.786 4	5.582 4	5.389 3	5.206 4	5.033 0	4.868 4	4.712 2	4.563 8	4.422 6	4.288 3	4.160 4
8	7.651 7	7.325 5	7.019 7	6.732 7	6.463 2	6.209 8	5.971 3	5.746 6	5.534 8	5.334 9	5.146 1	4.967 6	4.798 8	4.638 9	4.487 3
9	8.566 0	8.162 2	7.786 1	7.435 3	7.107 8	6.801 7	6.515 2	6.246 9	5.995 2	5.759 0	5.537 0	5.328 2	5.131 7	4.946 4	4.771 6
10	9.471 3	8.982 6	8.530 2	8.110 9	7.721 7	7.360 1	7.023 6	6.710 1	6.417 7	6.144 6	5.889 2	5.650 2	5.426 2	5.216 1	5.018 8
11	10.367 6	9.786 8	9.252 6	8.760 5	8.306 4	7.886 9	7.498 7	7.139 0	6.805 2	6.495 1	6.206 5	5.937 7	5.686 9	5.452 7	5.233 7
12	11.255 1	10.575 3	9.954 0	9.385 1	8.863 3	8.383 8	7.942 7	7.536 1	7.160 7	6.813 7	6.492 4	6.194 4	5.917 6	5.660 3	5.420 6
13	12.133 7	11.348 4	10.635 0	9.985 6	9.393 6	8.852 7	8.357 7	7.903 8	7.486 9	7.103 4	6.749 9	6.423 5	6.121 8	5.842 4	5.583 1
14	13.003 7	12.106 2	11.296 1	10.563 1	9.898 6	9.295 0	8.745 5	8.244 2	7.786 2	7.366 7	6.981 9	6.628 2	6.302 5	6.002 1	5.724 5
15	13.865 1	12.849 3	11.937 9	11.118 4	10.379 7	9.712 2	9.107 9	8.559 5	8.060 7	7.606 1	7.190 9	6.810 9	6.462 4	6.142 2	5.847 4
16	14.717 9	13.577 7	12.561 1	11.652 3	10.837 8	10.105 9	9.446 6	8.851 4	8.312 6	7.823 7	7.379 2	6.974 0	6.603 9	6.265 1	5.954 2
17	15.562 3	14.291 9	13.166 1	12.165 7	11.274 1	10.477 3	9.763 2	9.121 6	8.543 6	8.021 6	7.548 8	7.119 6	6.729 1	6.372 9	6.047 2
18	16.398 3	14.992 0	13.753 5	12.659 3	11.689 6	10.827 6	10.059 1	9.371 9	8.755 6	8.201 4	7.701 6	7.249 7	6.839 9	6.467 4	6.128 0
19	17.226 0	15.678 5	14.323 8	13.133 9	12.085 3	11.158 1	10.335 6	9.603 6	8.950 1	8.364 9	7.839 3	7.365 8	6.938 0	6.550 4	6.198 2
20	18.045 6	16.351 4	14.877 5	13.590 3	12.462 2	11.469 9	10.594 0	9.818 1	9.128 5	8.513 6	7.963 3	7.469 4	7.024 8	6.623 1	6.259 3
21	18.857 0	17.011 2	15.415 0	14.029 2	12.821 2	11.764 1	10.835 5	10.016 8	9.292 2	8.648 7	8.075 1	7.562 0	7.101 6	6.687 0	6.312 5
22	19.660 4	17.658 0	15.936 9	14.451 1	13.163 0	12.041 6	11.061 2	10.200 7	9.442 4	8.771 5	8.175 7	7.644 6	7.169 5	6.742 9	6.358 7
23	20.455 8	18.292 2	16.443 6	14.856 8	13.488 6	12.303 4	11.272 2	10.371 1	9.580 2	8.883 2	8.266 4	7.718 4	7.229 7	6.792 1	6.398 8
24	21.243 4	18.913 9	16.935 5	15.247 0	13.798 6	12.550 4	11.469 3	10.528 8	9.706 6	8.984 7	8.348 1	7.784 3	7.282 9	6.835 1	6.433 8
25	22.023 2	19.523 5	17.413 1	15.622 1	14.093 9	12.783 4	11.653 6	10.674 8	9.822 6	9.077 0	8.421 7	7.843 1	7.330 0	6.872 9	6.464 1
26	22.795 2	20.121 0	17.876 8	15.982 8	14.375 2	13.003 2	11.825 8	10.810 0	9.929 0	9.160 9	8.488 1	7.895 7	7.371 7	6.906 1	6.490 6
27	23.559 6	20.706 9	18.327 0	16.329 6	14.643 0	13.210 5	11.986 7	10.935 2	10.026 6	9.237 2	8.547 8	7.942 6	7.408 6	6.935 2	6.513 5
28	24.316 4	21.281 3	18.764 1	16.663 1	14.898 1	13.406 2	12.137 1	11.051 1	10.116 1	9.306 6	8.601 6	7.984 4	7.441 2	6.960 7	6.533 5
29	25.065 8	21.844 4	19.188 5	16.983 7	15.141 1	13.590 7	12.277 7	11.158 4	10.198 3	9.369 6	8.650 1	8.021 8	7.470 1	6.983 0	6.550 9
30	25.807 7	22.396 5	19.600 4	17.292 0	15.372 5	13.764 8	12.409 0	11.257 8	10.273 7	9.426 9	8.693 8	8.055 2	7.495 7	7.002 7	6.566 0

续表

期数	16%	17%	18%	19%	20%	21%	22%	23%	24%	25%	26%	27%	28%	29%	30%
1	0.862 1	0.854 7	0.847 5	0.840 3	0.833 3	0.826 4	0.819 7	0.813 0	0.806 5	0.800 0	0.793 7	0.787 4	0.781 3	0.775 2	0.769 2
2	1.605 2	1.585 2	1.565 6	1.546 5	1.527 8	1.509 5	1.491 5	1.474 0	1.456 8	1.440 0	1.423 5	1.407 4	1.391 6	1.376 1	1.360 9
3	2.245 9	2.209 6	2.174 3	2.139 9	2.106 5	2.073 9	2.042 2	2.011 4	1.981 3	1.952 0	1.923 4	1.895 6	1.868 4	1.842 0	1.816 1
4	2.798 2	2.743 2	2.690 1	2.638 6	2.588 7	2.540 4	2.493 6	2.448 3	2.404 3	2.361 6	2.320 2	2.280 0	2.241 0	2.203 1	2.166 2
5	3.274 3	3.199 3	3.127 2	3.057 6	2.990 6	2.926 0	2.863 6	2.803 5	2.745 4	2.689 3	2.635 1	2.582 7	2.532 0	2.483 0	2.435 6
6	3.684 7	3.589 2	3.497 6	3.409 8	3.325 5	3.244 6	3.166 9	3.092 3	3.020 5	2.951 4	2.885 0	2.821 0	2.759 4	2.700 0	2.642 7
7	4.038 6	3.922 4	3.811 5	3.705 7	3.604 6	3.507 9	3.415 5	3.327 0	3.242 3	3.161 1	3.083 3	3.008 7	2.937 0	2.868 2	2.802 1
8	4.343 6	4.207 2	4.077 6	3.954 4	3.837 2	3.725 6	3.619 3	3.517 9	3.421 2	3.328 9	3.240 7	3.156 4	3.075 8	2.998 6	2.924 7
9	4.606 5	4.450 6	4.303 0	4.163 3	4.031 0	3.905 4	3.786 3	3.673 1	3.565 5	3.463 1	3.365 7	3.272 8	3.184 2	3.099 7	3.019 0
10	4.833 2	4.658 6	4.494 1	4.338 9	4.192 5	4.054 1	3.923 2	3.799 3	3.681 9	3.570 5	3.464 8	3.364 4	3.268 9	3.178 1	3.091 5
11	5.028 6	4.836 4	4.656 0	4.486 5	4.327 1	4.176 9	4.035 4	3.901 8	3.775 7	3.656 4	3.543 5	3.436 5	3.335 1	3.238 8	3.147 3
12	5.197 1	4.988 4	4.793 2	4.610 5	4.439 2	4.278 4	4.127 4	3.985 2	3.851 4	3.725 1	3.605 9	3.493 3	3.386 8	3.285 9	3.190 3
13	5.342 3	5.118 3	4.909 5	4.714 7	4.532 7	4.362 3	4.202 8	4.053 0	3.912 4	3.780 1	3.655 5	3.538 1	3.427 2	3.322 4	3.223 3
14	5.467 5	5.229 3	5.008 1	4.802 3	4.610 6	4.431 7	4.264 6	4.108 2	3.961 6	3.824 1	3.694 9	3.573 3	3.458 7	3.350 7	3.248 7
15	5.575 5	5.324 2	5.091 6	4.875 9	4.675 5	4.489 0	4.315 2	4.153 0	4.001 3	3.859 3	3.726 1	3.601 0	3.483 4	3.372 5	3.268 2
16	5.668 5	5.405 3	5.162 4	4.937 7	4.729 6	4.536 4	4.356 7	4.189 4	4.033 3	3.887 4	3.750 9	3.622 8	3.502 6	3.389 6	3.283 2
17	5.748 7	5.474 6	5.222 3	4.989 7	4.774 6	4.575 5	4.390 8	4.219 0	4.059 1	3.909 9	3.770 5	3.640 0	3.517 7	3.402 8	3.294 8
18	5.817 8	5.533 9	5.273 2	5.033 3	4.812 2	4.607 9	4.418 7	4.243 1	4.079 9	3.927 9	3.786 1	3.653 6	3.529 4	3.413 0	3.303 7
19	5.877 5	5.584 5	5.316 2	5.070 0	4.843 5	4.634 6	4.441 5	4.262 7	4.096 7	3.942 4	3.798 5	3.664 2	3.538 6	3.421 0	3.310 5
20	5.928 8	5.627 8	5.352 7	5.100 9	4.869 6	4.656 7	4.460 3	4.278 6	4.110 3	3.953 9	3.808 3	3.672 6	3.545 8	3.427 1	3.315 8
21	5.973 1	5.664 8	5.383 7	5.126 8	4.891 3	4.675 0	4.475 6	4.291 6	4.121 2	3.963 1	3.816 1	3.679 2	3.551 4	3.431 9	3.319 8
22	6.011 3	5.696 4	5.409 9	5.148 6	4.909 4	4.690 0	4.488 2	4.302 1	4.130 0	3.970 5	3.822 3	3.684 4	3.555 8	3.435 6	3.323 0
23	6.044 2	5.723 4	5.432 1	5.166 8	4.924 5	4.702 5	4.498 5	4.310 6	4.137 1	3.976 4	3.827 3	3.688 5	3.559 2	3.438 4	3.325 4
24	6.072 6	5.746 5	5.450 9	5.182 2	4.937 1	4.712 8	4.507 0	4.317 6	4.142 8	3.981 1	3.831 2	3.691 8	3.561 9	3.440 6	3.327 2
25	6.097 1	5.766 2	5.466 9	5.195 1	4.947 6	4.721 3	4.513 9	4.323 2	4.147 4	3.984 9	3.834 2	3.694 3	3.564 0	3.442 3	3.328 6
26	6.118 2	5.783 1	5.480 4	5.206 0	4.956 3	4.728 4	4.519 6	4.327 8	4.151 1	3.987 9	3.836 7	3.696 3	3.565 6	3.443 7	3.329 7
27	6.136 4	5.797 5	5.491 9	5.215 1	4.963 6	4.734 2	4.524 3	4.331 6	4.154 2	3.990 3	3.838 7	3.697 9	3.566 9	3.444 7	3.330 5
28	6.152 0	5.809 9	5.501 6	5.222 8	4.969 7	4.739 0	4.528 1	4.334 6	4.156 6	3.992 8	3.840 2	3.699 1	3.567 9	3.445 5	3.331 2
29	6.165 6	5.820 4	5.509 8	5.229 2	4.974 7	4.743 0	4.531 2	4.337 1	4.158 5	3.993 8	3.841 4	3.700 1	3.568 7	3.446 1	3.331 7
30	6.177 2	5.829 4	5.516 8	5.234 7	4.978 9	4.746 3	4.533 8	4.339 1	4.160 1	3.995 0	3.842 4	3.700 9	3.569 3	3.446 6	3.332 1

参 考 文 献

［1］ 丁元霖. 财务管理［M］. 3 版. 上海：立信会计出版社，2012.

［2］ 梁海，燕朱建. 中小企业财务管理实务［M］. 北京：北京师范大学出版社，2013.

［3］ 王化成. 财务管理［M］. 4 版. 北京：中国人民大学出版社，2013.

［4］ 张尧洪，王立新. 财务管理实务［M］. 北京：科学出版社，2014.

［5］ 袁建国，周丽媛. 财务管理［M］. 5 版. 大连：东北财经大学出版社，2014.

［6］ 伍启凤，杨秀琼. 财务管理实务［M］. 北京：研究出版社·教育出版分社，2018.

［7］ 吴宗奎，宋建涛. 财务管理［M］. 3 版. 北京：中国人民大学出版社，2018.

［8］ 赵捷，李枚芮. 财务管理学［M］. 上海：上海交通大学出版社，2018.

［9］ 黄倩雪，马超侠. 财务管理实务［M］. 上海：上海交通大学出版社，2018.

［10］ 荆新，王化成，刘俊彦. 财务管理学［M］. 8 版. 北京：中国人民大学出版社，2018.

［11］ 马慧军，王春芳. 财务管理［M］. 上海：上海交通大学出版社，2020.

［12］ 孔德兰. 财务管理［M］. 2 版. 上海：立信会计出版社，2021.